中国人民大学研究报告系列

中国发展报告

2021

STUDIES ON CHINA'S
DEVELOPMENT INDEX

主　编　彭　非
副主编　吴翌琳
中国调查与数据中心

中国人民大学出版社
· 北京 ·

总　序

陈雨露

当前中国的各类研究报告层出不穷，种类繁多，写法各异，成百舸争流、各领风骚之势。中国人民大学经过精心组织、整合设计，隆重推出由人大学者协同编撰的研究报告系列。这一系列主要是应用对策型研究报告，集中推出的本意在于，直面重大社会现实问题，开展动态分析和评估预测，建言献策于咨政与学术。

"学术领先，内容原创，关注时事，咨政助企"是中国人民大学研究报告系列的基本定位与功能。研究报告是一种科研成果载体，它承载了人大学者立足创新，致力于建设学术高地和咨询智库的学术责任和社会关怀；研究报告是一种研究模式，它以相关领域指标和统计数据为基础，评估现状，预测未来，推动人文社会科学研究成果的转化应用；研究报告还是一种学术品牌，它持续聚焦经济社会发展中的热点、焦点和重大战略问题，以扎实有力的研究成果服务于党和政府以及企业的计划、决策，服务于专门领域的研究，并以其专题性、周期性和翔实性赢得读者的识别与关注。

中国人民大学推出研究报告系列，有自己的学术积淀和学术思考。我校素以人文社会科学见长，注重学术研究咨政育人、服务社会的作用，曾陆续推出若干有影响力的研究报告。譬如自2002年始，我们组织跨学科课题组研究编写的《中国经济发展研究报告》《中国社会发展研究报告》《中国人文社会科学发展研究报告》，紧密联系和真实反映我国经济、社会和人文社会科学发展领域的重大现实问题，近年又推出《中国法律发展报告》等，与前三种合称为"四大报告"。此外还有一些散在的不同学科的专题研究报告，也连续多年在学界和社会上形成了一定的影响。这些研究报告都是观察分析、评估预测政治经济、社会文化等领域重大问题的专题研究，其中既有客观数据和事例，又有深度分析和战略预测，兼具实证性、前瞻性和学术性。我们把这些研究报告整合起来，与中国人民大学出版资源相结合，再做新的策划、征集、遴选，形成了这个研究报告系列，以期放大规模效应，扩展社会服务功能。这个系列是开放的，未来会依情势有所增减，使其动态成长。

中国人民大学推出研究报告系列，还具有关注学科建设、强化育人功能、推进协同创新等多重意义。作为连续性出版物，研究报告可以成为本学科学者展示、交流学术成果的平台。编写一部好的研究报告，通常需要集结力量，精诚携手，合作者随报告之连续而成为稳定团队，亦可增益学科实力。研究报告立足于丰厚素材，常常动员学生参与，可使他们在系统研究中得到学术训练，增长才干。此外，面向社会实践的研究报告必然要与政府、企业保持密切联系，关注社会的状况与需要，从而带动高校与行业企业、政府、学界以及国外科研机构之间的深度合作，收协同创新之效。

为适应信息化、数字化、网络化的发展趋势，中国人民大学研究报告系列在出版纸质版本的同时将开发相应的文献数据库，形成丰富的数字资源，借助知识管理工具实现信息关联和知识挖掘，方便网络查询和跨专题检索，为广大读者提供方便适用的增值服务。

中国人民大学研究报告系列是我们在整合科研力量，促进成果转化方面的新探索，我们将紧扣时代脉搏，敏锐捕捉经济社会发展的重点、热点、焦点问题，力争使每一种研究报告和整个系列都成为精品，都适应读者需要，从而铸造高质量的学术品牌、形成核心学术价值，更好地担当学术服务社会的职责。

目 录 ▶

战疫成效显著　脱贫攻坚克难

——中国发展指数（2020）分析报告

彭　非　张延松　吴翌琳

中国人民大学中国调查与数据中心在 2021 年 1 月第 15 次向社会公开发布中国发展指数年度报告（2020），该报告测量了我国发展主、客观两方面的内容，全面地展现中国在发展过程中呈现的新特点、反映的新问题。

中国发展指数（RCDI）由四个分指数（健康指数、教育指数、生活水平指数、社会环境指数）、总计十五个指标组成。指标包括正向指标和逆向指标，正向指标的原始数据值越大越好（如出生预期寿命），逆向指标的原始数据值越小越好（如婴儿死亡率），中国发展指数通过功效函数对原始指标数据进行标准化，正向与逆向指标均通过功效函数转换为正向指标值，便于指数计算。中国发展指数具体结构见图 1。

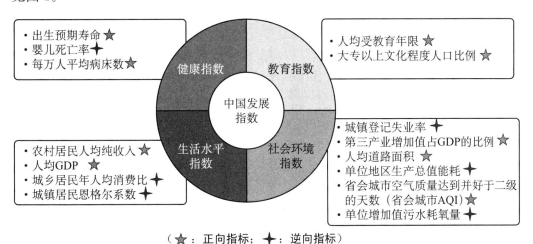

（★：正向指标；✚：逆向指标）

图 1　中国发展指数结构

中国发展指数（2020）的数据主要来源于中国国家统计局出版的《中国统计年鉴》（2020），数据反映的是我国分地区 2019 年度的社会经济等方面的基本状况，对我国除港、澳、台之外的 31 个省区市进行量化分析。

中国发展指数（2020）还报告了最新的中国发展信心调查的结果，该调查采用计算机辅助电话调查的方式，于 2020 年底对民众（不包括港澳台民众）实施；问卷由健康、教育、生活水平（经济）和社会环境四个维度的分指数共 32 个问题合成组成，访问了民众对环境保护、反腐倡廉、房价调控、经济形势、就业形势等方面的看法和信心，并针对 2020 年发生的若干时政问题了解调查民众的看法，反映了民众对我国社会经济的主观态度与评价。调查按照概率抽样原理进行抽样设计。以中国内地（不包括港澳台）334 个地级行政区为抽样的基础层次，总样本量达到 3 100 人，样本实现对中国内地（不包括港澳台）31 个省区市的 334 个地级市的全面覆盖。样本覆盖中国内地（不包括港澳台）31 个省份的不同职业、不同年龄、不同收入的人群，具有全国代表性。

中国发展指数（2020）反映了我国社会经济发展的趋势、特征以及民众的发展信心和所关注的热点问题，主要研究成果摘录如下。

一、中国发展指数（2020）总指数达到历史最高水平

中国发展指数（RCDI）（2020）持续增长，达到历史最高水平。RCDI（2020）相对于基准观测年 RCDI（2006）总指数增幅达到 24.28。具体情况见图 2。RCDI 总指数显示出持续增长特征，国家综合发展水平持续提升。

图 2　2006—2020 年中国发展指数总指数增幅示意图

在 RCDI（2020）15 个监测指标中有 13 个指标为正增长，有 6 个指标增幅超过总指数增幅。在正增长的指标中，农村居民人均纯收入、人均 GDP、每万人平均病

床数、人均道路面积、省会城市空气质量、城镇登记失业率6个指标增幅超过总指数，反映了我国在提高农民收入、经济发展、医疗及交通基础设施建设、环境保护和稳定就业等方面取得了显著的进步。第三产业增加值占GDP的比例指标略有下降，单位产值污水耗氧量指标相对RCDI（2019）降幅较为显著，加强污染治理、发展绿色产业仍然需要加以重视。具体见图3。

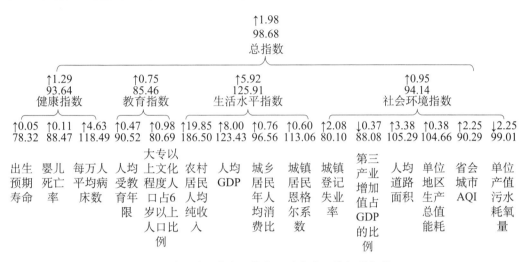

图3　中国发展指数总指数、分指数及指标增加值

中国发展指数RCDI（2020）分地区总指数中发达地区引领，其他地区发展程度相对均衡。北京、上海、浙江、江苏、天津5个省市总指数分值处于第一梯队，成为引领中国发展的龙头。西部的西藏、甘肃、贵州、云南、青海等省区综合发展水平相对较低，但差距在逐渐缩小。分地区总指数情况见图4。

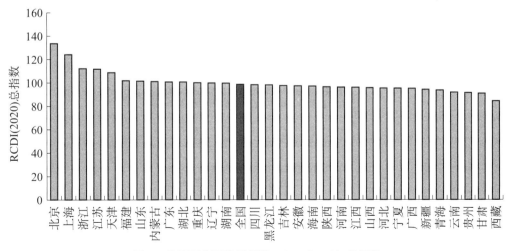

图4　分地区中国发展指数 RCDI（2020）总指数

二、健康、教育、生活水平、社会环境分指数稳定提高，农民生活水平提升显著

（一）健康分指数

RCRDI（2020）健康分指数中上海位居第一，四川、黑龙江、辽宁、北京、湖南、江苏、重庆、吉林健康分指数分值超过 100。西部地区的西藏、新疆、云南等省区分值较低。分地区健康总指数情况见图 5。

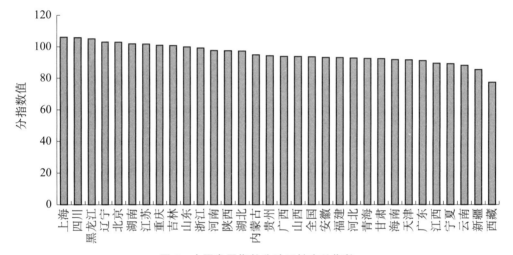

图 5　中国发展指数分地区健康总指数

在健康分指数的 3 个指标中，每万人平均病床数指标分值较高，也是增幅最大的指标，显示了我国在医疗基础设施建设方面的持续投入。健康分指数和指标见图 6。

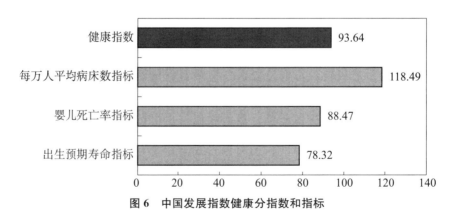

图 6　中国发展指数健康分指数和指标

从每千人口医疗机构床位基础数据来看，四川、重庆、新疆、湖南、贵州、辽宁、黑龙江7个省市区①超过7，上海、北京低于全国平均水平，天津、广东、西藏低于5，湖北省为6.8位于全国第11位。每千人口医疗机构床位具体情况见图7。

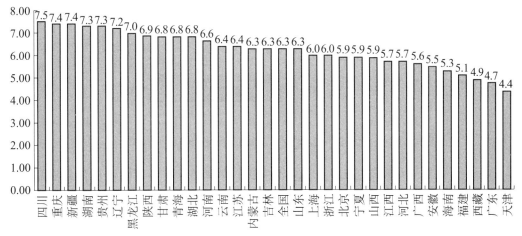

图7　每千人口医疗机构床位指标

（二）教育分指数

RCRDI（2020）教育分指数中北京、上海、天津超过100，显著优化于其他省区，其他省区教育指数差距较小，西藏教育分指数最低，西部省区教育分指数相对较低。分地区教育分指数情况见图8。

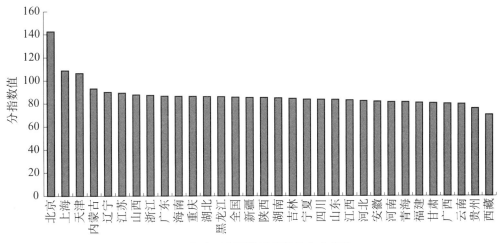

图8　分地区中国发展指数教育分指数

---

① 以下用省区，不再"省区市"——笔者注。

在教育分指数中，人均受教育年限指标值较高。具体指数情况见图9。

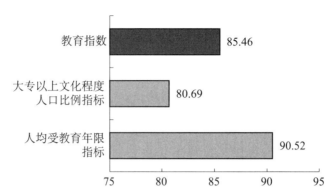

图 9　中国发展指数教育分指数和指标

从大专以上文化程度人口比例指标的基础数据来看，各省区比例值呈现横向 S 形：北京大专以上文化程度人口比例超过 50％，远高于其他省区和全国平均水平；上海、天津在 30％左右，内蒙古略超过 20％；大部分省区在 10％到 20％之间；贵州、西藏、广西三个省区低于 10％；新疆达到 14.88％，超过全国平均水平，显示了国家对西部边疆地区教育的重视程度。大专以上文化程度人口比例见图 10。

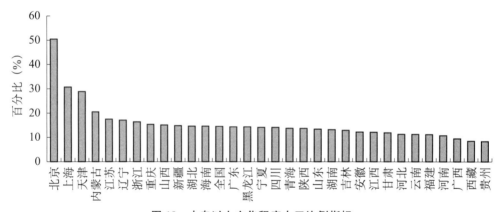

图 10　大专以上文化程度人口比例指标

（三）生活水平分指数

RCRDI（2020）生活水平分指数各省区差距较大，形成明显的梯队。上海、北京位居第一梯队，分值超过 200；浙江、江苏、天津位居第二梯队，分值超过 159；福建、广东、山东、湖北位居第三梯队，分值超过 130 分；甘肃、西藏生活水平分指数相对较低，分值低于 100；其他省区生活水平分指数差距较小。生活水平分指数具体情况见图 11。

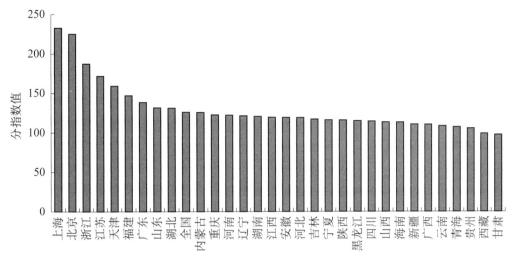

图 11　分地区中国发展指数生活水平分指数

生活水平分指数的指标中，农村居民人均纯收入指标的分值和增幅均高于人均GDP 指标，说明我国的发展极大地惠及农村居民，显示了脱贫攻坚战的成果。生活水平分指数和指标情况见图 12。

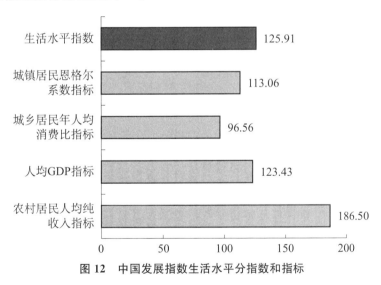

图 12　中国发展指数生活水平分指数和指标

从居民可支配收入基础数据来看，自 1978 年起，我国居民人均可支配收入持续增长，2019 年城乡人均可支配收入分别为 1978 年的 123.35 倍和 119.94 倍。城乡人均可支配收入比自 2007 年最高的 3.14 持续下降，2019 年达到近 20 年的最低值 2.64，反映了我国城乡居民收入水平持续提高，城乡差距持续降低的特征。2009年以来，农村居民人均可支配收入的增长率持续超过城镇居民人均可支配收入增长率，反映了我国发展中重农、利农、惠农的政策与成效。城镇与农村居民人均可支配收入情况具体见图13。

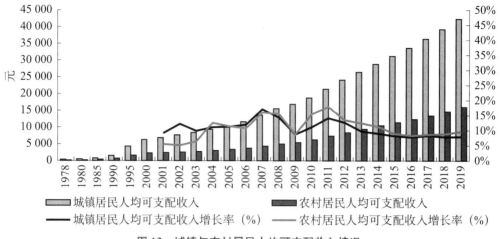

图 13　城镇与农村居民人均可支配收入情况

（四）社会环境分指数

RCDI（2020）社会环境分指数各省区差距较小，呈现较为平缓的下降趋势。社会环境分指数分值最高的是江苏、海南、广西、安徽四省区，较其他省区优势显著；西藏的社会环境分指数高于全国水平；上海的排名受人均道路面积、城镇登记失业率指标的影响较大。具体见图14。

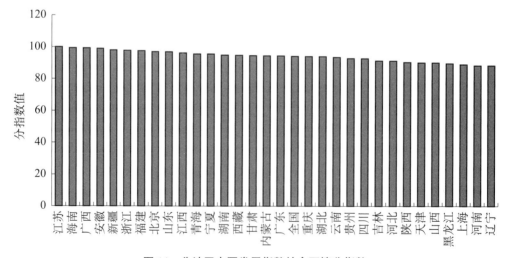

图 14　分地区中国发展指数社会环境分指数

在社会环境分指数的 6 个指标中，增幅较大的是反映交通便利程度的人均道路面积和反映环境保护效果的省会城市空气质量达到及好于二级的天数（天）指标。

交通基础设施的大力投入连通了中国，尤其为贫困地区打开了融入现代生活的大门；空气质量的持续好转反映了我国既要金山银山，又要绿水青山的绿色发展理念，正切实改善了人民的生活环境。社会环境分指数和指标具体见图15。

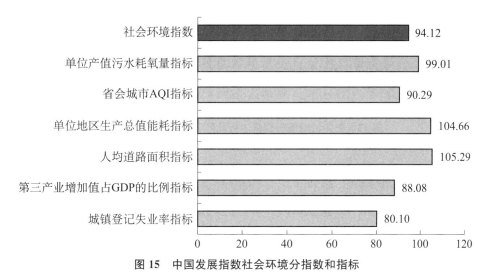

图15　中国发展指数社会环境分指数和指标

　　人均道路面积指标中，发达地区的上海、北京、天津位列后三位，显示了大城市交通拥堵的现状，也是大城市打工人交通成本居高不下的主要影响因素。西部地区的宁夏人均城市道路面积值最高，江苏、山东两个东部发达省区人均交通面积位居第二、三位。人均城市道路面积（平方米）具体指标见图16。

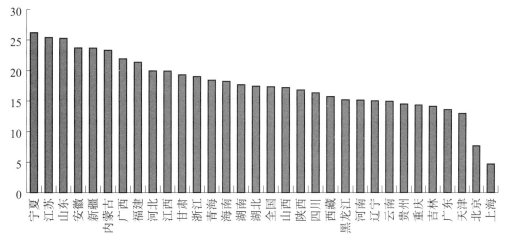

图16　人均城市道路面积指标

　　省会城市空气质量达到及好于二级的天数最多的是西藏，福建、贵州、云南均超过350天，河北、河南、山东三个省区低于200天。具体情况见图7。

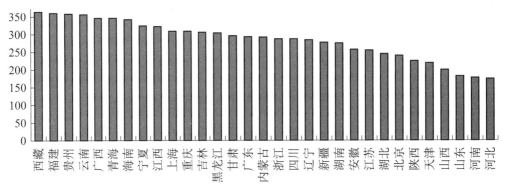

图 17　省会城市空气质量达到及好于二级的天数指标

三、中国发展指数（2020）显示：中国特色的
发展之路是一条发展水平稳步提升，人民生活持续
改善，社会环境不断好转的自强之路

　　从 RCDI（2020）总指数省区排名来看，北京、上海、浙江、江苏、天津占据榜首，西藏、甘肃、贵州、云南、青海位居末位，东部发达地区与西部不发达地区差距仍然较大。各省指数与排名见表 1。

表 1　中国发展指数总指数排名

序位	地区	中国发展指数	序位	地区	中国发展指数
1	北京	133.75	17	吉林	97.62
2	上海	124.34	18	安徽	97.39
3	浙江	112.22	19	海南	97.16
4	江苏	111.74	20	陕西	96.56
5	天津	108.76	21	河南	96.24
6	福建	101.87	22	江西	96.08
7	山东	101.51	23	山西	95.72
8	内蒙古	101.16	24	河北	95.43
9	广东	100.75	25	宁夏	95.34
10	湖北	100.75	26	广西	95.20
11	重庆	100.11	27	新疆	94.29
12	辽宁	99.83	28	青海	93.69
13	湖南	99.68	29	云南	91.88
14	全国	98.68	30	贵州	91.48
15	四川	98.39	31	甘肃	90.95
16	黑龙江	98.22	32	西藏	84.52

从 RCDI（2020）分指数省区排名来看，北京、上海等经济发达地区在健康、教育、生活水平分指数上的排名比较靠前，西部省区社会环境指数排名较高。具体指标见表2。

表 2　中国发展指数分指数排名

序位	地区	健康指数	地区	教育指数	地区	生活水平指数	地区	社会环境指数
1	上海	106.06	北京	142.55	上海	232.68	江苏	100.14
2	四川	105.79	上海	108.79	北京	225.10	海南	99.43
3	黑龙江	105.08	天津	106.45	浙江	187.38	广西	99.34
4	辽宁	103.00	内蒙古	92.96	江苏	171.58	安徽	99.03
5	北京	102.86	辽宁	89.92	天津	159.09	新疆	98.07
6	湖南	101.85	江苏	89.22	福建	146.90	浙江	97.78
7	江苏	101.70	山西	87.64	广东	138.42	福建	97.49
8	重庆	100.94	浙江	87.25	山东	131.63	北京	96.94
9	吉林	100.75	广东	86.49	湖北	131.06	山东	96.84
10	山东	99.90	海南	86.31	全国	125.91	江西	96.11
11	浙江	99.19	重庆	86.27	内蒙古	125.68	青海	95.50
12	河南	97.62	湖北	86.05	重庆	122.64	宁夏	95.49
13	陕西	97.44	黑龙江	86.00	河南	122.21	湖南	94.79
14	湖北	97.20	全国	85.46	辽宁	121.36	西藏	94.68
15	内蒙古	94.91	新疆	85.22	湖南	120.54	甘肃	94.52
16	贵州	94.31	陕西	85.18	江西	119.44	内蒙古	94.43
17	广西	93.88	湖南	84.85	安徽	119.17	广东	94.37
18	山西	93.83	吉林	84.34	河北	119.03	全国	94.12
19	全国	93.64	宁夏	83.61	吉林	117.01	重庆	94.037
20	安徽	93.20	四川	83.48	宁夏	115.95	湖北	93.98
21	福建	93.16	山东	83.37	陕西	115.84	云南	93.51
22	河北	92.82	江西	82.90	黑龙江	114.91	贵州	92.81
23	青海	92.61	河北	82.28	四川	114.41	四川	92.75
24	甘肃	92.44	安徽	81.79	山西	113.30	吉林	91.34
25	海南	91.87	河南	81.36	海南	113.03	河北	91.24
26	天津	91.68	青海	81.30	新疆	110.57	陕西	90.42
27	广东	91.21	福建	80.72	广西	110.20	天津	90.13

续表

序位	地区	健康指数	地区	教育指数	地区	生活水平指数	地区	社会环境指数
28	江西	89.54	甘肃	80.42	云南	108.50	山西	90.12
29	宁夏	89.26	广西	79.91	青海	107.15	黑龙江	89.63
30	云南	88.22	云南	79.63	贵州	105.42	上海	89.03
31	新疆	85.54	贵州	75.89	西藏	98.97	河南	88.39
32	西藏	77.38	西藏	70.39	甘肃	97.36	辽宁	88.38

从中国发展指数总指数、分指数和指标全国排名前三省区的分布情况来看，北京、上海优势显著。北京获得 9 个单项最高指数，上海获得 5 个单项最高指数，江苏获得 2 个单项最高指数，四川、安徽、宁夏、西藏各获得一个单项最高指数。具体情况见表 3。

表 3　中国发展总指数、分指数及指标排名前三的省区

指数	省区	分指数	省区	指标	省区
总指数	北京 上海 浙江	健康指数	上海 四川 黑龙江	出生预期寿命	上海，北京，吉林
				婴儿死亡率	江苏，北京，上海
				每万人平均病床数	四川，重庆，新疆
		教育指数	北京 上海 天津	人均受教育年限	北京，上海，天津
				大专以上文化程度人口比例	北京，上海，天津
				农村居民人均纯收入	上海，浙江，北京
		生活水平指数	上海 北京 浙江	人均 GDP	北京，上海，江苏
				城乡居民年人均消费比	安徽，湖北，浙江
				城镇居民恩格尔系数	北京，上海，山西
		社会环境指数	江苏 海南 广西	城镇登记失业率	北京，新疆，青海
				第三产业增加值占 GDP 的比例	北京，上海，天津
				人均道路面积	宁夏，江苏，山东
				单位地区生产总值能耗	北京，上海，广东
				省会城市空气质量达到及好于二级的天数	西藏，福建，贵州
				单位产值污水耗氧量	上海，北京，浙江

中国发展指数记录了具有中国特色的 15 年发展历程，2006—2020 年指数变化情况见图 18。

从 RCDI 指标的观测数据来看，中国发展具有鲜明的特征。

分指数	指标数据	2006	2020	增幅	
健康指数	出生预期寿命	73	77.3	0.06↑	医疗水平显著提高
	婴儿死亡率‰	19	5.6	2.39↓	医疗条件显著改善
	每千人口医疗机构床位（张）	2.45	6.3	1.57↑	
教育指数	人均受教育年限（年）	7.8	9.3	0.19↑	普及高等教育
	大专以上文化程度人口占6岁以上人口比例（%）	5.6	14.6	1.62↑	逐渐消除文盲
	文盲人口占15岁及以上人口的比重（%）	11.0	4.6	1.41↓	
生活水平指数	城镇居民家庭人均可支配收入（元）	10 493.0	42 358.8	3.04↑	农村居民收入增幅超过城镇居民
	农村居民家庭人均纯收入（元）	3 254.93	16 020.67	3.92↑	
	人均地区生产总值（元）	14 040	164 220	10.70↑	
	城乡居民年人均消费比（%）	3.11	2.11	0.48↓	
	城镇居民家庭平均每人全年消费性支出（元）	7 942.88	28 063.35	2.53↑	农村居民消费增幅超过城镇居民
	农村居民家庭平均每人生活消费支出（元）	2555.4	13 327.67	4.22↑	
	城镇居民恩格尔系数（%）	36.7	27.6	0.33↓	农村居民富裕程度增幅超过城镇
	农村居民恩格尔系数（%）	45.5	30.0	0.52↓	
社会环境指数	城镇登记失业率（%）	4.2	3.62	0.16↓	
	第三产业增加值占GDP的比例（%）	39	59.4	0.52↑	
	人均城市道路面积（平方米）	10.92	17.36	0.59↑	绿色产业成效显著
	单位地区生产总值能耗（吨标准煤/万元）	1.22	0.49	1.48↓	
	省会城市空气质量达到及好于二级的天数（天）.	212	284	0.34↑	污染治理卓有成效
	单位产值污水耗氧量（吨/百万元）	2.14	0.22	8.89↓	

图18　中国发展指数 RCDI（2006—2020）指数变化情况

（一）重视基础设施建设

标志着医疗基础设施的每千人口医疗机构床位数增加了 1.57 倍，持续改善我国居民医疗条件。我国医疗基础设施建设的水平和能力在新冠疫情期间得到充分的体现，10 天建起火神山医院，18 天建起雷神山医院，体现的不仅是我们的基建能力，还体现了众志成城、同舟共济的民族精神，为武汉抗疫做出了巨大的贡献。

（二）切实提高农民生活水平

在观测数据中，农村居民收入增幅、农村居民消费增幅、农村居民富裕程度增幅均超过城镇居民发展水平，城乡差距持续降低是一个显著的特征，标志着我国的脱贫攻坚战政策的持续性的实效性。

（三）国家发展，教育为先的理念

相对于 RCDI（2006），我国教育水平得到了大幅度的提升，大专以上文化程度人口占 6 岁以上人口比例由 5.6% 提升到 14.6%，文盲率由 11% 下降到 4.6%，高素质人才是我国高质量发展的参与者与建设者。国家尤其重视少数民族边疆地区的教育问题，西藏 2005 年文盲率达到 44.84％，2019 年减少到 33.11％，大专以上文化程度人口占 6 岁以上人口比例由 1％提高到 8％；新疆 2005 年文盲率为 8.32％，2019 年减少到 3.71％，大专以上文化程度人口占 6 岁以上人口比例由 9％提高到 15％，高于全国水平。

(四) 既要经济增长，又要环境质量

我国在保持经济稳定持续增长的同时也大力加强环境保护，森林覆盖率从 2005 年的 18.21％提高到 2019 年的 22.96％，造林总面积从 54 万公顷提高到 74 万公顷。省会城市空气质量达到及好于二级的天数从 2014 年（使用新环境空气质量标准 GB3095—2012）的 212 天提高到 2019 年的 284 天，在反映经济增长与能耗、污染治理相关性的单位地区生产总值能耗、单位产值污水耗氧量指标上有显著的改善。

总体而言，RCDI（2006—2020）记录着具有中国特色发展道路的 15 年心路历程，见证了中国特色社会主义道路自信、理论自信、制度自信、文化自信的发展之路，客观反映了我国经济转型、宜居生态建设、脱贫攻坚的成果，为中国的发展留下珍贵的数字影像！

综上所述，RCDI（2020）总指数持续增长，四个分指数呈现稳定增长趋势。国民健康水平稳步提升，医疗条件持续改善，医疗基础设施建设能力助力战胜新冠疫情；国民教育水平持续提高，少数民族地区基础教育成效显著；居民生活水平增长较快，农村居民生活水平提升较快；社会环境持续好转，环境保护卓有成效。

四、2020 年中国发展信心调查：信心再次增长，健康受到关注

人民是共和国的根基，民心是最大的政治。民意调查具有下情上达的重要作用，察民情、汇民声、体民情、聚民智是民意调查的重要职责，关系到宏观政策制定的科学性和有效性。中国发展信心调查（2020）是采用计算机辅助电话调查（CATI）的方式，于 2020 年底对中国内地（不包括港澳台）民众开展的主观调查，具体由健康、教育、生活水平（经济）和社会环境四方面组成，同时，调查还访问了民众对环境保护、反腐倡廉、房价调控、经济形势、就业形势等方面的看法和信心，并针对 2020 年发生的新冠疫情开展专门调查。样本主体性别分布均匀，男女比例协调；年龄结构合理，城乡分布均衡，实现对中国 31 个省区市（不包括港澳台）333 个地级市的全覆盖，总样本量达到 3 100 人，涵盖不同职业、不同年龄、

不同收入的人群，具有全国代表性。调查显示，2020年中国发展信心较去年进一步增长，达到调查开展九年来的最高值88.8分，分指数"三降一升"，健康信心达到调查以来最高值。新冠疫情的防控是2020年的一大主题，调查显示，民众高度赞扬了我们国家新冠疫情的防控，并高度肯定了医护人员的付出。但疫情也不可避免地渗透到了民众生活的方方面面，教育与就业问题明显。今年的发展信心调查呈现出如下的特点。

（一）民众的发展信心再次增加，信心达调查开展九年来最高值

调查显示，2020年受访民众对中国未来发展信心给出88.8分，比2019年提升0.2分。这是继2017年该指数首次突破85分以来，第四次达到85分以上的高分，也是调查开展9年来的最高值。具体见图19。2020年是全面建成小康社会的收官之年，尽管有新冠疫情的影响，但国家脱贫的脚步并没有停滞，反而走得更加坚定，"十三五"规划目标任务已经完成，决胜全面建成小康社会取得决定性的成就，脱贫攻坚成果举世瞩目，5 575万农村贫困人口实现脱贫。同时，疫情防控的成功，我国率先开始疫情后经济复苏也使得民众对中国未来发展充满了信心。

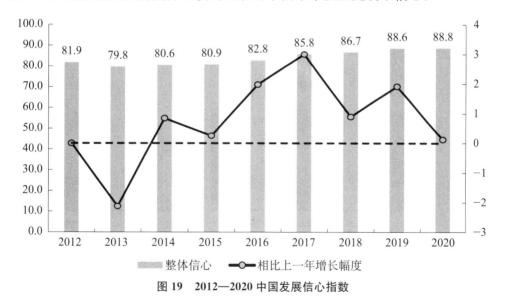

图19　2012—2020中国发展信心指数

民众对于新一年的宏观经济形势给出了77.9分的分数，是继2019年以来再一次突破75分的好成绩，基本与2019年持平，提高了0.1分。虽然疫情大规模爆发，但中国举国之力对疫情进行控制，为世界上的其他国家争取时间，也率先完成了对疫情的防控，稳妥有序放开经济和社会活动，形成疫情期间特殊的经济社会运行秩序，努力将疫情对经济社会冲击和影响降到最低，并预计2020年国内生产总

值突破一百万亿元。这些成就，无疑给民众带来了一定的自信。

(二) 分指数"三降一升"，健康信心达到历史新高

从中国发展信心的四个分指数来看，2020年除了健康信心有小幅增长外，其他三种信心均有不同程度的下降。健康信心、教育信心、生活水平信心、社会环境信心分别为78.5分、71.8分、66.8分和71.1分，其中，健康信心比去年增加了0.2分，教育信心、生活水平信心和社会环境新形象分别下降了1.5分、0.3分和0.5分。疫情期间，虽然国家在很多方面取得了巨大成就，但疫情的影响也不可避免地渗透到了民众的生活中，线上教育的大规模使用、就业形势问题、人民一些需求得不到满足都会导致信心的下降。健康信心在疫情后不降反升也表明了民众对国家医疗建设与医护人员付出的认可。事实上，健康信心自2015年起就保持着持续增长的态势，并于2019年突破75分，2020年基本持平，这也与国家一直以来实施健康中国战略，不断加大医疗建设、深化医疗卫生体制改革有着直接的关联，也与国家近年来对环境问题的重视和处理有着极大的关联。具体见图20。

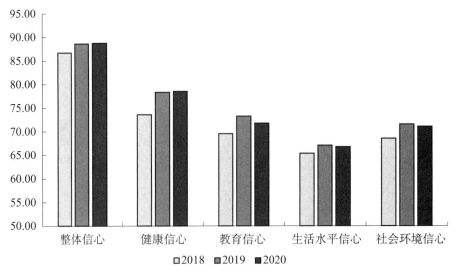

图 20　2018—2020 中国发展信心分指数变化情况

五、分指数信心：就业与教育成为民生热点问题

(一) 民众高度肯定医疗建设，对医疗改革充满信心

2020年民众对医疗改革打出了80.6分的成绩，这是自调查以来，首次突破80

分的好成绩，其中由 43.42% 的受访者打出了满分。2020 年以来，医疗卫生改革明显加速，从建设公共卫生体系，推进公立医院的改革，到医保基金改革正式定调，从药品质量采购全面推进，到开启耗材带量采购试点，再到医保目录动态调整，改革的步伐并未因疫情而退缩。民众对医疗改革充满信心，一方面是国家医改不断深化的体现，而另一方面则是成功抗击疫情后民族自信心增长的表现。在民众对未来医疗改革充满信心的同时，百姓也充分肯定了当下看病的便利与医疗保障的改善，分别的得分为 75.3 分和 75.8 分。医疗的建设是事关民生的一件大事，医疗保障更是打赢脱贫攻坚战的重要任务。我国脱贫攻坚取得了伟大胜利，民众自然对其充满信心。具体见图 21。

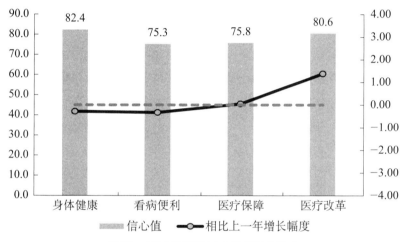

图 21 2020 年受访民众医疗相关信心

（二）教育信心下降，家校矛盾凸显

2020 年，与教育相关的领域，如学校教育满意度、教育对孩子的影响，家长在教育中的投入、高等教育给人带来的影响和对未来教育改革的预期方面分值都有不同程度的降低。其中，学校教育满意度分值为 71.0 分，相比 2019 年下降 2.4 分，教育对孩子的影响（教育效果）分值为 78.1 分，下降 2.0 分，教育投入分值 78.6 分，下降 1.8 分，高等教育对人的影响（高教作用）分值 84.5 分下降 0.8 分，对未来教育改革的信心（教育改革）分值 78.9 分，下降 2.9 分。具体见图 22。在进行调查过程中，受访者关于教育的问题主要集中在了孩子课外补课投资大、孩子的学业压力较大、家校沟通不足、教育资源分配不均和教育乱收费等现象。2020年受疫情影响，学生"停课不停学"在线上上课，凸显出来了家校共育的很多问题。除了线上上课凸显的基础设施等问题外，家长和老师的角色发生了显著的变化。在线教育将成为未来教育改革的发展趋势，疫情的出现，恰恰加速了这一过程，未来如何重构家长、学校和孩子之间的关系将成为一个重要的命题。而分数的降低也恰恰说明线上教育的不足，值得深入探讨。

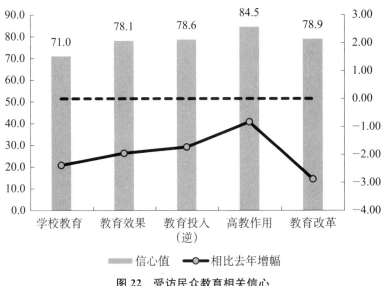

图22 受访民众教育相关信心

（三）看病、住房、就业是反映突出的三大问题

由受访民众自主列出的百姓最担心的问题，位居前三的是看病（占比13.7%，比2019年上升了1.3个百分点）、住房（占比12.5%，比2019年上升了2.5个百分点）和就业（占比12.06%，比2019年提升了3.9个百分点）。其中，看病和住房连续七年位居前三名，是关乎民生的最大两个难题。就业问题首次进入前三名，是由于2020年前半年疫情确实给百姓带来的影响。

2020年百姓最担心的问题较为集中，图23显示的前十个问题占比已经达到了82.7%。从百姓最担心的前十个问题可以看到，教育、住房、医疗与养老等与民生息息相关的问题赫然在列，需要引起重视。子女成长与教育问题虽然排名相较2019年有所下降，但其占比12.0%比2019年增加了1个百分点，说明问题依然存在，还有3.4%的受访者反映对孩子上学的担忧（比2019年上升了1.8个百分点），孩子上学问题也再次进入前十。值得注意的是，相较于2019年，反映贫富差距的问题排名有所下降，占比2.0%，下降了0.4个百分点，而反映国家问题的担心首次进入前十，这表明了百姓更加关注国家问题，更愿意参与到国家的方方面面。

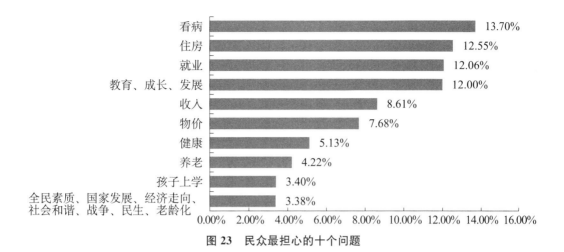

图 23　民众最担心的十个问题

（四）生活成本下降，物价水平降低

2020 年，生活成本指标自 2018 年以来首次降低到 80 分以下，为 79.5 分，相比 2019 年下降了 2.4 分。住房、医疗、教育作为新时代民生负担最重的三个部分，近年来在国家一步步发展中得到解决。"十三五"以来，高等教育进入普及化阶段，城镇新增就业超过六千万人，建成世界上规模最大的社会保障体系，基本医疗保险覆盖范围超过十三亿人，基本的养老保险覆盖近十亿人。而住房问题在十九大时就已明确"房住不炒"的主基调，各地政府也在 2020 年后半年纷纷出台房价调控政策。这些成果，都是生活成本指标分数下降的动力。物价水平指标分数为 72.3 分，相较于 2019 年，下降了 2.3 分。CPI 的增速在 2019 年持续上涨至同比增长 4.5% 后于 2020 年不断下降，在 9 月份时减少到同比增长 1.7%，到 11 月份时已达到同比下降 0.5%，变成负增长。具体情况见图 24。

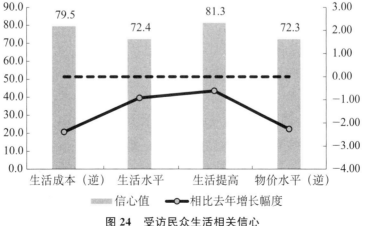

图 24　受访民众生活相关信心

(五) 就业形势不容乐观

一方面, 就业问题成为今年民众最担心问题的前三名, 这是历次调查以来, 就业首次得到如此关注; 另一方面, 对未来就业形势的判断, 民众给出的分数是 67.8 分, 相较于 2019 年的 70.4 分, 下降了 2.6 分。新冠疫情对国家经济社会发展造成了较大冲击, 劳动力流动受阻、企业用工需求减少。我国作为世界上人口和劳动力最多的国家, 2020 年高校毕业生数量达 874 万, 2021 年之后的几年达到千万, 农民工总量 2020 年已达到 2.9 亿人。原本稳就业就存在总量过大而存在不少难题, 现在又受到疫情的影响, 就业面临的形势更加复杂。除了疫情造成的地区流动受限以及就业总量过于庞大的问题以外, 就业的结构性矛盾也在疫情期间凸显了出来, 涉及防控物资和生活必需品供给的重点企业用工激增, 关键性行业企业出现缺工现象, 但整个市场需求明显下降。

(六) 社会环境、交通便利、厉行节俭三方面信心十足

社会环境改善、交通便利和厉行节俭三方面调查满意度位居 32 项调查细分领域前三位, 分值分别为 89.7 分、88.3 分和 86.5 分。其中社会环境改善和交通便利这两个领域排名从 2018 年起便分别位居第一与第二, 且在分值上, 只有交通便利相较于 2019 年有小幅度减少 (减少 0.4), 社会环境改善无变化。这反映我们国家基础建设和社会发展取得的巨大进步, 特别是党的十九大以来加强对社会保障、社会治理体系的建设。厉行节俭从 2019 年的第四位, 上升到了今年的第三位, 分值增加了 2.0 分, 达到 86.5 分的高分, 而这也正是习近平总书记在 2020 年 8 月倡导 "厉行节约、反对浪费" 的社会风尚所带来的影响。

(七) 民众期待急需改善的问题: 做好教育、物价和医疗等民生工作

2020 中国发展信心调查设置了一道开放性问题, 询问受访民众 2020 年最亟须改善的问题是什么。民众回答的词频分析发现, 教育、房价、医疗、疫情和就业是民众最关切问题的前五位, 也是被认为问题最多, 最需要改善的五大领域。具体情况见图 25。

图 25　受访民众亟须解决的问题

六、对国家疫情防控的评价，对国际疫情形势的展望

（一）民众高度赞扬中国疫情防控，并高度肯定医护人员的付出

2020 年新冠疫情发生以来，中国在防控疫情、抗击疫情上给世界做出了榜样。中国始终坚持人民至上、生命至上，并以举国之力调动全国资源和力量对疫情进行控制，从医护人员、公务员和军人，到志愿者和普通民众，都在各自岗位上全力应对疫情。中国人民在疫情期间上下一心，众志成城，所展现的精神面貌，令世界惊叹。调查数据显示，民众高度赞扬了疫情期间国家防控措施，评分高达 97.0 分，将近八成（78.9%）的受访者给出了满分的评分，九成以上（92.4%）受访者给出了 90 分以上的成绩，99% 的受访者对防控措施满意，给出了 60 分及以上的成绩，只有 1% 的受访者给出了 60 分以下的成绩。具体情况见图 26。在调查中，我们也设置了题目询问受访者疫情防控能成功最重要的三个原因。得到的回答中，受访者认为很重要的前三个因素分别是：医护工作者不怕牺牲的精神和奉献、国家领导人对抗疫的重视和采取的措施和及时采取"封城"措施。具体情况见图 27。尽管在抗击疫情的过程中，种种措施受到了不同程度的质疑，但无论是从抗疫的结果还是民众的看法，国家的抗疫都是成功的。

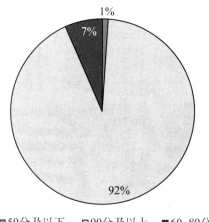

图 26　受访者对国家疫情防控的信心

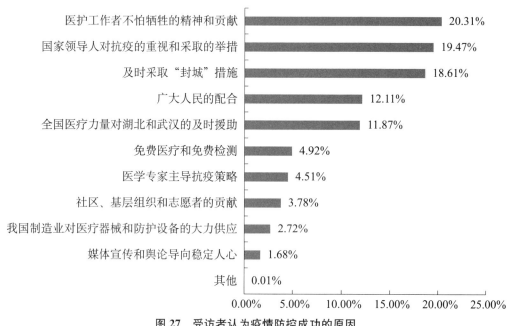

图 27　受访者认为疫情防控成功的原因

（二）三分之一的受访者对国际疫情形势不乐观

　　对于国际疫情形势的判断，受访者给出的分数为 67.2 分，其中，29.1% 的受访者给出了满分的成绩，三分之一（36.0%）的受访者给出了 90 分的成绩，而有三分之一（34.3%）的受访者给出了 60 分以下的成绩。从近来全球疫情的情况来看，疫情形势仍然不稳定。目前疫情主要聚集于美洲、欧洲以及中东地区，虽然新冠疫苗已研制成功，但疫情防控依旧任重道远。

七、总结与展望

综上所述，RCDI（2020）呈现稳定增长趋势，生活水平指数是总指数增长的主要驱动力，其中农村居民人均纯收入指标超过人均 GDP 增幅而成为总指标最重要的拉动因素。在四个分指数中，社会环境分指数地区差异最为显著，反映了多维度视角下社会环境发展的不均衡性，尤其是一线城市容易产生短板效应。农村居民收入的提高和城乡消费比的下降显现我国在发展中缩小城乡差距的趋势，但在一些不发达地区城乡差距仍然较大。城镇居民消费升级，恩格尔系数的下降反映了生活质量的改善，但居住成本正逐渐抬头，尤其在一些发达地区和城市，居住成本已成为消费的最大开销，如何为城镇居民生活减负、正向拉动社会消费需求是一个需要重视的问题。中华人民共和国成立七十年以来，国民健康水平显著提升，从一个积贫积弱的国家成为世界第二大经济体，产业结构更为均衡，第三产业成为解决就业的主要渠道。

而在发展信心调查方面，2020 年中国发展信心整体信心再次增长，达到调查开展九年来的最高值 88.8 分。四项分指数"三降一升"，健康信心达到历史新高。回看 2020 年，新冠疫情突如其来，国家以人民至上、生命至上诠释了人间大爱。我们克服了疫情的影响，"十三五"计划圆满收官，"十四五"计划全面擘画。同时，我们也取得了全面建成小康社会的伟大历史成就。2021 年是中国共产党的百年华诞，百年征程波澜壮阔，百年初心历久弥坚，国家将围绕人民群众所期盼的更好的教育、更稳定的工作、更满意的收入、更可靠的社会保障和医疗条件、更舒适的居住条件、更优美的环境等心愿，进一步统筹疫情防控与经济社会发展，抓住机遇，深化改革，进一步巩固改革开放以来取得的成就。

"数"读中国发展（2020）

——RCDI（2006—2020）

张延松

中国发展指数（2020）是中国人民大学中国调查与数据中心中国发展指数项目的第15次发布，它展现了我国2019年发展水平的数字映像，揭示了我国在总体情况、健康水平、教育程度、生活水平和社会环境建设方面所取得的成绩和反映的问题，通过多维量化分析对2019年的发展做一个综合的总结，通过指数的编制显示了我国在发展中四个维度上的平衡性，以及发展中呈现的地区性发展差异特点，通过数据记录中国发展的轨迹。

本文通过数据可视化方法综合展示中国发展指数在15年内的数据变化特征，系统地介绍中国发展指数（2020）的编制结果和中国发展指数（2006—2020）的指数变化情况，为读者提供量化了解我国15年来在各个发展维度、不同区域及地区发展水平的一个观测窗口，用数字记录中国发展历程。

一、中国发展指数（2020）的总指数情况

中国发展指数（2020）总指数为98.68，健康、教育、生活水平、社会环境四个分指数值分别为93.64、85.46、125.91和94.12，生活水平分指数分值最高，仍然是拉动总指数的主要因素；社会环境与健康分指数分值接近，教育分指数的分值最低。从分指数的分值情况来看，教育水平的提升相对于其他分指数是一个长期缓慢的过程，而生活水平则随着我国经济的飞速发展展现较高的水平，具体情况如图1所示。

相对于RCDI（2019），总指数分值增加值为1.98，健康分指数增加值为1.29，教育分指数增加值为0.75，生活水平分指数增加值增幅最大，达到5.92，社会环境分指数增加值为0.95，如图2所示。从指数分值与增加值来看，生活水平分指数

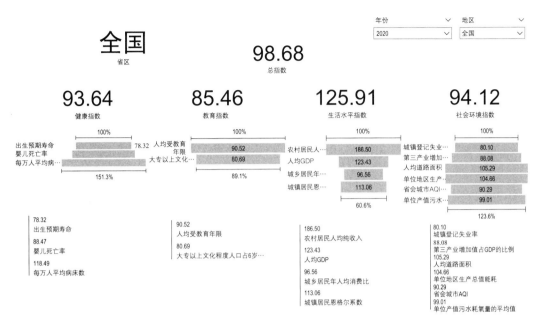

图 1 中国发展指数 2020 总指数、分指数[①]和指标值

表现最为突出，不仅分值最高而且分值增幅最高，在中国发展指数中增速最高，反映了我国经济持续发展的良好态势，而且经济的增长也促进了我国健康水平、教育水平的提升，推动了我国社会环境的良性发展。

从中国发展指数（2020）与 2019 年的分地区对比图来看，各省区相对于 RCDI（2019）的增加值变化不同，其中，天津、吉林的增加值呈现微弱的负增长，黑龙江、辽宁、陕西、山东指数值增量较低（低于 1），北京、上海、江苏、浙江总指数增加值较高（超过 3），其他省区总指数分值增量在 1 和 3 之间，呈现稳定增长特征。具体情况见图 3。总体来说，东北三省总指数分值增幅较低，发达地区北京、上海、江苏、浙江总指数分值增量较高，显示了较为显著的龙头作用。

进一步地，我们按东北、东部、西部、中部四个区域查看中国发展指数总指数的变化特点。如图 4 所示，东北区域的辽宁、黑龙江、吉林三个省区总指数分值接近，总指数分值增加值幅度较小。从整体情况来看，东北三省近年来整体发展较为缓慢，增幅相对较小。作为新中国最早的重工业基地，东北三省正在经历经济转型，需要面对发展中遇到的新问题和新挑战，如何发挥东北三省自身的优势在新的经济发展时期迎头赶上是一个重要而具有挑战性的问题。

---

① 本文图示中提到的健康、教育、生活水平、社会环境指数皆为分指数——笔者注。

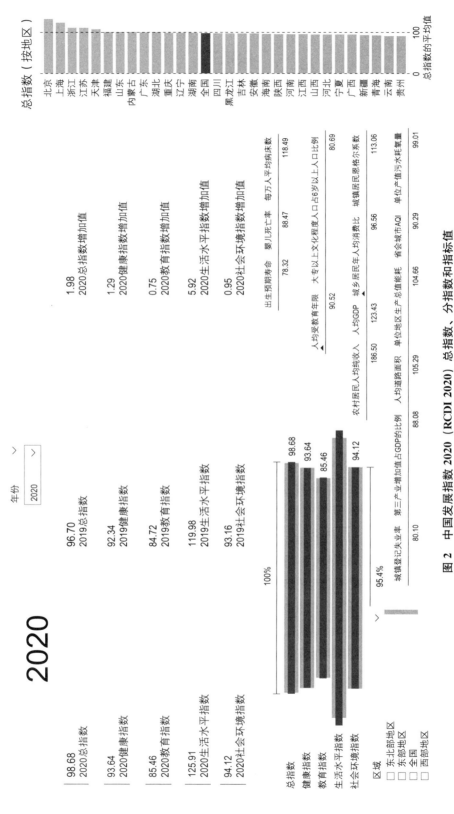

图 2 中国发展指数 2020 (RCDI 2020) 总指数、分指数和指标值

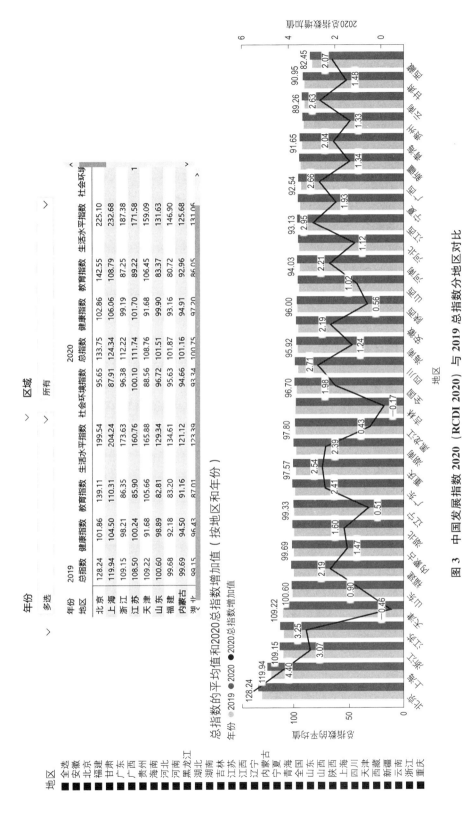

图 3　中国发展指数 2020（RCDI 2020）与 2019 总指数分地区对比

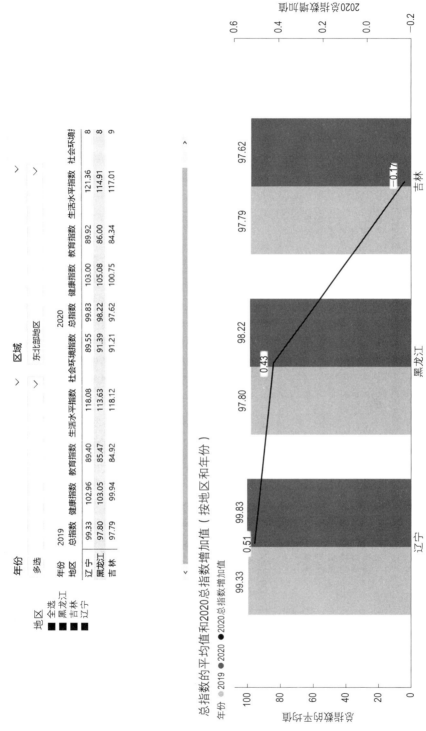

图 4 中国发展指数 2020（RCDI 2020）与 2019 总指数东北区域对比

东部各省是我国发展较快的区域，北京、上海、浙江、江苏四个省区总指数分值超过110，并且总指数分值增幅超过3，达到较高的增长水平。天津、山东 RCDI 2019 总指数分值增加值相对较低，其他东部省区总指数增加值相对平稳。具体情况如图5所示。

西部省区发展综合水平相对较低，尤其是西藏、甘肃、云南、贵州、青海、新疆等省区总指数分值与其他省区相比偏低，反映西部省区综合发展水平处于较低的水平，尤其与东部发达省区之间的差异较大。具体情况如图6所示。从地理条件来看，西部省区的自然环境相对恶劣，多为山区、高原地形，耕地面积较少，交通不便，发展具有先天的不利条件。随着"一带一路"倡议的实施，西部省区成为陆地丝绸之路的主要通道，在拓展对外商贸交流方面将发挥越来越大的作用，西部省区的发展有较大的提升空间。

中部地区各个省区之间差异相对较小，发展情况较为均衡，总指数最高为湖北，湖南紧随其后，最低为山西，河南、山西、江西三个省区之间总指数分值差异小于1。从总指数分值增量来看，江西最高，达到2.95，山西最低，为1.02，其他省区总指数增幅接近。具体情况如图7所示。

中国各省区及全国的中国发展指数总指数分值及排名如图8所示。北京、上海位于第一梯队，总指数分值超过120；浙江、江苏、天津位居第二梯队，总指数分值超过108；西藏、甘肃、贵州、云南总指数分值低于92，处于第四梯队，其他省区总指数分值差异较小，位于第三梯队。总指数排名靠前的省区在四个分指数上排名也相对靠前，如北京总指数排名第一，健康指数排名第五，教育指数排名第一，生活水平指数排名第二，社会环境指数排名第八；西藏总指数排名位居最后，健康与教育指数排名也位居最后，生活水平指数排名位居倒数第二，但社会环境指数排名第十四位，高于全国水平。与之类似，新疆总指数排名靠后，健康指数和生活水平指数相对较低，但教育指数接近全国水平，社会环境指数排名第五，反映了我国对新疆提高教育水平和改善生活环境方面的投入和产生的显著成果。

从各省区总指数及各分指数分值与各省区中位数值的比较可以看出，总指数较高的省区在总指数和各分指数的分值通常高于中位数值，如江苏总指数排名第四，在各分指数上均高于中位数值，其中生活水平分指数显著高于中位数值，展现了生活水平对总指数显著的拉动作用。具体情况如图9所示。

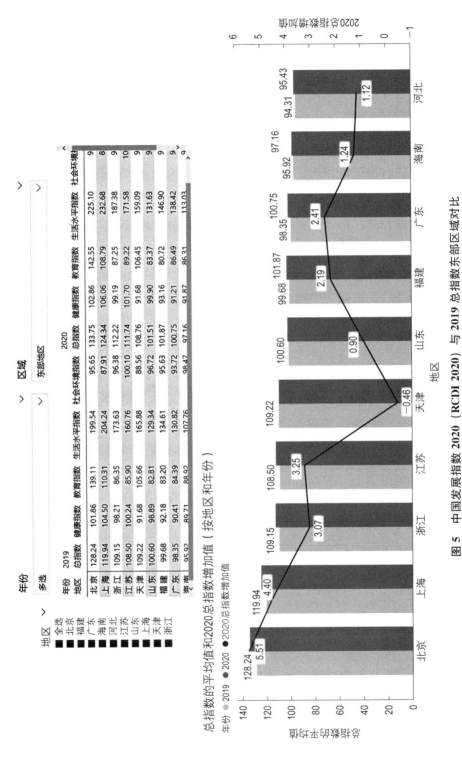

总指数的平均值和2020总指数增加值（按地区和年份）

年份 ● 2019 ● 2020 ●2020总指数增加值

图 5　中国发展指数 2020（RCDI 2020）与 2019 总指数东部区域对比

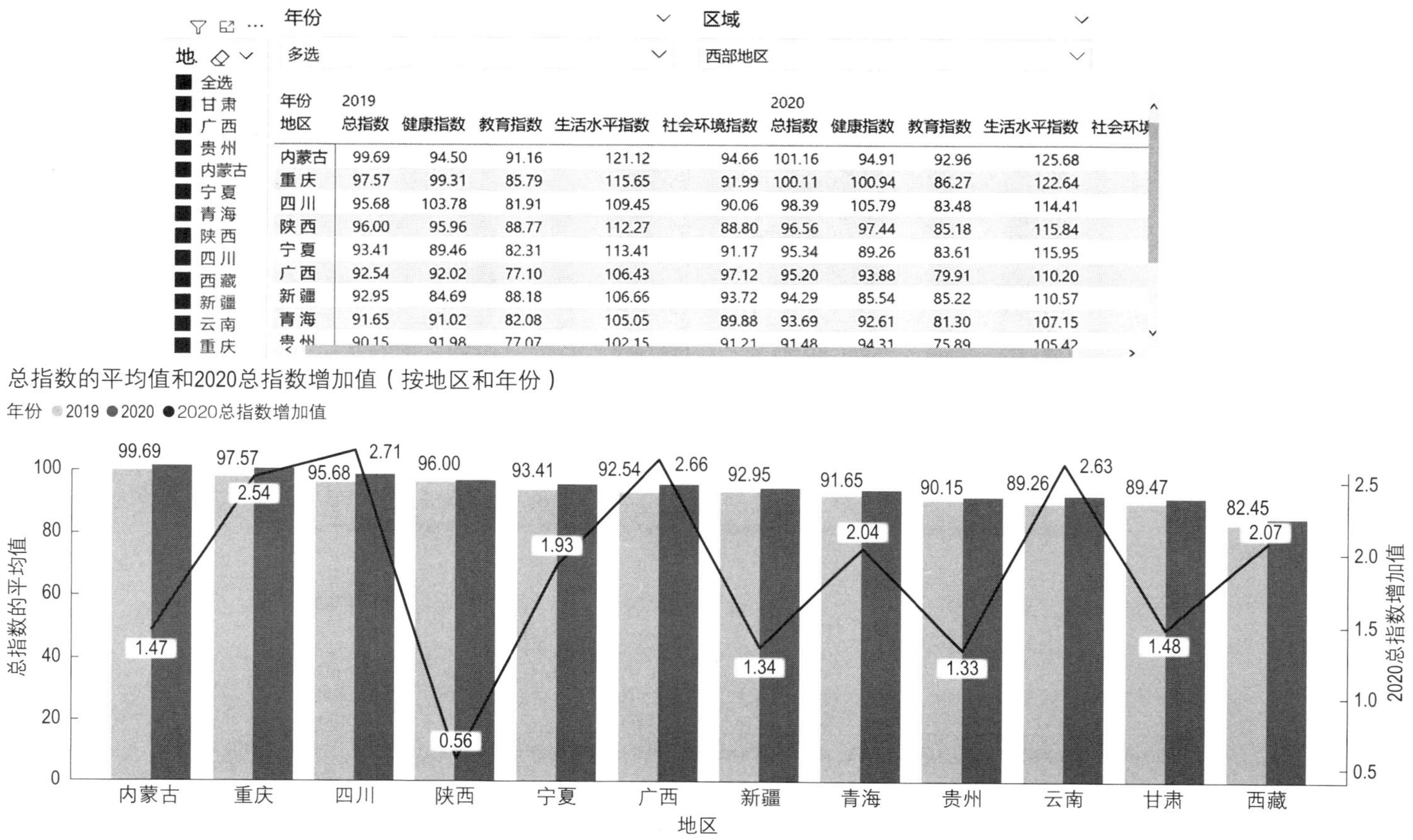

总指数的平均值和2020总指数增加值（按地区和年份）

年份 ●2019 ●2020 ○2020总指数增加值

年份	2019					2020				
地区	总指数	健康指数	教育指数	生活水平指数	社会环境指数	总指数	健康指数	教育指数	生活水平指数	社会环境功...
内蒙古	99.69	94.50	91.16	121.12	94.66	101.16	94.91	92.96	125.68	
重庆	97.57	99.31	85.79	115.65	91.99	100.11	100.94	86.27	122.64	
四川	95.68	103.78	81.91	109.45	90.06	98.39	105.79	83.48	114.41	
陕西	96.00	95.96	88.77	112.27	88.80	96.56	97.44	85.18	115.84	
宁夏	93.41	89.46	82.31	113.47	91.17	95.34	89.26	83.61	115.95	
广西	92.54	92.02	77.10	106.43	97.12	95.20	93.88	79.91	110.20	
新疆	92.95	84.69	88.18	106.66	93.72	94.29	85.54	85.22	110.57	
青海	91.65	91.02	82.08	105.05	89.88	93.69	92.61	81.30	107.15	
贵州	90.15	91.98	77.07	102.15	91.21	91.48	94.31	75.89	105.42	

图6 中国发展指数2020（RCDI 2020）与2019总指数西部区域对比

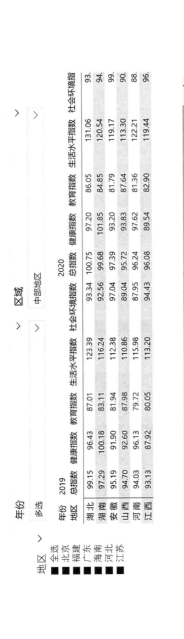

总指数的平均值和2020总指数增加值（按地区和年份）

年份 ● 2019 ● 2020 ● 2020总指数增加值

年份	2019					2020				
地区	总指数	健康指数	教育指数	生活水平指数	社会环境指数	总指数	健康指数	教育指数	生活水平指数	社会环境指
湖北	99.15	96.43	87.01	123.39	93.34	100.75	97.20	86.05	131.06	93.
湖南	97.29	100.18	83.11	116.24	92.56	99.68	101.85	84.85	120.54	94.
安徽	95.19	91.90	81.94	112.38	97.04	97.39	93.20	81.79	119.17	99.
山西	94.70	92.60	87.98	110.86	89.04	95.72	93.83	87.64	113.30	90.
河南	94.03	96.13	79.72	115.98	87.95	96.24	97.62	81.36	122.21	88.
江西	93.13	87.92	80.05	113.20	94.43	96.08	89.54	82.90	119.44	96.

地区：全选 北京 福建 广东 海南 河北 江苏
年份：多选
区域：中部地区

图 7 中国发展指数 2020（RCDI 2020）与 2019 总指数中部区域对比

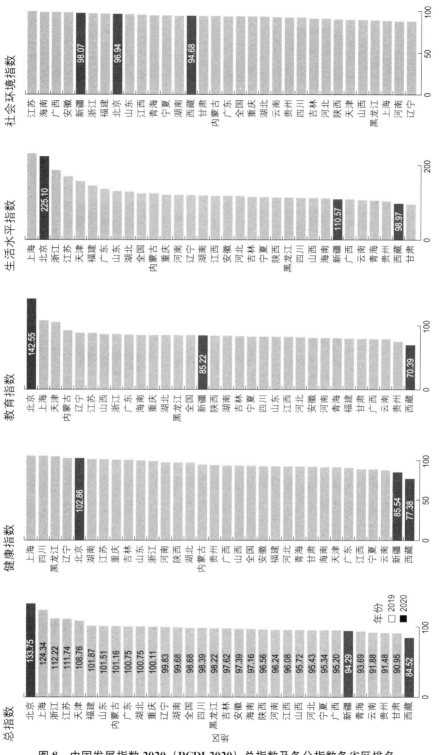

图 8　中国发展指数 2020（RCDI 2020）总指数及各分指数各省区排名

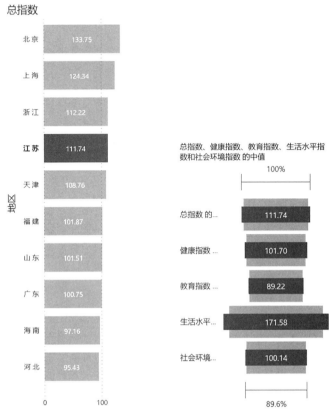

总指数

北京 133.75
上海 124.34
浙江 112.22
江苏 111.74
天津 108.76
福建 101.87
山东 101.51
广东 100.75
海南 97.16
河北 95.43

地区

0   100

总指数、健康指数、教育指数、生活水平指数和社会环境指数 的中值

100%

总指数 的... 111.74
健康指数... 101.70
教育指数... 89.22
生活水平... 171.58
社会环境... 100.14

89.6%

图 9 中国发展指数 2020（RCDI 2020）总指数、分指数分值及对应的中位数值

综上所述，中国发展指数 2020（RCDI 2020）呈现稳定增长特征，总指数增幅较 2019 增长显著，除吉林、天津有微弱的负增长外，其他省区均保持较好的增长趋势。从总指数的区域特征来看，东部发达省区总体发展水平较高，以北京、上海、浙江、江苏最为显著。西部省区发展水平相对较低，西藏、甘肃、贵州、云南的总指数相对偏低，与发达地区仍有较大的差距。从各省区的排名来看，东部省区排名相对靠前，西部省区排名相对靠后。从指数结构来看，有的省区四个分指数排名与总指数相对接近，有的省区四个分指数排名差异较大，表现出不同的均衡性。从总指数分值的相对情况来看，分值较高的省区通常在总指数和四个分指数上高于中位数值，发达省区的生活水平指数分值通常显著高于中位数值，而不发达省区则通常显著低于中位数值。

二、中国发展指数四个分指数情况

中国发展指数的总指数由四个分指数构成，健康分指数用于测量国民健康水平，教育分指数用于测量教育程度与水平，生活水平分指数用于衡量生活水平和富裕程度，社会环境分指数用于综合评估自然、社会环境的总体水平。

发展的四个维度存在不均衡情况，即部分分指数增速较高，部分分指数增速较缓，如图 10 所示，RCDI（2006）基准年各分指数相对较为均衡，而 RCDI（2020）各分指数呈现较为不均衡的特点，生活水平分指数分值显著高于其他分指数分值，教育分指数增速最慢，健康、社会环境、生活水平分指数增速逐渐提高，体现我国持续经济快速增长对健康、教育、社会环境的拉动作用，也体现经济增长的红利惠及全面发展的成果。

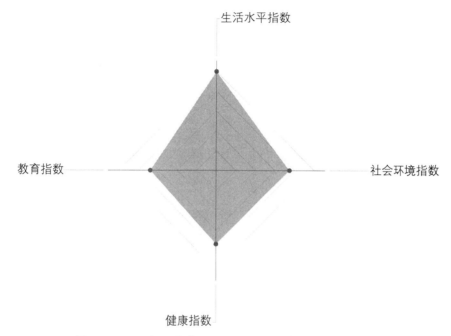

图 10　RCDI（2006）与 RCDI（2020）四个分指数均衡状况

下面分别介绍健康、教育、生活水平、社会环境分指数的主要结果与特点。

（一）中国发展指数健康分指数（2020）

从健康分指数 2020 年的分地区指标值来看，上海、四川、黑龙江、辽宁、北京、湖南、江苏、重庆、吉林九个省区健康分指数值超过 100，其中有三个东部省区，两个西部省区，一个中部省区和东北三省全部，如图 11 所示。从健康指数的增幅来看，增幅最高的是甘肃，达到 3.04，增幅最低的是宁夏，为 -0.21，四川、黑龙江两个省区不仅健康分指数分值较高，而且增幅也较大。

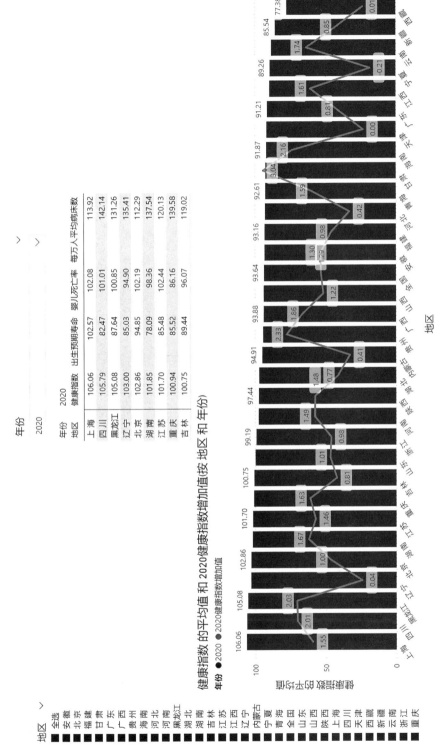

健康指数的平均值和 2020 健康指数增加值（按地区和 年份）

图 11 中国发展指数 2020（RCDI 2020）健康分指数

从我国东北、东部、西部、中部四个区域的健康分指数来看，以图 12～图 15 为例，东北三个省区健康分指数分值均超过 100，黑龙江省的增幅超过 2，其他两省小幅增长；东部区域健康分指数分值变化幅度较大，最大值与最小值差值接近 15，除海南省增幅超过 2 以外其他各省健康指数分值小幅增长；西部区域健康分指数差异显著，四川、重庆超过 100，显著高于其他省区，西藏最低仅为 77.38，与其他省区差距显著，甘肃省健康分指数增幅最高，达到 3.04，贵州、四川两省增幅也超过 2，宁夏、西藏、内蒙古增幅较低；中部区域湖南省健康分指数分值超过 100，河南、湖北形成第二梯队，山西、安徽形成第三梯队，江西相对较低，其中湖南、江西两个省区的指标增幅超过 1.6，湖北增幅较低，为 0.77。

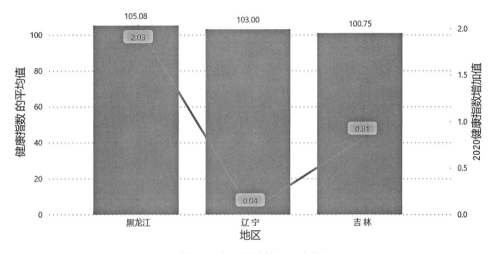

图 12　东北区域健康分指数

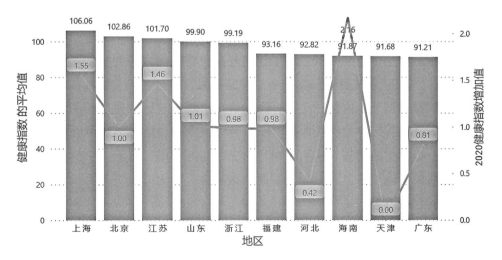

图 13　东部区域健康分指数

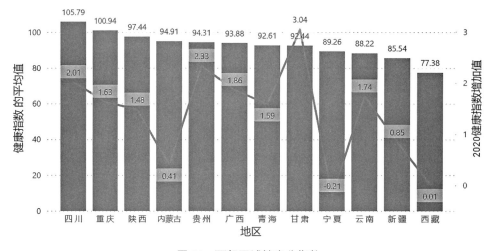

图 14 西部区域健康分指数

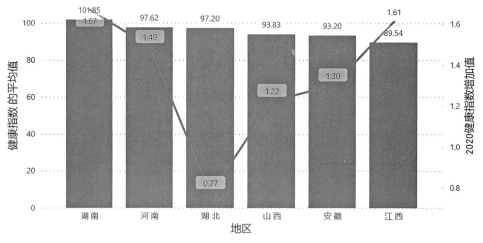

图 15 中部区域健康分指数

健康分指数由三个指标构成，出生预期寿命、婴儿死亡率为功效函数值、每万人平均病床位。2020 年的健康分指数各指标情况见图 16。图 17 显示各省区健康分指数的分值和排序结果，右侧三个指标序列显示了对应省区的排序结果，中下部的柱状图显示了选定省区各指标的取值和全国各省区的中位数值。以黑龙江为例，黑龙江的健康分指数排名第三，出生预期寿命、婴儿死亡率和每万人平均病床数指标排名均较为靠前，而上海、北京则在前两个指标排名靠前但每万人平均病床数指标排名较为靠后。

从健康分指数三个指标的全国序列来看，云南、贵州、甘肃、西藏、青海等西部省区指标值较低，东部省区相对较高，东西差距较为显著。每千人口医疗机构床位数指标标示了医疗基础设施建设水平，西部地区指标值相对较高，反映了我国持续

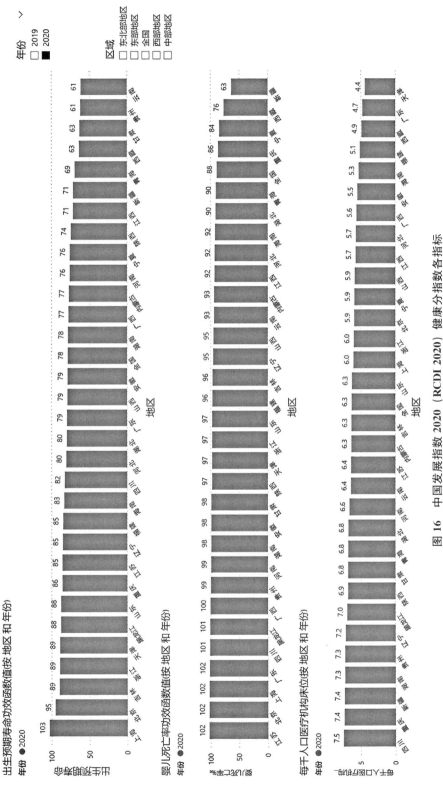

图 16 中国发展指数 2020（RCDI 2020）健康分指数各指标

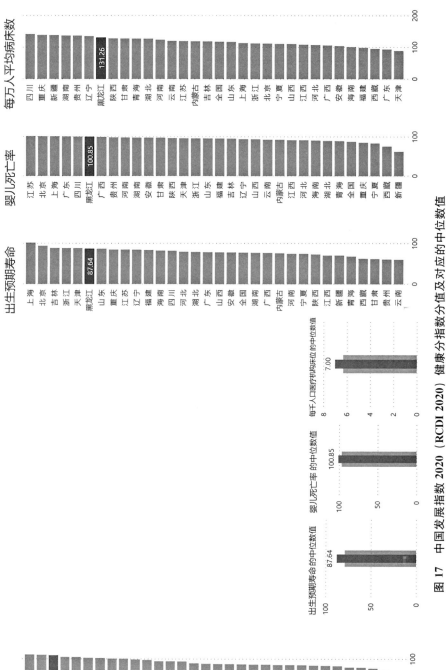

图 17 中国发展指数 2020（RCDI 2020）健康分指数分值及对应的中位数值

加强西部不发达地区医疗卫生基础建设的成效，东部发达地区的部分省区指标值相对较低，反映了发达地区以及大都市人口密度大、平均医疗条件不足的现状，需要在经济增长的同时不断加大医疗基础设施的建设力度，避免看病难、住院难的情况。

（二）中国发展指数教育分指数（2020）

从教育分指数（2020）的分地区指标值来看，北京、上海、天津具有显著的优势，其他省区教育分指数值差距相对较小，西藏、贵州教育分指数值相对较低。教育分指数增幅变化较大，如图 18 所示，北京、江苏的教育分指数增幅超过 3，江西、广西、广东三个省区的增幅超过 2，部分省区增幅为负，波动较为明显。

从我国东北、东部、西部、中部四个区域的教育分指数来看，如图 19～图 22 所示，东北三个省区中教育分指数分值最高的是辽宁，最低的是吉林，而且吉林的分指数增幅出现负增长；东部区域形成显著的梯队结构，北京最高，上海、天津次之，其他省区之间差距较小，北京除教育分指数值最高之外，分指数的增幅也是最高的，江苏教育分指数的增幅也超过 3，海南、福建、上海三个省区增幅为负；西部区域教育分指数相对较低，其中内蒙古教育分指数分值超过 90，西藏、贵州、云南、广西四个省区教育分指数低于 80，但广西的教育分指数增幅最高，达到 2.81，陕西、新疆、贵州、青海、甘肃几个省区教育分指数增幅为负；中部区域几个省区的教育分指数之间差异较小，山西最高，河南最低，江西省的增幅最高，达到 2.85，湖北、安徽、山西增幅呈现轻微的负增长。

教育分指数由人均受教育年限和大专以上文化程度人口占 6 岁以上人口比例两个指标构成，图 23 显示了各省区教育分指数的分值和排序结果，右侧两个指标序列显示了对应省区的排序结果，中下部的柱状图显示了选定省区各指标的取值和全国各省区的中位数值。以新疆为例，新疆的教育分指数略低于全国水平，人均受教育年限指标排名相对靠后，但大专以上文化程度人口占 6 岁以上人口比例指标高于全国水平，提升了新疆教育指数的整体水平。

从人均受教育年限和大专以上文化程度人口占 6 岁以上人口比例两个指标的全国序列来看，北京、上海、天津、辽宁四个省区人均受教育年限超过 10 年，有 22 个省区超过 9 年，西部地区的省区人均受教育年限相对较低，西藏仅为 5.8 年，贵州为 7.9 年，青海、云南、贵州三个省区不超过在 8.5 年，人均受教育年限没有超过义务教育的九年期限。大专以上文化程度人口占 6 岁以上人口比例主要用于评估高等教育的普及程度，从全国各省区的指标序列可以看出，北京、上海、天津三个

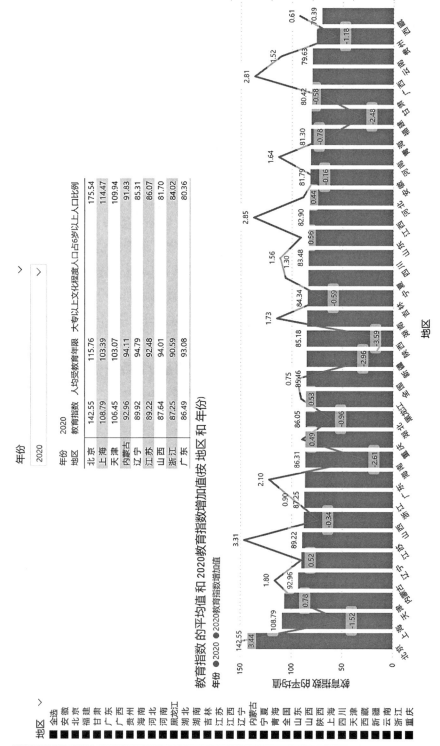

图 18 中国发展指数 2020（RCDI 2020）教育分指数

直辖市指标值显著高于其他省区，分别为 50、31 和 29，高学历人口占比较高；全国平均水平为 15，有 12 个省区高于全国平均水平。贵州、西藏、广西三个省区低于 10，高等教育普及程度相对较低，但西部地区的内蒙古、重庆、新疆高等教育人口占比超过 15。具体情况见图 24。

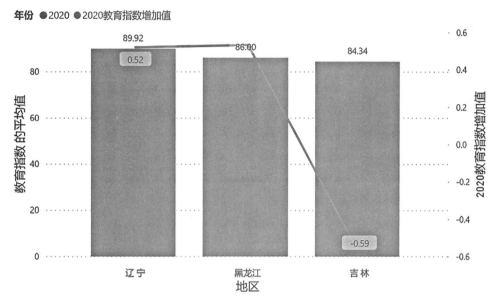

图 19　东北区域教育分指数

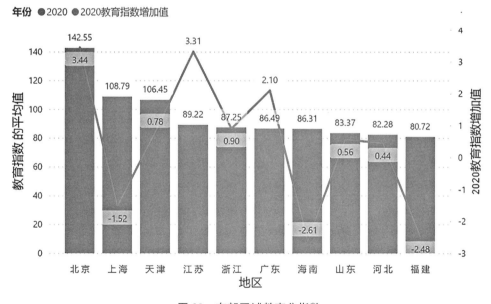

图 20　东部区域教育分指数

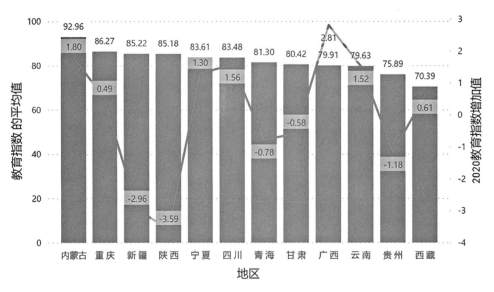

图 21　西部区域教育分指数

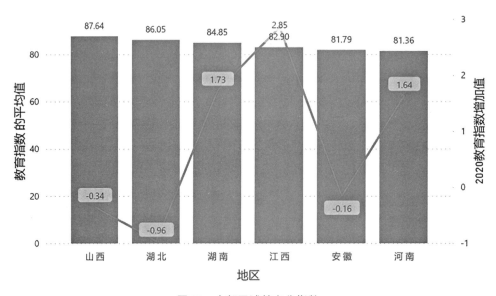

图 22　中部区域教育分指数

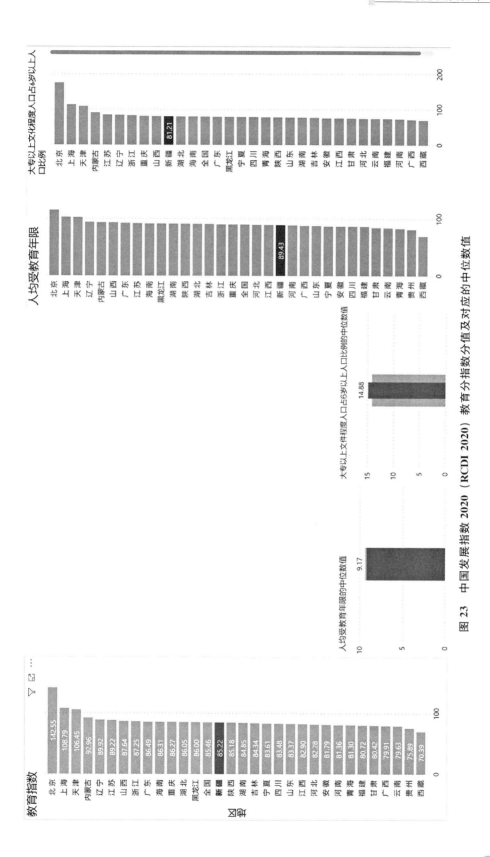

图 23 中国发展指数 2020（RCDI 2020）教育分指数分值及对应的中位数值

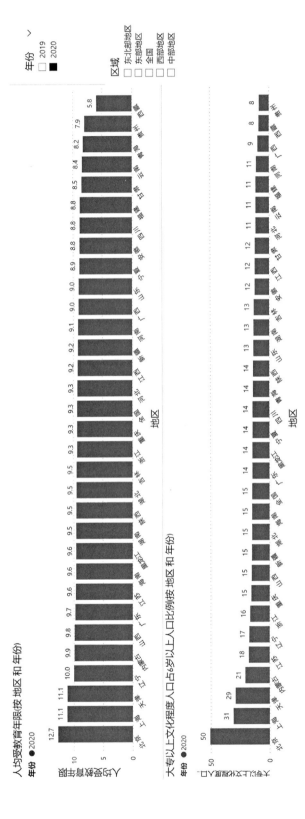

图 24 中国发展指数 2020（RCDI 2020）教育分指数各指标

（三）中国发展指数生活水平分指数（2020）

从生活水平分指数（2020）的分地区指标值来看，上海、北京处于第一梯队，分指数值超过 200，浙江、江苏、天津、福建处于第二梯队，分指数值超过 145，甘肃、西藏分指数值最低，低于 100，其他省区处于第三梯队，分指数值在 140 和 100 之间，各省区之间的差距相对较小。从分指数值增幅来看，天津较 2019 有较大的降幅，达到－6.8，吉林也是－1.11 的负增长，其他省区表现为正增长，上海、北京增幅较大，超过 25，浙江、江苏、福建、增幅超过 10。具体情况见图 25。

从我国东北、东部、西部、中部四个区域的生活水平分指数来看，如图 26～图 29 所示，东北三个省区中生活水平分指数分值与增幅最高的是辽宁，最低的是黑龙江，但吉林的分指数增幅出现负增长；东部区域形成显著的梯队结构，各省区之间的差距显著，上海、北京均超过 200，浙江、江苏次之，超过 170，海南和河北较低，低于 120，其中天津产生较大的负增长，上海、北京、浙江、江苏、福建不仅分指数分值较高，而且增幅也较大，增幅均超过 10；西部区域生活水平分指数相对较低，内蒙古和重庆分值超过 120，甘肃、西藏分值低于 100，但西部地区生活水平分指数增幅较大，增幅全部超过 2，反映了西部各省区经济持续增长的态势，也反映了西部经济开发的成果；中部区域的湖北生活水平分指数超过 130，山西最低但也超过 110，各省之间的生活水平分指数分值差距较小，其中湖北、河南、江西、安徽生活水平分指数增幅较高，均超过 6，湖南生活水平分指数增幅超过 4，山西增幅最低，但也超过 2，中部区域各省区表现出较好的增长趋势。

生活水平分指数由农村居民人均纯收入、人均 GDP、城乡居民人均消费比、城镇居民恩格尔系数四个指标构成，图 30 显示了各省区生活水平分指数的分值和排序结果，中间四个指标序列显示了对应省区的排序结果，右的柱状图显示了选定省区各指标的取值和全国各省区的中位数值。以上海为例，城乡居民年人均消费比指标排名较为靠后，反映了发达地区城乡差距较大，其他三个指标则分列第一、第二位，农村居民人均纯收入、人均 GDP 指标数据显著超过中位数值（正向指标），城乡居民人均消费比数据略超过中位数值（逆向指标），城镇居民恩格尔系数低于中位数值（逆向指标）。

从生活水平分指数四个指标的全国序列来看，农村居民人均纯收入、人均 GDP 指标曲率较大，反映了不同省区之间高低差距较大，东部的发达省区指标值较好，西部省区的指标值相对较低。东北三省辽宁、吉林、黑龙江的农村居民人均

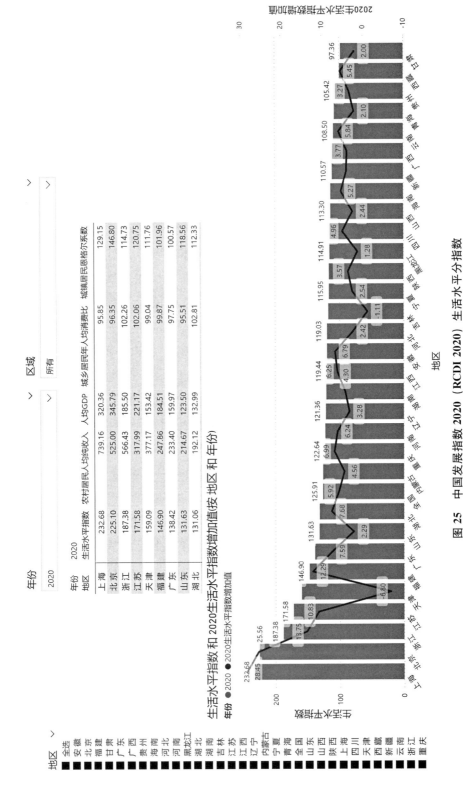

图 25　中国发展指数 2020（RCDI 2020）生活水平分指数

纯收入序位高于人均 GDP 序位，反映了东北三省作为粮食基础的特点，即农村居民收入水平高于人均 GDP 水平，也反映了东北三省城市经济的相对滞后。城乡居民人均消费比与城镇居民恩格尔系数是两个逆向指标，值越低则城乡差距越小、富裕程度越高。城乡居民人均消费比最高的是西藏，反映了西藏农村居民消费水平与城镇居民消费水平有较大的差距，生活水平差距较为显著；最低的是安徽，城乡消

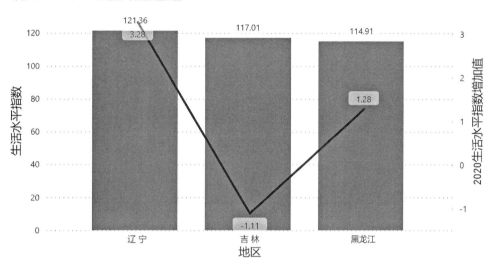

图 26　东北区域生活水平分指数

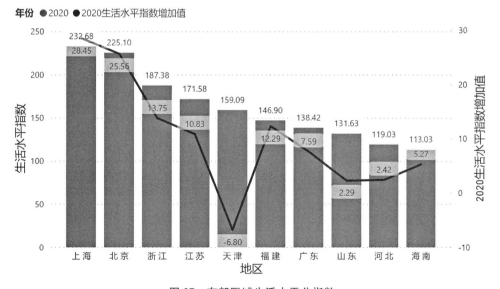

图 27　东部区域生活水平分指数

费比仅为 1.63 倍，东部发达省区浙江和江苏城乡消费比也较低，但发达地区的北京和上海城乡消费比较高，城乡发展不平衡较为显著。城镇居民恩格尔系数差距相对较小，仅有 8 个省区超过 30，其他各省区均低于 30，城镇居民富裕程度较好，北京的城镇居民恩格尔系数最低，西藏最高。具体情况见图 31。

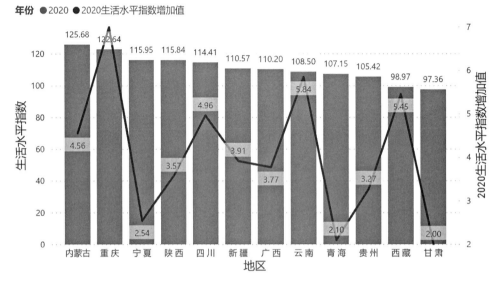

图 28　西部区域生活水平分指数

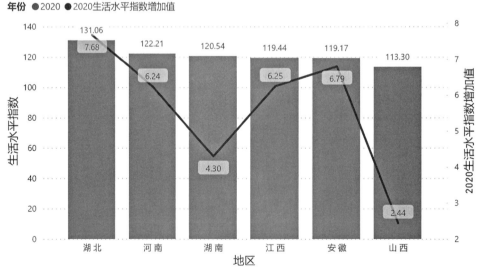

图 29　中部区域生活水平分指数

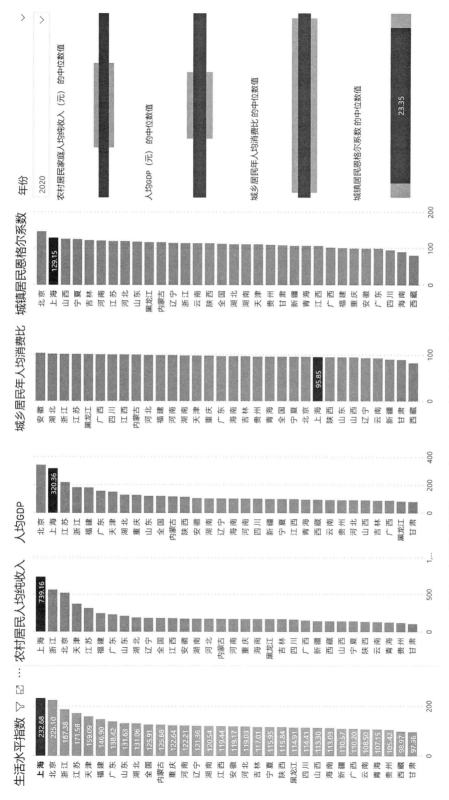

图 30　中国发展指数 2020（RCDI 2020）生活水平分指数分值及对应的中位数值

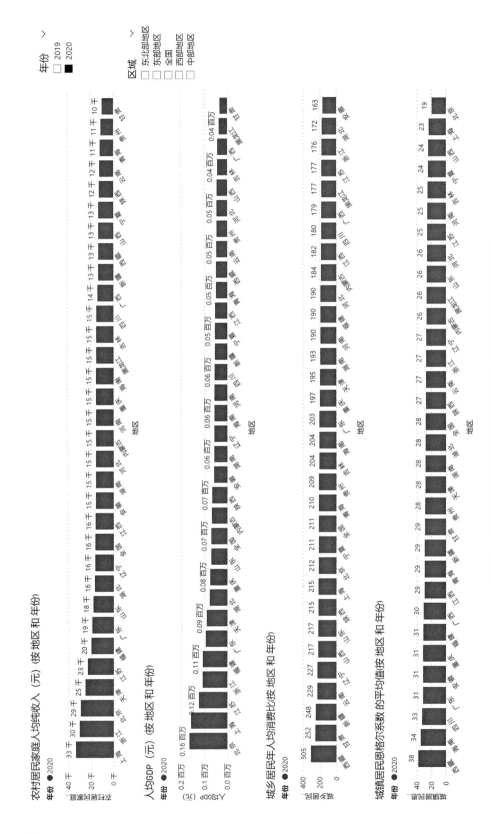

图 31 中国发展指数 2020（RCDI 2020）生活水平分指数各指标

（四）中国发展指数社会环境分指数（2020）

从社会环境分指数（2020）的分地区指标值来看，各省区之间差异较小，柱状图变化较缓。社会环境分指数分值最高的是江苏，其次是海南，最低的是辽宁。从社会环境分指数的增幅来看，黑龙江、辽宁、内蒙古表现为负增长，青海、新疆和宁夏社会环境分指数增幅较高，增幅超过4，反映了西部地区社会环境正在逐渐改善。具体情况见图32。

从我国东北、东部、西部、中部四个区域的社会环境分指数来看，如图33～图36所示，东北三个省区中社会环境分指数分值与增幅最高的是辽宁，但仅为0.12，黑龙江和吉林分指数增幅均出现负增长，东北三省的社会环境发展较为缓慢；东部区域江苏和海南较高，上海、天津、河北相对较低，东部省区社会环境分指数增幅相对较小，最高不超过2，江苏与山东增幅较低；西部区域社会环境分指数比较平稳，广西、新疆较高，陕西较低，增幅最高超过5，大部分省区增幅超过2，内蒙古呈现微弱的负增长；中部区域的安徽社会环境分指数最高，河南、山西较低，增幅最高为湖南，超过2，河南、湖北增幅相对较低。

社会环境分指数由城镇登记失业率、第三产业增加值占GDP的比例、人均道路面积、单位地区生产总值能耗、省会城市AQI、单位产值污水耗氧量六个指标构成，图37显示了各省区社会环境分指数的分值和排序结果，中间六个指标序列显示了对应省区的排序结果，右的柱状图显示了选定省区各指标的取值和全国各省区的中位数值。以新疆为例，新疆社会环境分指数排名位居第五，城镇登记失业率分指数位居第二，登记失业率远低于全国水平中位数。人均道路面积排名也较为靠前，反映了新疆在城市基础设施建设方面的投入较多，道路建设程度较好。第三产业增加值占GDP的比例新疆位居中游，空气质量略低于全国平均水平，在单位地区生产总值能耗和单位产值污水耗氧量这两个指标上，新疆排名较为靠后，反映了新疆在优化产业结构、降低能源消耗和提高污染治理方面还需要进一步提高。

从社会环境分指数六个指标的全国序列来看，城镇登记失业率指标北京最低，仅为1.3，辽宁最高，达到4.2，城镇登记失业率反映了城镇就业情况，也是经济活力和劳动力需求的晴雨表。西部地区的新疆、青海城镇登记失业率较低，但宁夏、内蒙古相对较高。第三产业增加值占GDP的比例反映了产业结构特征，比例高则说明其第一、二产业占比较低，第三产业是经济活力的一个体现，也是解决就

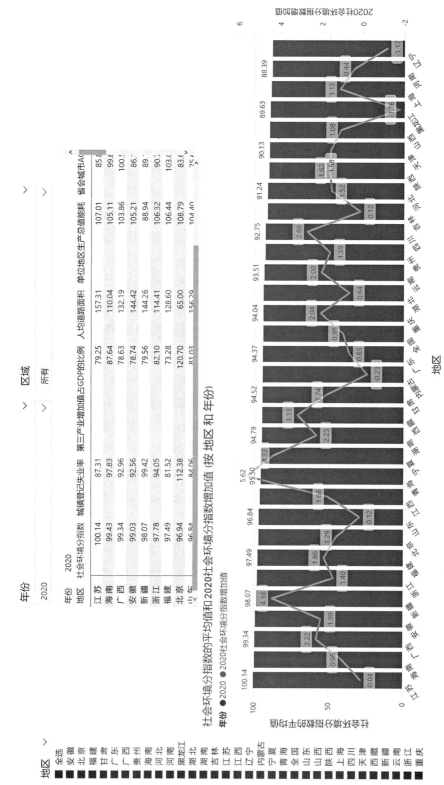

图 32 中国发展指数 2020（RCDI 2020）社会环境分指数

业问题的一个途径，尤其是科技类企业是推动生产力技术发展的主要力量。图 38
中可以看到，北京、上海、天津位居前三，福建、陕西排名靠后，有二十四个省区
比例超过 50。人均道路面积反映了城市拥堵和交通便利情况，上海、北京、天津三
个人口密度大的直辖市名列后三名，反映了大都市打工者较高的交通拥堵成本。宁
夏、江苏、山东等省人均道路面积较大，尤其是经济发达的江苏在人均道路面积指

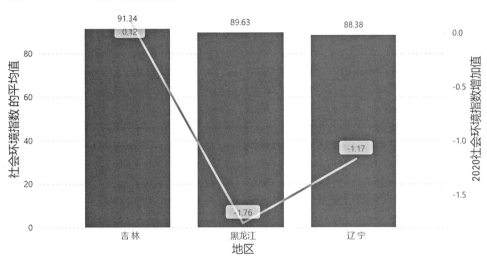

图 33　东北区域社会环境分指数

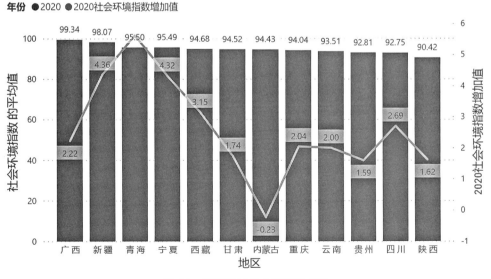

图 34　东部区域社会环境分指数

标上优于其他经济发达省区，反映了较好的交通基础设施建设水平，为经济发展提供交通便利条件。单位地区生产总值能耗反映了每万元 GDP 所需要消耗的标准煤水平，值越高则能源成本越高，对环境的影响程度越大，值越低则说明经济增长的能源消耗较低，对环境保护更加有利。该指标全国各省区差异较大，西部地区的宁夏、青海、新疆、内蒙古、山西等省区指标值超过 1，反映了产业结构中高能耗的产业比重较高，经济增长的能源、环境成本较高。东部的北京、广东、江苏、上海、

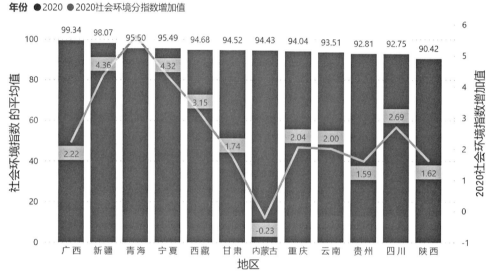

图 35　西部区域社会环境分指数

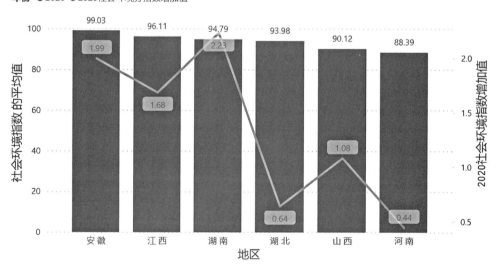

图 36　中部区域社会环境分指数

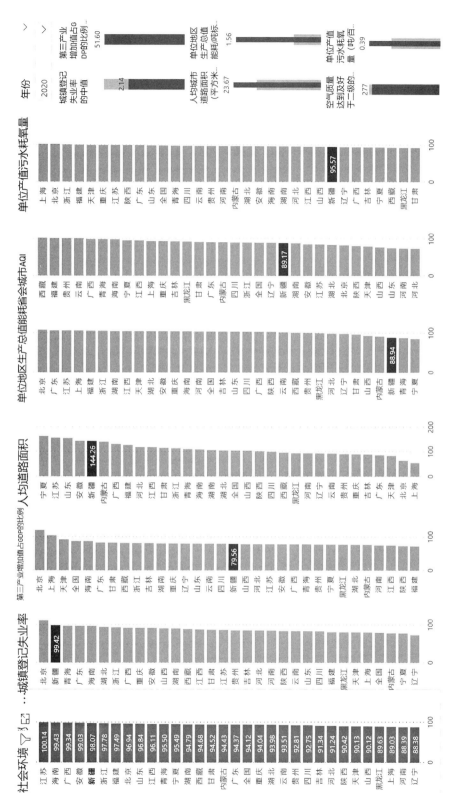

图 37　中国发展指数 2020（RCDI 2020）社会环境分指数分值及对应的中位数值

福建、浙江等省指标值低于 0.4，反映了产业结构较为优化，高能源的产业占比较低，可以通过较低的能耗水平达到较高的经济发展水平。总体来说，西部省区大多指标值较高，反映了我国西部省区中中低端高能耗产业占比较高，需要进一步通过产业结构升级以及技术升级提高经济增长质量。省会城市 AQI 指标反映了省会城市全年中空气质量达到及好于二级的天数，其中西藏最高，达到 364 天，福建次之，达到 360 天，西部省区指标值相对较高。指标值较低的是河北、河南、山东、山西，不超过 200 天，反映了在生产和生活中有害气体及废气排放较多的情况，而雾霾也成为影响人民健康的一个重要因素，空气质量的治理是一个长期持续的工作，也需要从产业结构、环境保护措施、技术升级、农业生产模式优化、城市交通优化等多方面进行治理与升级，在经济增长的同时保持蓝天白云的生活环境。单位产值污水耗氧量反映了经济增长所产生的污水排放代价，指标值越高则绿色生产程度越低，反之则绿色生产程度越高。总体来看，上海、北京、浙江等发达省区指标值较低，反映了经济增长更多依靠更加环保的绿色产业，经济增长与环境保护比较协调。甘肃、黑龙江、西藏、宁夏等省区指标值较高，反映了经济增长与环境保护之间有较大的矛盾，在环境保护、污水处理方面还有很大的不足。从全国整体情况来看，我国经济增长付出的污染代价仍然处于较高的水平，一方面需要加强环境保护与污染治理，另一方面也需要加快产业升级，增强环境保护技术水平。

三、中国发展指数 RCDI（2006—2020）回顾

中国发展指数于 2006 年第一次向社会公开发布，已连续记录了我国 15 年的发展变化，通过数据量化中国发展在健康、教育、生活水平、社会环境四个维度上的增长变化情况，为中国发展留下数字化映像，也为研究中国发展提供了数据基础。我们通过一系列数据可视化面板综合展示中国发展指数 RCDI 的历年结果。

（一）分地区指数对比

我们首先设计了分地区指数对比图，如图 39 所示。在图 39 的右上部选择年份和指数类型，显示 RCDI（2006—2020）中指定年份、指定类型的指数对比图，可以查看历年、各个省区、各个区域、各个指数的分值情况，综合展示中国发展指数的历史数据。

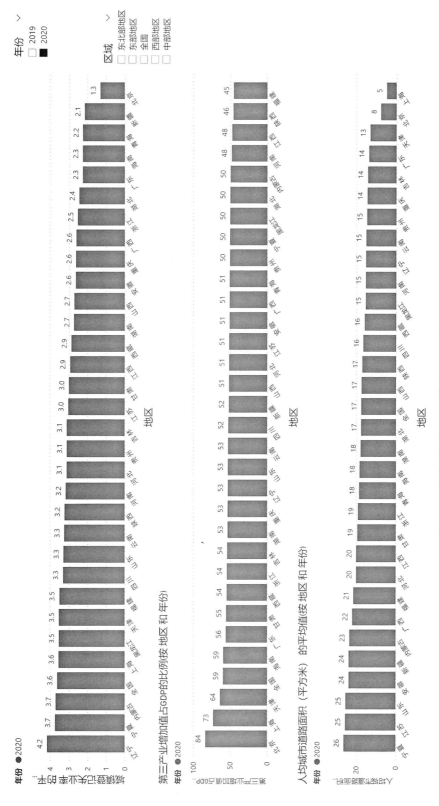

图 38 中国发展指数 2020 社会环境分指数各指标（1）

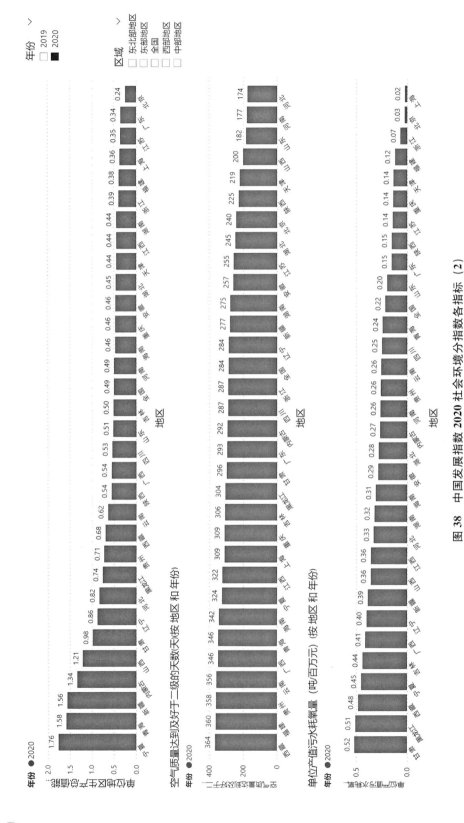

图 38　中国发展指数 2020 社会环境分指数各指标（2）

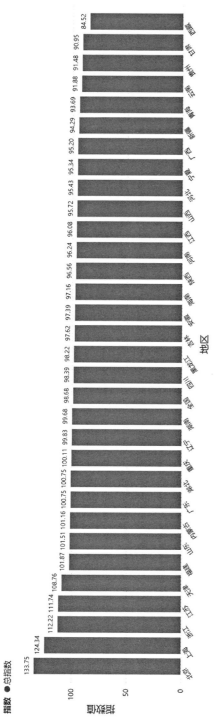

图 39　中国发展指数分地区指数对比

图 40 显示了东部区域各省份健康指数与生活水平指数的对比图，东部发达省区的生活水平指数值远高于健康指数值，差值通常在 20 以上，西部、中部省区差值没有东部发达省区那样显著，但通常也超过 20，而东北区域三个省区生活水平指数与健康指数的差值相对较小，通常低于 20。

（二）历年总指数与分指数

图 41 给出了历年中国发展指数总指数与分指数数据视图。通过选择省区、区域、指数类型、年份可以查看指定省区各指数的分值情况，也可以查询我国东北、东部、西部、中部各区域指数的平均值情况，通过年份的选择查看历年的数据，展现中国发展的历史数字映像。

图 42 展示了 RCDI（2006—2020）指数对比视图，通过选择省区或区域显示 15 年的 RCDI 总指数与健康、教育、生活水平和社会环境四个分指数的分值。以上海为例，从 15 年指数的变化趋势来看，健康分指数和社会环境分指数有一定的波动，基本反映了长期增长的趋势；教育分指数小幅波动，基本表现为缓慢增长趋势；生活水平分指数表现出较为显著的持续增长趋势，反映了上海经济持续增长、人民生活水平持续提升的情况；总指数也表现为稳定、持续增长趋势，反映了上海综合发展水平稳定、持续增长的特征。

（三）分指数均衡图

中国发展指数的理念是打破唯 GDP 论的束缚，通过健康、教育、生活水平、社会环境四个与国家综合发展水平密切相关的维度展现我国的多维发展水平，除总指数指标外，四个分指数的均衡性也是一个重要的考查因素，可以评估一个地区的发展中主要的拉动因素以及各分指数是否均衡发展的情况。

图 43 显示了中国发展指数四个分指数均衡状况的雷达图和箱线图，可以查看历年、全部省区、指定省区、指定区域的四个分指数均衡情况。

图 44 显示了我国东北、东部、西部、中部区域各省区在 2020 年四个分指数的箱线图。各省区的最大值通常为生活水平分指数，反映了生活水平分指数是各省区普通的拉动因素，也反映了我国发展中经济增长最为显著的特点。从整体结构来看，东北区域各省区箱线图较短，分指数之间的差距相对较小。东部区域的发达

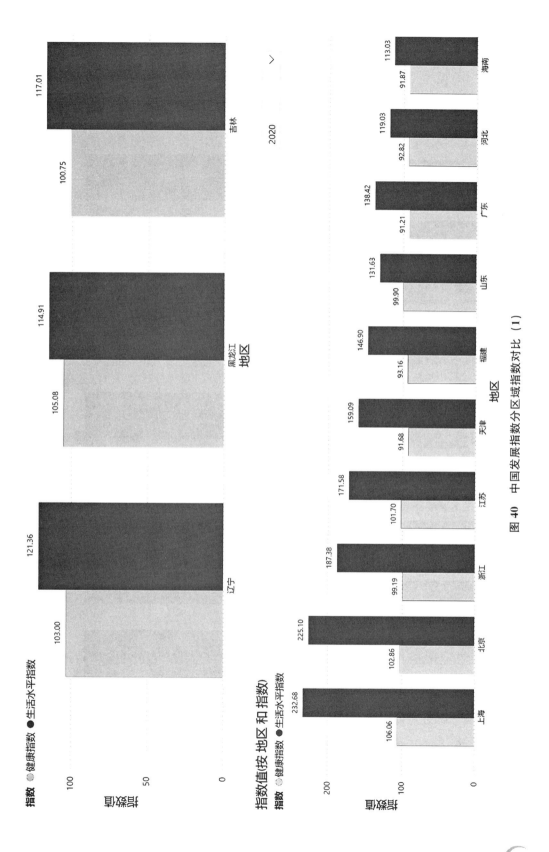

图 40 中国发展指数分区域指数对比（1）

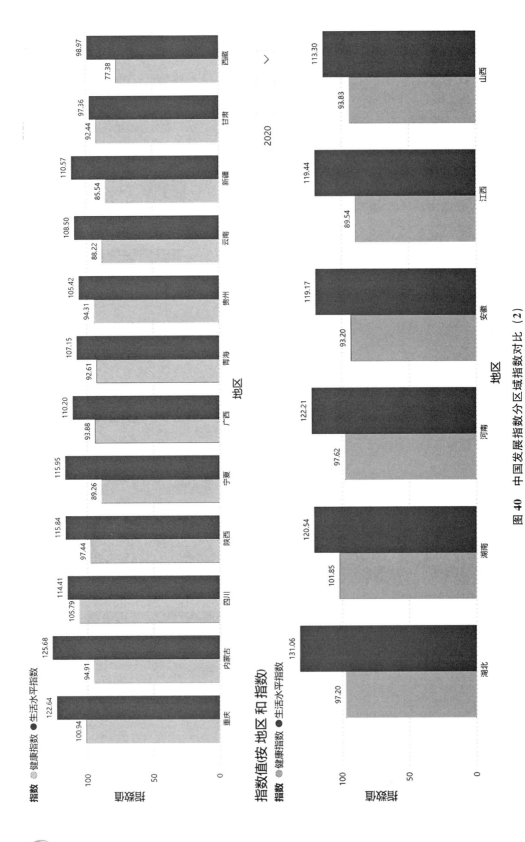

图 40 中国发展指数分区域指数对比 (2)

省区，如北京、上海、天津、浙江、江苏等省区箱线图较长，分指数最大值与最小值之间的差距比较显著，分指数的均衡性较弱。西部与中部大部分省区四个分指数之间的差距相对较小，均衡性稍好，但内蒙古的生活水平指数相对于其他三个指数较高，在箱线图上均衡性较差。

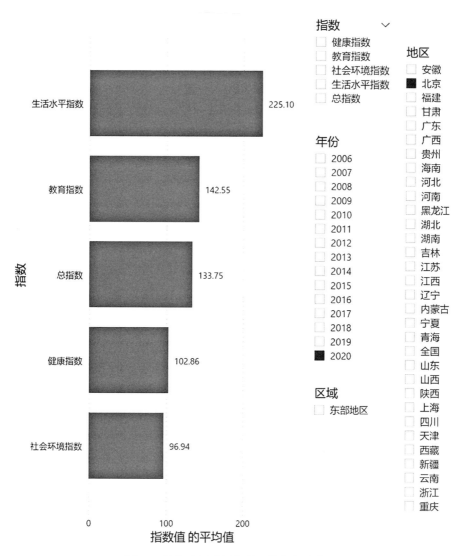

图 41　历年中国发展指数总指数与分指数

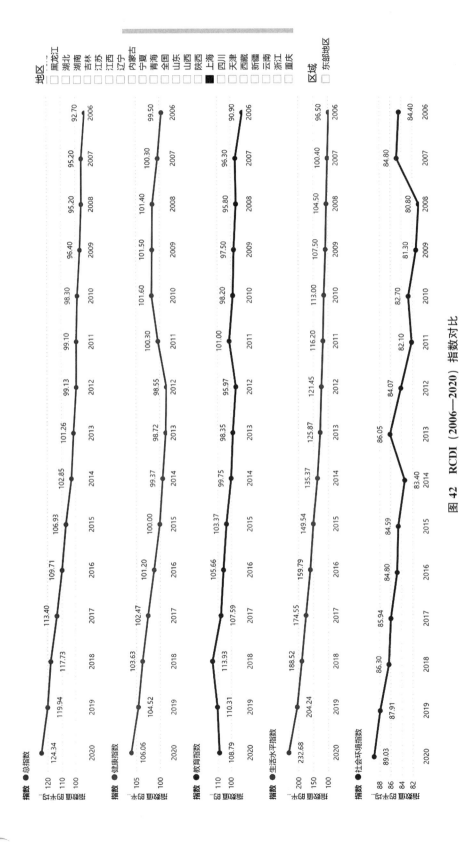

图 42 RCDI（2006—2020）指数对比

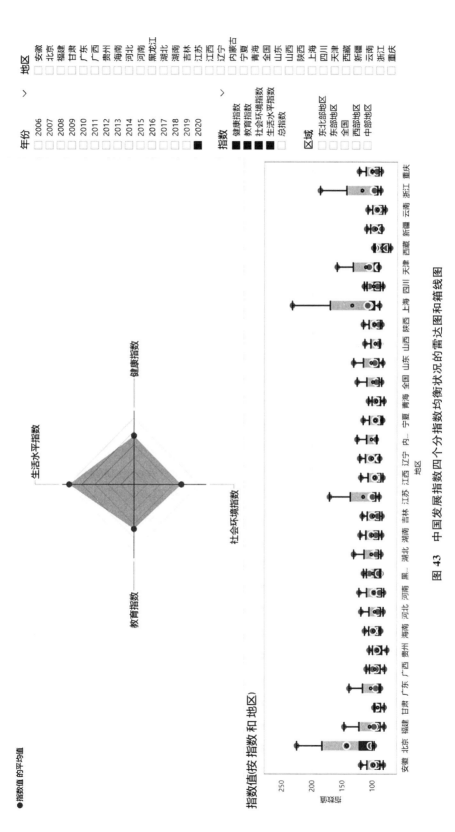

图 43 中国发展指数四个分指数均衡状况的雷达图和箱线图

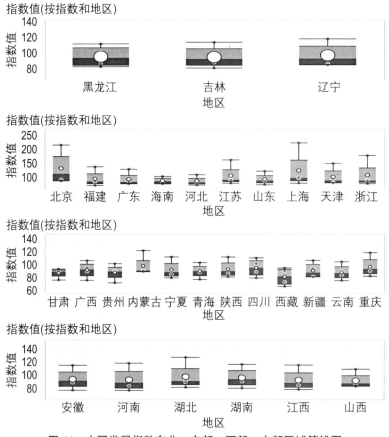

图44 中国发展指数东北、东部、西部、中部区域箱线图

(四) 历年指数序位

图45显示了中国发展指数历年总指数与四个分指数的全国序位图，可以选择年份以及区域查看全国或指定区域省区总指数与分指数的排名情况。通过序位图，一方面可以了解各省区总指数的序位，另一方面通过各分指数的序位了解总指数排名在四个维度上的影响因素，了解省区发展中表现出的优势与不足，为进一步全面、均衡发展提供数据支持。

(五) 多维指数数据视图

图46提供了对选定年份、指定区域、指定指数、指定省区的横向与纵向指数对比数据视图。可以选择区域、省区、年份、指数进行对比，对比数据以柱状图和表格方式显示，可以直观地对比若干省区在某个年份范围内某个或多个指数的差异，可以用于省区之间的横向对比和跨年份的纵向对比。

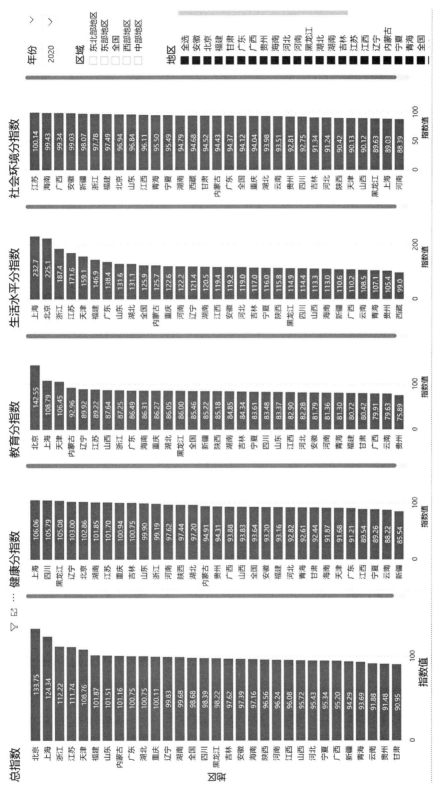

图 45 中国发展指数历年总指数与分指数序位

地区&年份&指数多维对比

地区	2008	2009	2010	2011	2012	2013	2014	2015	2016	2017	2018	2019	2020
北京 总指数	98.10	98.90	101.70	103.50	105.28	108.70	112.00	113.20	116.95	121.11	125.04	128.24	133.75
江苏 总指数	84.20	85.10	86.30	88.20	91.73	94.25	96.29	99.39	102.26	104.68	107.31	108.50	111.74
上海 总指数	95.20	96.40	98.30	99.10	99.13	101.26	102.85	106.93	109.71	113.40	117.73	119.94	124.34
浙江 总指数	85.00	85.90	87.80	89.40	91.89	94.62	96.60	99.58	101.56	103.88	106.40	109.15	112.22

指数值按年份和地区
地区 ●北京 ●江苏 ●上海 ●浙江

年份 2008 2020

区域: 东北部地区 东部地区 全国 西部地区 中部地区

地区: 全选 北京 福建 广东 海南 河北 江苏 山东 上海 天津 浙江

指数: 健康指数 教育指数 社会环境指数 生活水平指数 总指数

图46 中国发展指数历年总指数与分指数序位

综上所述，中国发展指数是一个多维度多层次的指数体系，15 年的编制工作积累了丰富的中国发展数据。我们通过数据可视化技术制作了历史数据多维分析视图，为读者提供不同粒度的、灵活的数据观测模式，帮助读者深入认识中国发展的客观规律。

四、结束语

中国发展指数坚持以多维度视角观测中国发展，自 2006 年第一次公开发布已持续 15 年的编制工作，翔实地记录了我国 15 年来的发展历程，积累了丰富的发展观测数据，伴随着中国的发展记录下数字化的发展映像。

从中国发展指数的数据特征来看，我国在健康、教育、生活水平、社会环境以及综合情况方面保持了持续稳定增长的特征，其中生活水平改善的提升幅度最为显著，也成为拉动中国指数增长最重要的因素。随着经济的增长和人民生活水平的提高，我国在健康水平、教育程度和社会环境改善方面也取得了长足的进步，反映了我国重视经济发展，但不唯经济增长的科学策略，以经济增长促社会进步和综合国力提升，探索出一条扎实有效的中国特色社会主义发展之路。

科学把握中国发展的民众信心
——中国发展信心调查（2012—2020）

吴翌琳　　刘　洋

一、研究背景

发展是人类社会永恒的主题，中国经济连续二十多年的高速增长创造了中国奇迹，随着经济实力的增长，我国人民生活水平在迅速提高，中国社会发生着深刻的历史性变化。发展已经成为时代的主旋律，追求发展、实现现代化更成为全体人民和各级政府努力奋斗的宏伟目标。当下，中国经济社会已经迈入新时代，社会主要矛盾发生了重大转变，不平衡的发展问题浮现。比如，经济与社会发展间的不平衡，尽管我们国家经济体量已稳居世界第二，社会保障、教育与医疗等却依旧存在发展不充分的问题；资源、环境生态与经济发展间发展的不平衡，一些地区过度发展经济超过了当地的环境承载度，造成环境污染与资源滥采滥伐；区域与城乡间发展的不平衡，虽然第一个百年计划的实施有效地缓解了城乡间发展不平衡的问题，但区域间发展的不平衡依旧存在。因此，转变经济增长方式，改变经济发展模式的任务更加紧迫，我们必须走既要增长更要发展的道路，以科学发展、和谐社会的理念统领我们的工作。为此，科学评判和评价中国目前的发展程度就具有十分重要的意义。

中国社会发展落后于经济发展导致了许多影响中国人类发展的问题，如何解决这些问题，为中国人类发展扫清障碍，以加快中国经济社会更加健康的发展同样是值得我们深入研究的问题。中国经济发展世界瞩目，而在社会治理，社会结构，公共服务等方面的发展却滞后于经济的发展，带来了诸如贫富不均、看病难、上学贵等矛盾和问题。因此，人们在关注中国经济高速发展的同时，把目光投向了社会的发展。

但是，如何衡量社会的发展，依旧是一个老生常谈的"难题"。自从政治经济学之父威廉·配第的《政治算术》问世，开创了统计学这一崭新的学科之后，使用数量方法研究社会问题成为一种主流，尤其在大数据时代的背景下，由威廉·配第主张的"从具体的统计资料中去寻找经济现象产生的自然基础"的研究思想更是被学者们发扬光大。研究社会发展这一宏观问题的学者也不例外，各种研究都试图从宏观数据的角度去总结社会发展的规律。

经过改革开放40多年的深厚积累和不懈探索，我国经济正迈向高质量发展，新产业、新业态、新模式层出不穷，拥有上亿市场主体和巨大消费市场，有足够底气应对风险挑战；这是众志成城的人心之势，亿万中国人民对美好生活的向往，为实现梦想努力奋斗，始终是中国发展生生不息的力量源泉；这是合作共赢的开放之势，中国坚定不移向世界打开大门、与各国深化合作，顺应时代潮流，赢得国际社会的广泛认同和支持。中国经济总体实力的日益增强，整个社会从重视整体国民经济发展过渡到更加注重作为更为微小的社会单元"人"的发展，或者说是更重视整个社会各个层次人群的发展状况。联合国开发计划署的评价人类发展指标——人类发展指数是基于人类社会中微观角度的"人"的寿命、知识、收入的测度指标。但微观的个体"人"也同时是生活在不同地理环境和社会环境的"社会人"。外界的经济社会环境是如何影响个体"人"的发展是必须要解决的重要问题，因此我们有必要了解经济社会环境中，这些个体"人"对社会发展是如何评价的，这样才能帮助我们的政府调整策略，来达到提高中国人类发展的目标。

二、国内外文献综述

(一) 宏观发展指数综述

关于经济社会发展的度量，国内外的定量研究主要集中在发展指数的编制研究上，其中，比较权威的发展指数编制有以下几个。

可持续发展指标体系是联合国于1996年建立的一套包括社会、环境、经济、制度四个方面的指标体系，旨在帮助各国制定可持续发展政策。英国于1996年发布了国家可持续发展战略，成为全球首家公布全套可持续发展指标的国家。

人类发展指数（Human Development Index，HDI）是由联合国开发计划署（UNDP）在《1990年人文发展报告》中提出的，用以衡量联合国各成员国经济社会发展水平的指标，是对传统的GNP指标挑战的结果。

1990年，联合国开发计划署（UNDP）创立了人文发展指数（HDI），即以

"预期寿命、教育水准和生活质量"三项基础变量，按照一定的计算方法，得出的综合指标，并在当年的《人类发展报告》中发布。1990 年以来，人文发展指标已在指导发展中国家制定相应发展战略方面发挥了极其重要的作用。之后，联合国开发计划署每年都发布世界各国的人文发展指数（HDI），并在《人类发展报告》中使用它来衡量各个国家人类发展水平。

关于社会发展，2000 年联合国千年峰会就《千年宣言》达成一致，提出 8 项"千年发展目标"及相关的 18 项具体目标和 48 项指数，涉及社会公平（反贫困、教育平等、性别平等）、生命健康、环境保护及全球合作等，已经成为衡量社会发展进程的重要标准。

国内方面，以联合国开发计划署的人类发展指数的思路为基础，中国人民大学中国调查与数据中心编制和发布了中国人民大学中国发展指数（RCDI）。自 2007 年起，每年一次，定期发布，以客观评价我国各地区综合发展情况；针对发展不协调的现实，寻找区域差异的原因；为制定宏观政策提供依据；适应建设和谐社会的宏伟目标。RCDI 是结合中国的具体情况，改进发展而成的。RCDI 在 HDI 的指标体系基础上，结合我国政府统计部门公开发表的地区社会经济指标，依据定性选取指标的原则（即目的明确、综合全面、切实可行、稳定性强、协调一致），从以人为本地客观评价社会经济综合发展的实际需要出发，选择综合性强的指标。中国发展指数包含四个单项指数（健康指数，教育指数，生活水平指数和社会环境指数）十五个指标（十个正向指标、五个逆向指标）构成。

类似的研究还有中国统计学会发布的综合发展指数，这一指数使用的综合发展评价指标体系具体包含经济发展、民生改善、社会进步、生态文明、科技创新、公众评价 6 个方面 45 项指标，涵盖经济、民生、社会、生态、科技、民意等领域。中国科学院、中国社科院分别提出了"中国科学发展指标体系""中国城市科学发展综合评价指标体系"；邵腾伟等提出包括经济发展、社会进步、生态良好三方面的科学发展指标体系；李敏提出包括经济、社会、人口、资源和环境五方面的科学发展指标体系；井波提出包括全面发展、协调发展和可持续发展三方面的科学发展指标体系。

综合分析各类指数，尽管以上研究取得了积极成果，但仍存在进一步改进的空间。国外研究主要从发达国家的经验和需求出发，对于发展中国家的现实国情关注不足。国内研究理论性较强，有的指标体系数据收集分析实施难度大，大部分的指标体系都是从宏观的统计数据出发，对于中国经济社会的全面发展有着不可替代的作用，但这一指数的测定主要以国家统计局或者地方各级统计部门公布的宏观数据为编制的主要依据，而恰恰忽视了社会中最重要的参与主体——"人"的影响。

（二）微观信心指数综述

近年来，有一些研究以抽样调查技术为获得数据的主要方式，从信心的角度出发来研究不同的人群，比如消费者、就业人群、投资者、企业家、购房者、经济学家等等，对某一经济社会现象的整体信心或者个人偏好，这样的研究统称为信心指数。

目前，信心指数已经被各国作为反映宏观经济现状和未来趋势的先行指标。早在 20 世纪 40 年代，美国密西根大学调查研究中心为研究消费需求对经济周期的影响，首次编制了消费者信心指数，之后，有关部门又相继编制了企业家、投资者、经济学家等信心指数。编制信心指数的目的在于，综合反映并量化不同市场参与群体对宏观经济形势评价以及对经济前景的主观感受。

国际上，消费者信心指数的编制有一套成型的习惯做法，有关其测算和影响因素的文章比较多。Curtin（1973）以 1971 年、1972 年的数据为例介绍了 Michigan 指数的编制。Linden（1982）依据当时的数据讨论了 Conference Board 指数的编制计算。Leonhardt（2001）分析了信心指数的变化以及其背后的原因。Jeff 与 Charles（2004）在一篇题为"如何测量消费者信心"的文章中分析了消费者信心的影响因素及如何正确认识消费者信心指数。Rutger 等（2008）主要研究了消费者信心测量和波动的内涵。

国内有关信心指数编制及测算研究近两年来有不少。国家统计局中国经济景气监测中心定时发布消费者信心指数、企业家信心指数和经济学家信心指数。董春等（2007）介绍了如何利用计算机辅助电话调查系统编制成都市消费者信心指数。韩小亮和陈晨（2007）将定序变量的回归分析模型引入到消费者信心指数，以提高调查的准确性。李晓玉等（2008）探讨了编制消费者信心指数的理论基础，然后对国际上几个具有代表性的消费者信心指数的编制方法进行了比较研究，并介绍了上海财经大学对上海市消费者信心指数的编制。徐国祥等（2008）也对上海市消费者信心指数的编制进行了详细的阐述。陈云（2008）借鉴国际消费者信心指数理论，设计北京市消费者信心指数调查方法、调查对象、调查内容等调查框架，构建北京市消费者信心指数的指标体系和计算方法，并进行了实际调查。纪宏（2010）介绍了内地与港澳台消费者信心指数的编制测算并进行了比较分析。郭洪伟（2010）详细介绍了我国消费者信心指数的编制方法，并分析了其优劣。赵军利（2010）介绍了我国的消费者信心指数的调查方法。

总结以上各类关于发展测度的研究，我们认为，有必要从人的角度出发，了解中国经济社会发展的真实状况，了解中国目前让世界瞩目的宏观经济数据背后的百姓心声，弥补宏观的发展指数无法触及的一些诸如反腐问题、贫富差距问题等敏感话题的数据空缺，基于这样的研究目的，本研究提出的"中国发展信心"的概念，并对其进行调查和研究。

三、中国发展信心调查的设计

中国发展指数对我国省级行政区的人文社会发展水平与差异进行了综合测量及评价，为科学制定宏观社会经济发展政策、促进我国地区社会经济的协调可持续发展、落实科学发展观、构建和谐社会，进行了积极的探索。为了了解民情民意，倾听百姓对中国发展的心声，与中国发展指数的客观编制结果进行对比分析，自2012年起，中国人民大学中国调查与数据中心面向中国内地民众对中国发展的信心进行调查。

(一) 中国发展信心的内涵

本研究团队对中国发展信心的定义是，中国普通民众对于中国经济社会发展以及民生发展的总体信心的度量，是综合反映并量化民众对当前经济形势、社会形势的评价和对自身的生活保障、医疗保障、教育保障、养老保障、住房保障等一系列百姓切身利益问题的主观感受，是民众关于社会整体发展的看法和预期，是预测经济社会稳定发展的一个先行指标，也是监测社会变化不可缺少的依据。

国家始终把保障和改善民生作为加快转变经济发展方式的根本出发点和落脚点。关注人的生活质量、发展潜能和幸福指数，重视福利水平的提高，强调人民群众共享改革发展成果的普惠性。因此，本研究团队设计的这一指数的设计理念是体现以人为本，突出民生改善。把促进人的全面发展作为发展的最终目标，把改善民生放在更加突出的位置，着力解决群众最关心、最直接、最现实的利益问题。

(二) 中国发展信心调查的设计

课题组组织专业力量对十八大、十九大报告等重要文献资料进行深入研究和领会，并广泛参考国内外权威研究成果，组织专家会议进行研究论证，在此基础上，以科学发展观的内涵和要求为指导，以中国人民大学中国发展指数的科学指标体系为依托，构建中国发展信心调查的总体框架，然后，从经济、社会、生态和人的全面发展等多角度出发来设计具体的发展信心问题，力求基于现实，帮助政策制定者发现当前阶段发展面临的突出问题。具体的设计如下。

1. 信心得分设计

鉴于定义发展信心的测度主要是从民众的主观感受出发，我们的问卷设计也采用了量表的形式，让被访者从0～100分之间对中国社会发展的几个主要的方面现状的满意度，未来发展的预期和一些备受关注的社会问题进行打分。一般而言，0分代表非常不满意，100分代表非常满意，有个别题目为了理解的需要，也会设计成逆向的打分题，比如说0分代表非常低，100分代表作用非常高。因此，最终得到每题的相应信心指数介于0～100点，50为中性值，大于50时，表示信心偏向乐观；小于50时，表示信心偏向悲观。

2. 信心调查的内容设计

由于中国发展指数总指数由四个分指数（中国健康发展指数、中国教育发展指数、中国生活水平发展指数、中国社会环境发展指数）构成，与之相对应，中国发展信心调查也是由这四个方面，共计19道常规题目构成，分别反映民众的健康信心、教育信心、生活信心和社会环境信心。并且从2013年的调查开始，中国发展信心调查加入了一个机动模块，主要设计4～5道与当年的社会民生发展关系较大的热点话题的信心指数题目。因此，九次调查的问卷模块设计如表1所示。

表 1 中国发展信心调查的问卷模块

信心模块	问卷题目	2012	2013	2014	2015	2016	2017	2018	2019	2020
健康信心	身体健康	√	√	√	√	√	√	√	√	√
	看病便利	√	√	√	√	√	√	√	√	√
	医疗保障	√	√	√	√	√	√	√	√	√
	医疗改革	√	√	√	√	√	√	√	√	√
教育信心	学校教育	√	√	√	√	√	√	√	√	√
	教育效果	√	√	√	√	√	√	√	√	√
	教育投入（逆）	√	√	√	√	√	√	√	√	√
	高教作用	√	√	√	√	√	√	√	√	√
	教育改革	√	√	√	√	√	√	√	√	√

续表

信心模块	问卷题目	2012	2013	2014	2015	2016	2017	2018	2019	2020
生活水平信心	生活成本（逆）	√	√	√	√	√	√	√	√	√
	生活水平	√	√	√	√	√	√	√	√	√
	生活提高	√	√	√	√	√	√	√	√	√
社会环境信心	环境保护	√	√	√	√	√	√	√	√	√
	贫富差距（逆）	√	√	√	√	√	√	√	√	√
	社会信任	√	√	√	√	√	√	√	√	√
	交通便利	√	√	√	√	√	√	√	√	√
	社会环境改善	√	√	√	√	√	√	√	√	√
热点信心	反腐信心		√	√	√	√	√	√	√	√
	环境改善		√	√	√	√	√	√	√	√
	厉行节俭		√	√	√	√	√	√	√	√
	房价调控		√	√	√	√	√	√	√	√
	房价走势（逆）				√	√	√	√	√	√
整体信心	未来发展整体信心	√	√	√	√	√	√	√	√	√
发展趋势信心	宏观经济趋势				√	√	√	√	√	√
	就业形势				√	√	√	√	√	√
	物价水平（逆）				√	√	√	√	√	√
	环境保护进步（比去年）						√	√	√	√
	反腐现状（当年）						√	√	√	√
	反腐进步（比去年）						√	√	√	√

（三）中国发展信心指数的编制

中国发展信心调查作为中国发展指数客观测量的补充，其问卷以中国发展指数的四个分指数为维度，从健康、教育、生活水平以及社会环境四个方面入手，中国发展信心指数的最终结果由四个分项指数和一个总指数构成，分指数与总指数的合成均采取了等权数的算术平均方法，反映了每个指标在分指数的合成计算中具有同等重要的地位，每个分指数在总指数的合成计算中具有同等重要的地位，体现了综合发展、协调发展的思想。

在中国发展信心的分析中，我们分别使用绝对值和百分比来进行表述。绝对值是发展信心分值，采取 100 分制。对于正向指标，越接近 100 分表明信心越高，而对于逆向指标，越接近 100 分表明信心越低，所有指标均采取标准化处理。百分比则反映调查样本中持不同信心分值的比例结构。

四、中国发展信心调查的实施

（一）调查的抽样设计

由于本研究的总体是内地民众，因此，本研究的抽样设计也是以内地民众为抽样框，为了保证样本的代表性，本研究主要采取分层抽样的方式，将总样本量按照 2010 年第六次人口普查结果中各省人口的比例分配到内地 31 个省市区中，保证每个省都有足够的样本来代表当地的民情民意。

由于全部人口的名录库无法获取，本研究采用的实际抽样框是内地所有的移动电话号码的抽样框，保证样本覆盖所有的有移动电话个人，同时，采用分层抽样方法，在全国除台湾、香港和澳门外的 31 个省市区中，每个地区采用简单随机抽样的方式通过手机号码抽取 100 名受访者开展调查。最终，调查总样本量为 3 100 名受访者。

（二）调查的开展

9 年来，中国发展信心调查均以计算机辅助电话调查（CATI）的方式开展，每一年的调查时间均为 11 月中旬—12 月初。在调查开展之前，会对访员进行严格的培训，向访员介绍问卷情况及注意事项，并让访员进行试访。经试访合格才能承担访问员或相应的任务，保证调查过程准确高效地完成。调查过程中，调查协会的工作人员在访员身边对调查过程进行监督和指导，提高问卷数据的有效性。调查过程全部使用 CATI 系统，对每一个调查都有详细的录音，以达到严格的质量监控效果。

（三）调查的样本结构

这九次中国发展信心调查的最终样本几乎包含内地各个地区，其中包含城镇和农村，覆盖东、中、西部地区，样本具有全国代表性。样本的各种背景信息特征的分布如表 2 所示，可以看到样本主体性别分布均匀，男女比例较为协调；年龄结构合理，各个年龄层次均有覆盖；文化程度以大专以下居多，以 2020 年的调查为例，大专以下的占 46.4%，大专及本科占 49.7%，硕士及以上占比为 3.6%；就业分布方面，各类就业人员加总起来约占 69.5%，高于非就业人员；收入方面，个人月收入在 5 000 元及以下的受访者占大部分，约为 61.7%；样本城乡分布均匀，其中农村样本的比例逐年升高，到 2020 年，农村样本占到 44.6%。从样本结构的分布可以看出，中国发展信心调查，基本上覆盖了我国各个阶层，各种职业，各个年龄段的普通民众，得出的结果具有普遍的代表性。

表 2　中国发展信心调查的样本类别分布（%）

样本类别	2020
男	61.4
女	38.6
22 岁以下	14.6
23～30	27.5
31～40	23.9
41～50	15.5
51～60	10.4
61 岁以上	5.5
拒答	2.5
大专以下	46.4
大专及本科	49.7
硕士及以上	3.6
拒答	0.2
已婚	60.5
未婚	34.3
离婚或丧偶	4.6
拒答	0.5
政府机关领导干部	2.7
事业单位、公司（企业）领导/干部、老板	6.7
医生、律师、中小学教师、幼儿园教师	7.1
会计、护士、软件程序员等技术性工作人员	4.0
一般职工、办事人员（如秘书、银行出纳、图书馆馆员等）	9.4
商业与服务业人员（如售货员、中介、厨师、理发师、美容师等）	7.8
技术工人（如司机、水电工、机械修理工等）	6.7
普通工人（如搬运工、生产线工人等）	6.5
农民、牧民、渔民	9.1
初级劳动者（如保洁、保安、保姆、环卫等）	0.9

续表

个体工商户（如开小店、摆摊、做小生意等）	8.6
退休、无业、失业、下岗、操持家务	14.5
其他	11.2
拒答	1.2
1 000 元以下	18.9
1 000～2 000 元	9.3
2 000～5 000 元	33.5
5 000～10 000 元	23.2
10 000～30 000 元	8.7
30 000 元以上	2.8
拒答	3.6
农村	44.6
城镇	55.2
拒答	0.2

五、中国发展信心调查的分析

中国发展信心调查已经连续进行了九年，累积了丰富的数据，从各个角度展现了我国民众对自身关心的民生问题、社会发展的看法和信心。本部分将对每一个具体的信心指数展开分析。

（一）健康信心指数分析

2015 年至 2020 年六年的调查显示，尽管 2020 年新冠疫情在全球范围内蔓延，但从历史数据看，我们国家医疗健康水平依旧维持在较高水平，医疗改革的步伐并未因疫情而退缩。健康信心指数与 2019 年基本持平，有小幅增加，医疗改革信心指数增长幅度相对较大，为历史首次突破 80 分，总体而言，民众对健康方面具有较强的信心。从各个分项指数看来，呈现出以下的特点。

1. 身体健康状况良好

六年的调查中，受访者对自己的身体健康状况满意度逐年递增，虽然在 2020 年受到疫情的影响，身体健康指数略低于 2019 年（见图 1），但从历史来看，其仍处于较高的水平。同时，受访者对自己的健康状况评 100 分的占 21.6%，说明受访

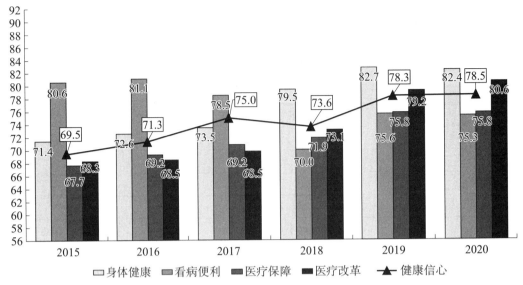

图1 2015—2020年中国发展信心调查健康信心总指数及分项指数结果

者对自己目前身体健康状况非常满意的比例较高，整体而言，大部分的中国人对自己的健康还是比较有信心的。

在受访者对自己的健康水平的信心方面，年龄是影响受访者健康信心的关键因素之一，从不同年龄段的受访者的身体健康信心打分看来，受访者的健康自评状况大体上确实随着年龄的增长而逐步降低，22岁以下的年轻人对自己的健康最有信心，指数高达84.95，随着年龄的增长，到了50岁之后，健康信心就下降到80分以下，而60岁则是一个拐点，60岁以上老年人的健康信心得分有所提高，达到79.62分。具体见图2。

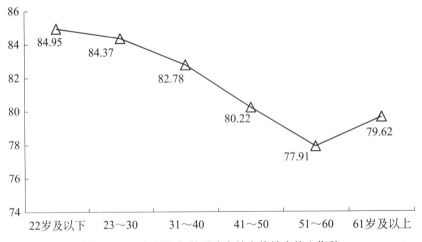

图2 2020年不同年龄受访者的身体健康信心指数

在当今全面协调发展的中国，社会人口老龄化形势已越来越严峻。从发展趋势来看，我国老龄化速度和规模前所未有，2022 年将进入占比超过 14％的深度老龄化社会。如何养老，怎样做好养老工作将成为未来我们国家发展过程中需要关注的问题。而如何保障老年人身体健康是解决养老问题的基础。从中心调查结果来看，达到 61 岁及以上的老年人对自己的身体健康状况信心明显高于 51～60 岁老年人。这一现象说明：（1）随着健康理念的普及，老年健康问题已逐步受到社会与老年人自身的关注，老年人对健康的追求不断提高；（2）我国基础医疗设施、老年人医疗健康相关领域设施配套逐步完善，有效支持社区及团体跟进老年人健康问题。因此，这一"拐点"是我国养老体制逐步完善的阶段性成果，彰显了国家解决养老问题的决心。

整体而言，中国人对自己的身体健康抱有较好的信心，是一种良好的心态，但不可忽视的是，2020 年新冠疫情在世界范围的蔓延，给全球人民的身体健康造成了威胁。就目前为止，世界范围内疫情情况依旧严峻，病毒变异频繁，预计未来较长一段时间内，民众都要做好个人防疫工作，在这种"新常态"下，如何进一步保障民众身体健康将会是下一个重要的话题。

2. 看病便利有待改善

2020 年的调查结果显示，看病便利程度信心得分为 75.3 分，与 2019 年基本持平，有些许下降。从图 1 来看，看病便利信心指数从 2015 年至 2020 年呈现先降后升的趋势，而 2018 年是一个重要的转折点。2018 年 1 月，习近平在党的十九大报告中指出，我国社会主要矛盾已转变为"人民日益增长的美好生活需要和不平衡不充分的发展之间的矛盾"，从数据来看，2015 年至 2018 年看病便利的信心指数从 80.6 不断下降至 70.0 也正是地区间医疗发展不平衡的逐渐凸显，而 2018 年以后直至 2020 年信心值的回升也展现了我们国家在医疗资源配置、地方医疗发展上做出的努力。2020 年由于新冠疫情各地纷纷采取了隔离措施，在此种情况下，网上医疗行业兴起，尽管从分数来看，看病便利水平相比去年有小幅下降，但这也从侧面反映了我国医疗改革的张力，也显现了我国医疗条件不断完善的趋势。

从图 3 不同地区的受访者看病便利指数的结果看来，特大都市区的受访者看病最为不便利。这与我们平常的理解大相径庭，一般而言大都市拥有良好的医疗资源，但这种医疗资源的不匹配正是导致大都市居民对于就医感到不便利的原因，由于高水平医疗资源的集中，附近乃至全国的病患集中扎堆某一个大城市的现象并不鲜见，这就给当地原本可以按照正常的次序和频率就医的居民造成极大的资源冲击，原本不需要排队的医院也变得"一号难求"。

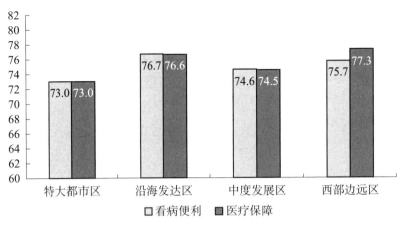

图3　2020年不同地区受访者的看病便利与医疗保障信心指数

从图4不同地区农村与城镇受访者看病便利指数的比较来看，特大都市区与西部边远区农村与城镇的便利程度相差较大。如前所说，由于高水平医疗资源集中，周边地区病患集聚，使得特大都市区医疗资源紧张，更进一步拉大了城乡之间的差距。西部偏远区城市化水平相对较低，医疗资源相对较少且集中，使得城乡之间看病便利程度相差较大。相比较而言，沿海发达地区与中度发展地区城乡看病便利程度相差不大，这些地区城市化水平较高，且2020年脱贫攻坚系列工作取得圆满成功，农村作为脱贫攻坚的主要对象，进一步提高了农村民众的生活水平。

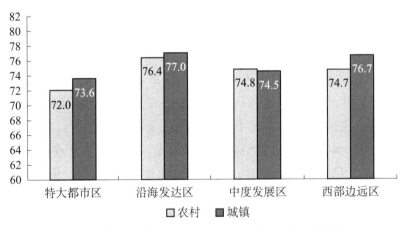

图4　2020年不同地区农村与城镇受访者的看病便利信心指数

总的来说，我们国家目前看病便利程度城乡差别并不是特别大，但医疗资源的地区之间的分配以及医疗行业的进一步发展还将要作为未来的主要工作。2020年新冠疫情期间，由于隔离封闭的防疫措施，线上医疗行业出现了新的活力，为了能促进地区间医疗行业的平衡发展，线上线下相配合的看病流程或许将成为未来趋势。因此，如何发展线上医疗，并使其与线下就诊相配合将成为一大难题，需要国家卫生部门重点关注。

3. 医疗保障切实落实

医疗保障为我们国家社会保障中最重要的一部分。从医疗保险、大病保险的广覆盖与城乡统筹到医疗保障相配套的国际机构的设立与机制的完善，都表明国家对医疗保障的重视。特别是 2020 年脱贫攻坚到了最关键的时候，国家对贫困人口精准落实医保扶贫攻坚任务，进一步提高了民众医疗保障水平。从图 1 来看，从 2015 年至 2020 年，受访者对医疗保障的信心逐年增加，这反映了国家医疗保障体系愈发完善的形势。2020 年受访者对医疗保障的信心与 2019 年持平，但这有可能受到了新冠疫情的影响。疫情期间，各地医疗资源紧张，使得民众无法切实享受到医疗保障改进的利益。事实上，2020 年除了医保改革、医疗保险与大病保险补助标准再一次提高外，国家对于高血压与糖尿病用药保障机制进行了进一步的完善，受惠面可谓之大。

从图 5 不同地区受访者对医疗保障信心来看，特大都市区与西部边远区分别得分为最低与最高。特大都市区医疗保障信心分值低的根源问题依旧在于高水平医疗资源的集中带来的周边病患集聚，这加大了特大都市区居民"看病难"的问题。而西部边远区为近几年脱贫攻坚的主要地区，医保脱贫效果明显，为民众关于医保的信心注入了一支强心剂。

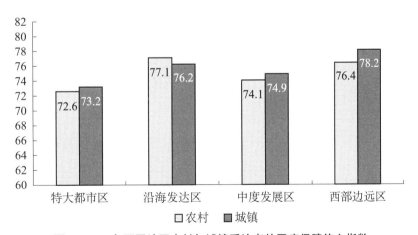

图 5　2020 年不同地区农村与城镇受访者的医疗保障信心指数

从图 5 不同地区城乡受访者对医疗保障信心指数来看，特大都市区、沿海发达区与中度发展区的城乡差距已经有所减少，甚至在沿海发达区，农村受访者对医疗保障的信心已经超越了城镇受访者。而在西部边远区，城乡医疗保障信心差距还较大。2020 年医保脱贫取得了圆满成功，然而现在处于过渡阶段，后续工作的展开需围绕医保扶贫长远发展考虑，如针对不同的民众提高医保药品覆盖率等。

总的来说，当下中国医疗保障改革取得了较好的阶段性成果，且成功地完成了医疗保障的城乡统筹，为未来社会保障的进一步发展奠定了坚实的基础。

4. 医疗改革任重道远

医疗改革一直是民众关注的热门话题。六年的调查结果显示，从 2015 年至 2020 年，民众对医疗改革信心逐年增加，2020 年则为历史首次突破 80 分。可见民众对中国未来几年医疗改革的信心普遍较高。2020 年以来，我国医疗卫生改革明显加速，从建设公共卫生体系，推进公立医院的改革，到医保基金改革正式定调，从药品质量采购全面推进，到开启耗材采购试点，再到医保目录动态调整，改革的步伐并未因疫情而退缩。民众对医疗改革充满信心，一方面是我们国家医改不断深化的体现，另一方面则是我国脱贫攻坚取得了伟大胜利的表现。

不同学历水平的受访者对于医疗改革问题有不同的看法，调查显示低学历的受访者对医疗改革有更低的信心，而大专及以上学历对医疗改革信心明显增强（见图 6）。不同视角带来的差异，也反映了医疗改革中可能存在的一些问题。医疗建设是我们国家历史发展中的一件大事，从改革开放以前至今，我们国家医疗体制、医疗保障制度都得到了很大的完善，且取得了非常好的成果。然而，一些地区仍然存在着"看病难""看病贵"等问题，使得民众就诊困难，也难以获得高水平的医疗资源。可以说，这成为国家医疗建设中最大的阻碍，需要国家相关部门继续发力，重点关注。

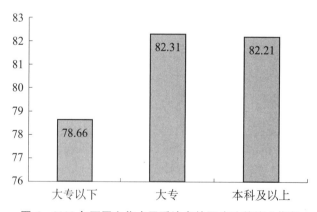

图 6　2020 年不同文化水平受访者的医疗改革信心指数

总的来说，国家的医疗建设、医疗改革在不断地向好的方向发展，包括医疗保障在 2020 年取得了重大突破，这些都是惠及于民的好政策。此外，2020 年国家在全世界范围内率先完成疫情防控工作为世界做出表率，也极大增长了民众对于国家未来医疗事业的发展。相信在未来，国家一定可以建设成为公共卫生领域极为发达的医疗强国。

（二）教育信心指数分析

2015—2020年中心调查结果显示，受访者对教育信心以一个稳定的幅度逐年增长，这与国家不断完善各项改革，如高考制度，教师工资标准等，有着密切的联系。然而，2020年新冠疫情暴发，为了防控疫情，各地学校无法正式开学，学生只能转向线上学习。全民线上教育在一定程度上暴露了我们国家基础建设的不足，同时由于教师与学生的"隔离"，家校矛盾再次点燃。体现在数据上，则是2020年教育信心相比较2019年有所下降。但总的来说，民众对教育的信心依旧保持着增长的势头。

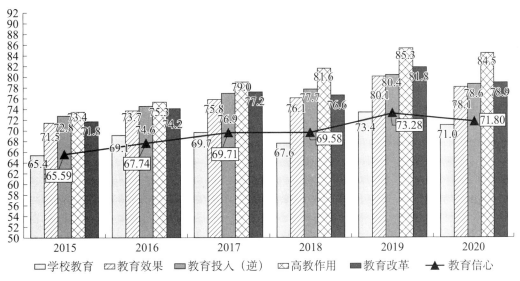

图7　2015—2020年中国发展信心调查教育信心总指数及分项指数结果

教育信心指数各分项指数的分析结果如下所示。

1. 学校教育满意度尚可

2020年，受访者对所在地的学校教育满意度为71.0分，这一信心指数比2019年稍有降低，但从历史来看，依旧处于较高水平，表明民众对当地的教育整体来讲还是满意的。当然，不可否认，2020年线上教育这种崭新的教育模式也会对民众造成一定程度的影响，且一些地方的学校教育依然存在一些择校费、教师素质低等问题，还需要教育部门加强监管力度，严格整治。

从不同职业受访者对所在地学校教育的感知程度看来，学生与自由职业者对当地教育的满意度最高。作为教育事业的服务对象，学生的满意度较高，从一定程度上反映了近年来中国的教育发展和改革还是以学生为本，让学生们感受到相对满意的学校教育。而其他已经离开学校的群体对于教育的满意度相对较低，一方面是他们作为"过来人"，对教育的评价带有自己当年的感受，另一方面他们作为目前在校学生的家长，相对而言比孩子更容易接触到教育问题的一些弊端，因此评价也相对较低。具体见图8。

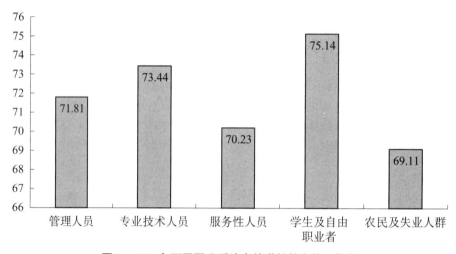

图8　2020年不同职业受访者的学校教育信心指数

2. 教育效果得到认可

从图7来看，六年里，受访者对学校教育对提高孩子综合素质的信心大体上呈现增长趋势。随着教育改革的深入，一些地方也在逐步改变对学校的评价标准，评价义务教育学校质量的好坏将不以升学率、学生考试成绩作为唯一标准，而是要综合考察学生品行、身心健康和课业负担等。这样的标准改变无疑有利于学校的教学方式和培养目标的转变，学校对学生综合素质的培养意识得到了加强。2020年受访者信心略低于2019年，主要原因为隔离期间线上教育经验不足所致，同时，由于线上的限制，部分课程无法开展，使得部分家长对学校教育的认可有所下降。

不同文化的受访者对教育效果有着不同的见解，随着受访者学历的升高，对学校教育与高等教育的作用和效果持认可态度的受访者越来越多。大专及其以上学历者均接受了较高等的教育，综合素质一般较高，感受到了教育带来的红利，因此对学校教育持有更加乐观的态度。这也说明我们国家教育发展的成功，能够真正地提高民众的知识文化水平与认知水平。同时，本科及以上人群对于高等教育的认可度高于其他人群。本科及以上人群能够切实体会到高等教育对他们的改变，这也说明了高等教育在塑造学生、培养学生上取得的成功。具体情况见图9。

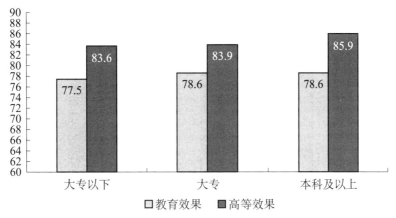

图9　2020年不同文化水平受访者的教育效果与高等教育信心指数

3. 教育投入不断增加

关于教育投入，中国发展信心调查主要询问受访者教育费用投入高不高的问题，受访者根据自己的感受给出一个逆向的评分，评分越高，表明受访者认为当前的教育投入越高。可以看到，这一指数在六年间始终保持着不断增长的趋势，而2020年可能由于疫情，课外投入减少，指数分值有所降低，但也在六年中处于较高水平。表明受访者认为当前家庭中对孩子的教育投入是比较高的。教育投入的居高不下主要来源于学生课外辅导投入与教育乱收费等乱象。

4. 教育改革满怀期望

对于教育改革的整体信心的调查可以看到，受访者对教育改革的信心在六年中整体上呈现不断增长的趋势。虽然2020年教育改革信心相比2019年有所降低，考虑到疫情带来的影响——线上教育未来发展的不确定性，其依旧处于历史较高水平。"十三五"期间，我们国家教育面貌发生了巨大的变化，具体包括九年义务教育的普及率升高、教育公平得到新的发展和教育与发展越发紧密的结合。这些变化无疑极大地提振了受访者对于未来教育改革的信心。

来自城乡的不同年龄受访者对教育改革的信心也存在一定程度的差异，整体比较看来，城镇的受访者对教育改革的信心较低，而农村的受访者较高，这一差距也随着受访者年龄的增长而变大，特别是61岁及以上的农村受访者对未来教育改革充满了信心。这一方面是由于教育普及率增加和教育扶贫——学生资助人数与金额在"十三五"期间都有所增加等，使得"教育公平发展迈上新台阶"，农村受益较

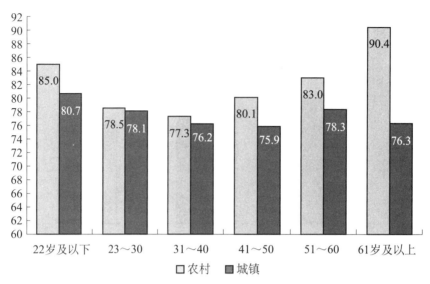

图 10　2020 年不同年龄城乡受访者的教育改革信心指数

多；另一方面也是由于疫情期间，国家对线上教育基础设施的建设与完善，使得受访者们充满信心。对于年龄较大的受访者，特别是农村受访者亲身经历了时代的改变，自然感受到了更大的变化。从受访者信心的变化与趋势，也可以见证我们国家教育改革的轨迹。总体而言，受访者们对未来教育发展充满希望。

综合来看，现阶段国家教育发展貌似进入一个"转折点"。从一味追求"数量"到追求"质量"，使得教育与国家发展深刻的连接起来；从追求"拔高"到追求平衡发展，努力建设教育公平。国家的教育体系正在不断地完善，尽管在改革过程中会遇到种种难题，但相信在未来，一定可以建设成为实现教育公平、教育资源合理分配的教育强国。

（三）生活信心指数分析

如果说上面分析中提到的健康和教育是普通家庭离不开的两个重要方面，那么菜篮子工程、物价水平、生活质量等是百姓最最关切的民生问题。六年的中国民众生活水平信心指数调查显示，百姓的生活水平变化幅度较小，且六年中均处于较低水平。从三个分项指数的结果分析显示。

1. 高涨的物价得到控制

2018 年以来，物价上涨迅猛，CPI 连续上升，特别是 2020 年 1 月份左右，CPI 达到了 105.4，为继 2011 年以来又一次大幅度上涨，百姓生活受到一定的影响。2020 年随着国家出台了一系列措施来调控物价，同时，疫情的迅速控制也使得市场逐渐恢复，物价水平趋于平稳。2020 年受访者对生活成本的信心指数为 79.5，低于 2019 年的 81.9 与 2018 年的 80.0。见图 11。说明疫情防控措施的合理，与物价调控等措施的有效。物价水平总体平稳，为我们国家六稳六保创造了宽松的环境。

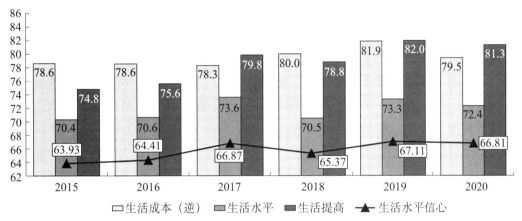

图 11　2015—2020 年中国发展信心调查生活水平信心总指数及分项指数结果

从不同地区的受访者对于生活成本的感受看来，特大都市地区对于生活成本的感觉明显弱于其他地区。这主要是由于特大都市区城市化水平明显高于其他地区，经济发展水平在全国范围内处于领先地位，居民收入较高，民众日常花费中，生活基础消费比重地，再加上特大都市区往往为物流发达，物资丰富，使得民众开始追求更高质量的生活，对于生活成本的感觉自然低于其他地区。而其他地区经济正处于发展的不同阶段，经济的各个方面存在着发展不平衡不充分的问题，因此生活成本相对处于较高水平。

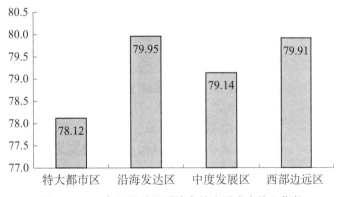

图 12　2020 年不同地区受访者的生活成本信心指数

2. 生活水平小幅增长

从图 11 关于民众对生活水平满意度的评价，结果显示，2015—2020 年民众对于生活水平现状的评价起伏较为明显。而自 2018 年中央经济工作会议首次提出"六稳"方针以来，受访者对于生活水平的满意度开始有了增长的趋势，特别是 2019 年，一度达到 73.3，接近六年内最高。2020 年 4 月，中央又提出"六保"的新任务，"六稳"和"六保"旨在保证民生问题，希望在国际经济环境动荡的情况下，使我国经济能稳中求进。尽管新冠疫情在全球范围蔓延，导致部分实体经济下滑，对百姓的生活造成了较大程度的影响，然而 2020 年受访者对生活水平的满意度依旧达到 72.4 分，在历史上也处于较高水平。足见"六稳"和"六保"政策的正确性。

从不同职业的受访者对生活水平的评价看来，服务性人员对生活水平的信心远远低于其他人群。见图 13。这主要是因为 2020 年疫情导致服务行业受到了严重的冲击，大量中小企业出现裁员的现象，从事服务性质的居民生活压力变大，从而对生活水平的信心下降。处于社会中流砥柱的大量劳动者和工作者对于自己的生活水平评价相对较低，这种现象值得引起关注和重视。当前就业者虽然有着稳定的工作与收入，但工作内容、工作时间和工作压力等却与日俱增，尤其是企业工作人员，部分企业"996"的工作模式甚至逐渐成为常态。这使得企业员工没有时间陪伴家人，低工资高物价的现象又进一步加重了这一恶性循环，企业员工自然容易对生活水平抱有消极态度。建议国家相关部门进一步完善法律法规，继续落实"六稳""六保"，提升老百姓的幸福指数。

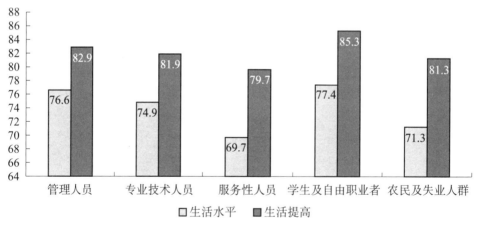

图 13　2020 年不同职业受访者的生活水平与生活提高信心指数

3. 生活提高信心较强

相对于生活水平现状的评价，民众对生活水平的提高持较强信心，2020 年尽管疫情对部分行业造成了严重冲击，但受访者对生活水平提高的信心值依旧达到 80 分以上，虽略低于 2019 年，也表明大部分的受访者对未来生活提高持有较乐观的态度。2019 年以来，国家扎根于百姓生活，将百姓生命安全和身体健康放在第一位，围绕扩大内需这个战略基点，继续深化改革，使得国家经济发展稳中求进，在疫情防控逐渐成为常态的当下，依旧在世界范围内保证经济的稳步增长，这极大地提振了民众对于国家未来发展以及自身生活水平提高的信心，也对国家未来的发展充满了希冀，体现在调查数据上，即是受访者们信心增长的趋势。

再次从不同的职业受访者对生活提高的评价来看（见图 13），学生对未来生活提高的信心远远高于其他，而从事服务性工作的人员则对生活提高持有最悲观的态度。学生群体往往拥有较高的知识水平，能在经济发展中看到更多的机遇，他们是中国教育的受益者。学生群体对未来生活提高充满信心，更大程度地肯定了国家对于民生保障与经济发展方面的工作，也为国家未来的发展做好了重要的铺垫。对于从事服务性工作的人员，其受到疫情打击较大，相关部门因重点关注。总体来看，各行各业对于未来的生活提高都充满了信心，即使最悲观的服务行业人员，其对生活提高的信心都达到了 79.7 分的水平。希望我们国家能继续关注民生工作，使民众未来的生活水平达到世界前列。

4. "看病、住房、物价"三座大山压人民

为了进一步了解民众生活中的一些存在问题，中国发展信心调查还设计了一道排序题，希望各位受访者根据自己的情况选出自己生活中最担心的问题。给出的选项分别是住房、看病、孩子上学、食品安全、物价、交通、就业、养老、婚姻、收入、税收、治安、人际关系、开放选项"其他"以及其他一些时事问题，总计 24 项。表 3 呈现了受访者最担心的问题排名前十项。

表 3 2018—2020 年受访者生活中最担心的问题排序

排序	2018	2019	2020
1	看病	看病	看病
2	住房	教育、成长、发展	住房
3	教育、成长、发展	住房	就业
4	就业	物价	教育、成长、发展
5	养老	就业	收入
6	食品安全	收入	物价
7	孩子上学	其他	健康
8	收入	养老	养老
9	物价	健康	孩子上学
10	健康	贫富差距、生活水平、社会公平	全民素质、国家发展、经济走向、社会和谐、战争、民生、老龄化

综合三年的调查结果可以看到，看病、住房、教育以及就业这几个问题反复出现在前三名，体现了百姓集中对这几个问题的强烈担忧。其中，看病与住房问题连续三年出现在前三名，说明民生问题的集中。教育问题在 2020 年也是一大民生问题，在 2018 年和 2019 年分别排到最担心的问题第三与第二，虽然在 2020 年排名有所下降，但依旧紧紧跟在第四位，问题仍旧严峻。值得注意的是，2020 年就业问题排名有所上升。从 2012 年以来，就业问题逐步地进入大众视野，从 2012 年至2014 年排名第 8，之后逐年呈上升趋势。这期间虽然外部经济环境的变动与疫情对实体经济的冲击有一定的影响，但这也是当下中国经济发展必将面临的一大问题，发展的不平衡势必带来更大的就业难题。在持续增长的中国经济环境下，基本民生保障问题的解决还需政府和相关部门给予更大的支持。

进一步分析不同年龄阶层的百姓生活中最关心的问题，反映在表4 中。可以看到，对于 22 岁以下以及 22 岁到 30 岁的受访者来说，就业与住房是两个最大的问题。这个年龄段的受访者多为刚刚从学校毕业参加工作，刚刚成立新家庭的年轻人，就业成为他们首要担心的问题值得关注与反思。对于 31 岁到 40 岁以及 41 岁到 50 岁的受访者来说，孩子的教育以及看病则成为他们最担心的两个问题。这个年龄段的受访者往往孩子开始上中学以及大学，他们对教育的担心是以家长的角度为主的，也能反映一部分教育中的问题。同时，随着年龄的增长从 41 岁到 61 岁以上受访者都有着看病难的问题，这也反映了我们国家医疗建设的不完善，在最需要医疗的年龄段，看病却成为一大民生问题。此外，51 岁以上的受访者对于物价有着更加敏感的认识，不同于其他年龄段人群，这部分受访者多退休人员，经济来源较少，这使得他们对于物价的变化更加敏感，由此也可以看到，稳物价，也是一项重要的民生工作。最后，养老问题也逐渐成为 61 岁以上受访者关心的问题，当下生活节奏加快，老龄化趋势不断加快，养老问题将愈发严峻。如何解决养老问题，也是当下应当积极探讨的话题。

表4 2020 年不同年龄段的受访者生活中最担心的问题前三位

	-21	22-30	31-40	41-50	51-60	61-
1	就业	住房	教育、成长、发展	看病	看病	看病
2	住房	就业	看病	教育、成长、发展	住房	物价
3	收入	教育、成长、发展	住房	就业	物价	养老

(四) 社会环境信心指数分析

社会环境是一个相对综合的方面，调查涵盖了环境保护、贫富差距、社会信任度、交通便利以及社会环境改善信心等方面。从调查的结果可以看出，整体而言，受访者对社会环境的在六年中逐年增高。受访者对于社会环境评价的升高，源于对环境问题、贫富不均问题、信任问题等方面的不断改善。具体来看各个方面的指数分析。

1. 环境保护卓有成效

从环境保护来看，受访者对于环境保护的信心在 6 年内增长迅速。从 2015 年仅有 61.3，到 2020 年 75.5，短短六年，国家环境保护发生了翻天覆地的变化。见图 14。环境保护是国家的一项基本国策，早在 2017 年，习近平总书记在中共十九大报告中即指出"必须树立和践行绿水青山就是金山银山的理念"，此后，国家在环境保护方面做出了许多重要的治理。受访者们对环境保护信心的快速增加也正说明了我们国家对于环境治理的重视。

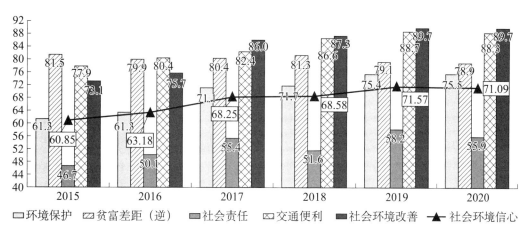

图 14　2015—2020 年中国发展信心调查社会环境信心总指数及分项指数结果

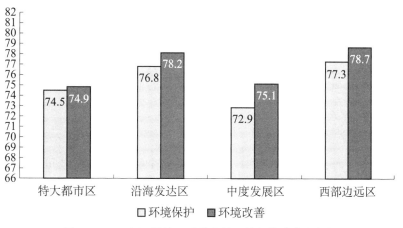

图 15　2020 年不同地区受访者的环境保护满意度指数

环境保护与经济发展是齐头并进的工作，发展是第一要务，而环境保护是关系民生的重要问题。然而，环境污染为经济发展的结果，生态破坏则为经济发展不够的表现，两者之间需保持一定的平衡。从不同地区的受访者对环境保护的满意度评价比较看来，中度发展地区评价最低，西部边远地区评价最高。中度发展地区经济发展相对特大都市区与沿海发达区落后，其更加重视经济的改革与发展，因此对于环境保护的关注略低于经济发展，使得受访者的信心值较低。而西部偏远区经济发展水平最低，环境污染小，受访者信心较高。但值得注意的是，整体来看，受访者对于未来环境改善的信心较高，中度发展地区受访者对环境改善的信心也达到了75.1，高于特大都市区，由此可见各地对于环境保护的力度在近些年有所增大，环境保护的意识已深入人心。

2. 贫富不均有所改善

贫富差距问题一直是中国最大的社会问题，如果一个国家始终有大量的绝对贫困人口存在，其经济动力发展不足，起伏动荡也是必然，最终会波及每个人。社会财富的分配不公，贫富的两极分化，社会财富的畸形集中，必将导致社会的不安定。关于贫富差距的研究很多，但鉴于个人收入数据的真实性无法保证，大部分的研究都只能从宏观的收入数据来分析贫富差距问题，然而，百姓生活于社会中，每天会观察和接触各种现象，他们对于这一问题的看法能够为宏观或微观的收入分配数据提供很好的佐证。中国发展信心调查结果显示，自 2018 年以来，受访者对贫富差距的信心值呈现降低的态势，这主要是因为近年来国家脱贫攻坚取得了圆满胜利，贫困群众全部脱贫，许多人走上了自富自强的道路，使得贫富差距有所减少，受访者们自然对贫富差距减小充满信心。

对于收入水平不同的受访者，他们对这一问题也有不同的看法，值得关注的是收入越高的受访者认为贫富差距越大。见图 16。这一现象产生的原因是，这些高收入人群并没有切身体会到脱贫攻坚给贫困人群带来的福祉，因此其认知略有偏离，而广大低收入人群对于贫富差距的认知较小则表明脱贫攻坚、社会保障等一系列政策的成功，百姓生活得到大幅度改善。

3. 社会信任小幅改善

信任，作为一种高尚的情感，一直是联系这个社会人与人之间的情感纽带，然而随着经济社会的发展，越来越多的人感受到人与人之间信任度的下降，亲人之间，朋友之间，同事之间，邻里之间，社会中陌生人之间，减少了早些年的那种清纯，友善，包容，谦让，互相之间猜疑，嫉妒，攀比，防范。人们已经习惯于戴上

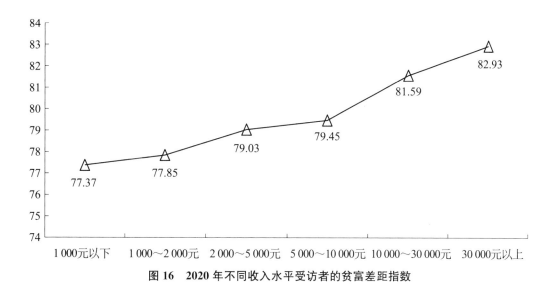

图16 2020年不同收入水平受访者的贫富差距指数

有色的眼镜来看待身边的人和物。这一普遍的社会感受在本次中国发展信心调查中也得到进一步的证实。调查显示，2015年至2020年社会信任度始终低于60分以下，见图17。然而值得肯定的是，这一信心值整体呈现着增长趋势。从抗击疫情全国上下一心，医疗工作者前赴后继，到邻里间互帮互助，社会中的正能量正在群众间传播。

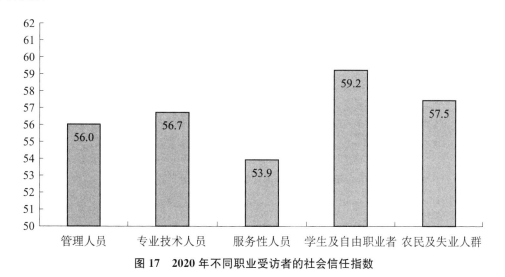

图17 2020年不同职业受访者的社会信任指数

从不同职业的受访者的社会信任指数结果看来，涉世未深的在校学生对人与人之间的信任度相对较为乐观。而没有就业的人相对于有工作的人来说，对信任度的评价也是相对较高的，这主要与其社会接触面相对较小有关。相较而言，管理人员与专业技术人员对社会的信任评价比较中庸，而占社会经济主体服务性人员，对于信任的评价最低，从事服务性质工作的人员接触社会各行各业机会较多，能够更多的体会到人情冷暖，自然对社会信任评价偏低。

4. 交通出行快捷方便

"要想富，先修路"，交通运输建设始终贯穿在了中国的发展历程中。目前，中国已经建成了全球规模最大的高速铁路网和高速公路网。体现在调查结果上，即为受访者对于交通便利的信心逐年增长，虽然疫情期间，由于防控疫情的需要，部分交通工具采用了限流或关闭的处理方式，但2020年的交通便利信心指数依旧达到88.3，虽然略低于2019年，但仍处于较高水平。

对于不同地区的受访者，可以看到，特大都市区与沿海发达区受访者对于交通便利度的评价低于中度发展区与西部边远区。见图18。这主要是由于这两个发达地区，虽然交通运输基础设施建设完善，但交通流量较大，导致部分路段通道能力长期紧张，城市交通则容易造成交通拥堵现象。中度发展区与西部边远区则由于近年来国家大力建设与开发，交通运输四通八达，使得民众对交通便利有着更高的评价。

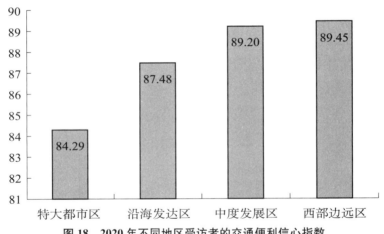

图18　2020年不同地区受访者的交通便利信心指数

5. 社会环境改善信心足

调查显示，民众对社会环境改善的信心平均得分为89.7分，说明受访者对社会环境改善具有非常强的信心，且这一信心从整体来看，呈现逐年增长趋势。虽然社会环境有诸多不完善的地方，大多数受访者还是抱着积极乐观的心态，对未来社会改善存在较强的信心，表现出民众对我们国家的未来依旧充满信心。

从整体来看，各个年龄段的受访者均对社会环境改善充满了信心。其中，22岁及以下和61岁及以上受访者对于社会环境改善的信心高于其他年龄段。见图19。

22岁及以下年龄段的受访者多为在校学习的学生，他们对未来社会环境改善持有最乐观的态度。这对于我们国家未来发展是非常有利的，这些年轻人终将进入社会的各行各业，为整个国家整个民族做出他们的贡献，他们持有的乐观的态度也恰恰是社会环境改善的中坚力量。而对于61岁及以上的受访者，其多为退休老人，很多时候身体不便，因此，也更容易感受社会中人与人间的关爱，同时，他们也往往是一个时代又一个时代的见证者，对社会环境改变的感受更加深刻，他们对社会环境改善持有乐观态度，说明整个社会人与人之间的关系确实有所转好。

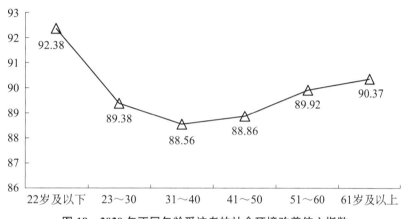

图 19　2020 年不同年龄受访者的社会环境改善信心指数

(五) 热点问题信心分析

2020 年，中国发展信心调查还针对百姓比较关心的厉行节俭、未来的就业形势与民众对于抗击疫情的支持进行了调查，同时，也在问卷的最后列出了一个开放性题目——你认为当前急需改善的问题是什么。具体来看以下关于各方面的指数分析。

1. 厉行节俭深入民心

节约，既是中华民族的传统美德，也是我们一直倡导的生活方式。新时期党和政府对于建立节约型社会也予以了高度重视。2020 年习近平总书记作出重要指示，再次提倡民众"光盘行动"，努力使厉行节约、反对浪费在全社会蔚然成风。铺张浪费绝非小事，只有杜绝"中国式剩宴"，才能进一步凝聚党心民心，实干兴邦，共圆一个"中国梦"。在本次中国发展信心调查中，民众对于当前国家厉行节俭的倡导和举措的支持度较高，从图 20 可以看到，受访者对于厉行节俭的支持力度逐年升高，且增长迅速，说明厉行节俭的意识深入民心，其政策贯彻卓有成效。

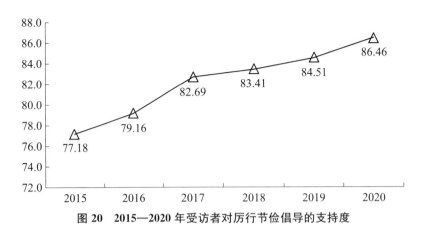

图 20　2015—2020 年受访者对厉行节俭倡导的支持度

而年龄的受访者的调查结果看来，22 岁以下的青年对于厉行节俭的认识度低于其他。见图 21。这可能是因为这些青年未经历过国家艰苦奋斗时期，且大部分都还未经济独立，因此对于节俭这一优良品质认知度不够。青年是国家的未来，国家及相关部门应开展相应的教育，使青年认知到厉行节俭的重要性。整体来看，各个年龄段的受访者都对厉行节俭非常支持，其分值均为 85 分以上，希望我们能把厉行节俭这一中华民族优良品德继续传承下去。

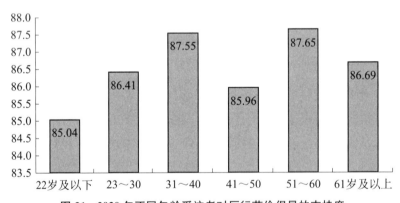

图 21　2020 年不同年龄受访者对厉行节俭倡导的支持度

2. 就业形势亟待改善

2020 年就业整体质量下降。为了控制疫情，我国采取了封闭隔离、推迟开工等一系列措施，整体就业受到了很大的影响。就业作为民生"六稳""六保"工作之首，需得到重视。从中国发展信心调查数据来看，2015—2020 年，尽管受访者对就业形势的信心有所增加，但整体分值依旧偏低，而 2020 年受访者对就业形势的信心相比 2019 年下降较多。疫情对我国就业的影响是多方面的。从整体来看，2020 年我国城镇登记失业率为 4.24%，相比于 2019 年高出了 0.62 个百分点，是近十年来的最高值。从行业来看，新兴行业大批涌入，而部分传统行业遭受了较严重的冲击，就业结构发生了较大变化。如何处理好这一"过渡期"，做好承上启下工作将成为未来就业格局转变的关键。总的来说，民众对就业形势的信心值呈现增长趋势，也正说明了我们国家逐渐开始重视就业问题，特别是在疫情发生后，国家对于就业的调控，更是让民众对未来就业形势的改变充满信心。

图22　2015—2020年受访者的就业形势信心指数

3. 防疫举措得到赞扬

2020年，中国发展信心调查增加了题目，受访者对疫情防控的满意度，以及疫情得到控制受访者认为最重要的因素。调查数据显示，民众高度赞扬了疫情期间国家防控措施，评分高达97.0分，将近八成（78.9%）的受访者给出了满分的评分，九成以上（92.4%）受访者给出了90分以上的成绩，99%的受访者对防控措施满意，给出了60分及以上的成绩，只有1%的受访者给出了60分以下的成绩。2020年新冠疫情发生以来，中国在防控疫情、抗击疫情上给世界做出了榜样。从疫情刚开始的封城措施到无偿救助感染者，中国始终坚持人民至上、生命至上，并以举国之力调动全国资源和力量对疫情进行控制，从医护人员、公务员和军人，到志愿者和普通民众，都在各自岗位上全力应对疫情。中国人民在疫情期间上下一心，众志成城，所展现的精神面貌，令世界惊叹。

表5　2020年受访者认为抗疫成功的因素前十位

序号	受访者认为抗击疫情成功的因素
1	医护工作者不怕牺牲的精神和贡献
2	国家领导人对抗疫的重视和采取的举措
3	及时采取封城措施
4	广大人民的配合

续表

序号	受访者认为抗击疫情成功的因素
5	全国医疗力量对湖北和武汉的及时援助
6	免费医疗和免费检测
7	医学专家主导抗疫策略
8	社区、基层组织和志愿者的贡献
9	我国制造业对医疗器械和防护设备的大力供应
10	媒体宣传和舆论导向稳定人心

在调查中，我们也设置了题目询问受访者疫情防控能成功最重要的三个原因。得到的回答中，受访者认为很重要的前三个因素分别是：医护工作者不怕牺牲的精神和奉献、国家领导人对抗疫的重视和采取的措施和及时采取封城措施。医护人员在疫情期间的牺牲全社会有目共睹，在抗疫期间，民众与医护人员众志成城，整个民族团结一心，才能有我们国家抗疫的成功。而党的正确领导与及时的封城措施也是抗疫能够成功的关键。由此，也可以看到我们中华民族强大的生命力与坚毅前行的强大精神力。

4. 民生问题需要改善

2020 中国发展信心调查设置了一道开放性问题，询问受访民众 2020 年最亟须改善的问题是什么。民众回答的词频分析发现，教育、房价、医疗、疫情和就业是民众最关切问题的前五位，也是被认为问题最多，最需要改善的五大领域。可见，民生问题依旧是当下工作的重点，"六稳"与"六保"政策需坚持施行。

（六）整体信心分析

综合上述各个方面对中国发展信心的分析，发展不平衡为当下中国最为突出的问题，从医疗、就业、生活到教育，不平衡的发展导致的问题较多。然而，2020 年的中国又处在一个转变时期，脱贫攻坚取得圆满胜利改变了国家农村与城镇之间的发展模式，农村地区医疗、教育和生活水平等逐渐提高，贫富差距也有所改善，同时，脱贫攻坚的胜利也意味着国家开始走向下一个发展目标，走上建设社会主义现代化强国之路。此外，2020 年新冠疫情在世界范围内的传播给方方面面带来了冲击，也在一定程度上改变了以往的社会发展局面，就业、医疗和教育成为 2020 年重要的发展问题，但也给国家的发展带来了契机。新兴行业涌入与发展，保障了部分人的就业，但也需及时制定和完善相关的法律法规，及时保护被雇佣者的利益，同时也需要相关部门加以引导，制定行业规范。线上医疗与线上教育的发展则为解决民众"看病难"与发展教育带来了契机，疫情之后，如何稳固这一模式，并逐渐将线上与线下相结合将成为医疗与教育发展的新问题。

从中国发展信心调查的结果看来，在六年中，受访者对我们国家整体的信心逐年增长，见图23。从分指数来看，四项分指数也分别呈现出来了增长的趋势，特别是社会环境，增长最为明显。对比 2019 年与 2020 年，可以看到，尽管受访者整体信心有所增长，但差别较小，且各项分指数也基本持平，可见疫情对我们国家发展是有一定影响的。但换个角度来说，我们国家即使在国内外动荡的情况，也依旧保持着发展态势，足见中国精神、中国力量与中国担当。

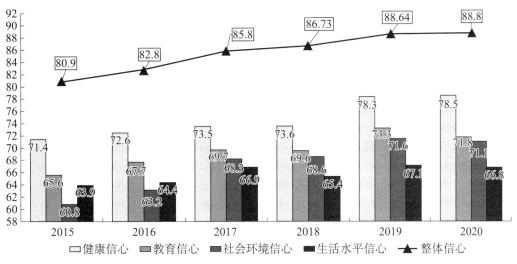

图 23　2015—2020 年中国发展信心调查整体信心总指数及分项指数结果

六、结语：巩固发展成果，坚定发展信心

2020 年是中国全面建成小康社会的决胜之年，扶贫攻坚任务的圆满完成给我们国家带来了翻天覆地的变化，同时，国家也将迈向新的历程，开始新的奋斗目标。然而，我们也要认识到存在的现实挑战，主动把握发展格局的变化，巩固好扶贫攻坚的成果，坚定不移、坚持不懈地从群众迫切关心的问题和事情入手，逐步推进和完善改革的工作制度与机制。此外，2020 年新冠疫情在全球范围内的蔓延，也给国家的发展带来了挑战。我们要抓住发展的契机，在疫情防控逐渐成为常态的当下，主动适应新的发展环境，争取新的发展动力，增强改革发展的信心与决心，做好攻坚的准备。

（一）发展的不平衡体现在调查结果的方方面面

习近平总书记在十九大报告中指出，当下我国社会主要矛盾已经转变为"人民日益增长的美好生活需要和不平衡不充分的发展之间的矛盾"。这一重大理论性判断深刻揭示了我们国家当下的发展现状，也说明了我们国家发展环境发生了改变。我国不平衡的发展主要表现在三个方面：一是经济与社会发展的不平衡；二是经济发展与资源、环境生态之间的不平衡；三是区域间不平衡，最明显体现与城乡发展不平衡。第一个百年计划的实现，在很大程度上解决了城乡发展不平衡的问题，扶贫攻坚推进了城乡一体化建设，使农村过上了有保障的生活，然而区域间的不平衡仍然存在，资源配给、经济发展状况的不平衡仍未消除。中国发展信心调查也从客观的数据说明了这一现状。2020年新冠疫情对国家实体经济的冲击具有异质性，其对服务性行业、工业、建筑业等传统行业冲击明显，却反而促进了部分新兴互联网行业的发展。疫情带来的是行业间发展的不平衡，要解决这一问题，首要的是坚持五大发展理念，同时积极主动发挥财政政策作用，对行业间的发展加以引导，最为关键的是要不断地解放新的生产力，不断激发各行各业发展动力，促进实体经济增长稳中求进。

（二）从基础教育抓起，为建设社会主义强国培育人才

教育，小到影响一个人、一个家庭，大到影响一个国家、一个民族的未来。教育是民生之首，寄托着亿万家庭对美好未来的希望，同时，教育承担为国家发展、实现奋斗目标提供人才支持和智力贡献的作用。2020年是教育"十三五"规划圆满收官之年，教育脱贫攻坚也是决胜全面建成小康社会的重要内容，控辍保学、学生资助等方面持续发力，使义务教育方针更加坚定。基础教育问题是关系国民基本素质和社会公平的基本问题，作为教育改革的重点，目前基础教育仍存在一些发展问题，即教育公平与素质教育问题。各级政府应积极发挥协调职能，重点考虑如何合理配置教育资源，缩小城乡之间、片区之间的办学差距，加强对薄弱学校的支持和改造，积极推动优质教育、教学资源向农村、基层流动，解决入学难。同时，疫情期间线上教育的兴起也给教育发展带来了一定的契机，政府应积极主动了解线上教育现状，探索线上教育发展道路，并努力推进线上线下结合共同发展的模式，改革当下教育内容与教学方法，进一步提高各地基层的办学水平，提高教学质量。

（三）务求看病低廉与便利，完善疾病预防控制体系

健康中国是习近平总书记在十九大报告中提出的重大发展战略，要实施健康中

国战略，首先做的就是完善国民健康政策，为人民群众提供全方位全周期健康服务。看病就诊作为医疗卫生服务体系中重要的一环，理应得到重视。当下，看病难的问题有所改善，但问题依旧存在，医疗资源分布较为集中，一些地方医疗条件还相对较差。政府应进一步加强医疗卫生服务体系与全科医师队伍建设，提高地方与基层医疗水平，同时，也要进一步完善医疗保障体系，做好医疗保障公共服务，简化医疗保障程序，使人人都能方便参保、便利就诊。此外，2020年新冠疫情的蔓延也给我们敲响了警钟，在疫情防控逐渐成为常态的当下，应进一步完善流行病的预防与控制体系，完善相关部门的管理制度与机制，做好基层社区的防控工作，上下联动，严格管理。此外，要认识到不健康的生活方式是多数疾病的源头，要坚持以预防为主，深入基层，开展疾病预防教育，倡导健康文明的生活方式。

（四）关注新兴行业发展，维护新就业形态秩序

就业是最大的民生，就业为民生"六稳""六保"工作之首的同时，也是实施"六稳""六保"的关键。要推动我们国家经济社会稳步发展，稳定就业是首要条件。在疫情给各行各业带来冲击的背景下，稳就业、保就业要充分考虑疫情影响的长期性与异质性，要积极主动适应新的发展环境，把握发展的契机，扎实推进各项就业政策。疫情期间除了服务业、工业与建筑业等受到一定冲击外，由于新需求的出现，促进了互联网等新兴行业的发展，互联网经济、云服务等新业态发展加快，就业结构发生变化。解决就业，要将目光放到这些新兴行业，特别是与互联网相关行业，如在线教育、在线医疗等。应乘着发展势头，进一步稳固这些行业的发展，对其提供信贷支持，推进5G、数据中心等基础设施建设，并以点带面，提高其他行业的数字化水平，促进互联网经济的发展。同时，也要注重岗位员工技能培训，以能适应新产业的发展，拓宽就业面。互联网经济将是未来一大趋势，疫情期间经济活动从线下变为线上更是加快了这一过程，需对发展过程中存在的问题查漏补缺。相关部门也要尽快完善法律法规，切实保障新就业人群合法的劳动权益，并加强对相关平台企业的监管，对劳动者技能培训提出要求，引导平台企业完善雇佣机制，发挥平台企业应有的社会效益。

（五）决胜疫情防控与脱贫攻坚，彰显中国力量

疫情防控的成功，需要上下一致的坚定信念与克服困难的勇气。百年计划的实现，需要坚持不懈的奋斗与百折不挠的决心。以习近平同志为核心的党中央艰苦奋斗，牢牢把握国内国外发展大环境，面对困难从容镇定，防疫工作紧张有序，脱

贫攻坚志在必得，全年经济稳步复苏，平稳健康发展，改革的脚步也越来越快。过去一年，面对国内外政治经济环境的压力，中央牢牢把握舆论引导主动权，有针对性地消除舆论误判误读，既正视困难和问题，又以客观数据说明我国经济基本面是好的；既承认短期局部风险，又加强分析风险、明确政策的导向，增强干部群众和市场主体对经济社会发展基本面的信心，让国际社会看到中国经济的光明面，稳定了社会预期，实现了经济运行稳中有进、稳中向好。此外，党中央坚持为人民服务的宗旨，始终围绕民生问题展开工作，将民生问题视为经济发展的关键，准确诊断民生问题命脉，加强法律法规建设，完善基层管理制度与管理机制，照顾到了百姓生活的方方面面。盘点一年来中国发展脉络，新的亮点不断涌现，让人们在转变中看到希望，让市场在转变中激发信心。为了迎接与适应疫情后的常态，党中央根据目前的发展阶段与现状，积极努力构建新的发展模式，从努力扩大国内消费需求，坚持供给侧结构性改革，加大创新力度，构建完整、稳定且适配的内需循环体系，到稳定对外贸易，加强国际合作、推动建设世界型经济。一系列新思路新决策，为中国经济注入源源不断的新动力。在党中央坚强领导下，中国经济正迎接新机遇，迈上新征程，走向新时代。

参考文献

［1］彭非，张延松．发展测度论：中国的实践与思考［M］．北京：中国社会出版社，2012.

［2］杜栋，郝晓琳．科学发展观视域下的发展综合评价与综合发展指数研究［J］．发展研究，2012（4）.

［3］纪宏，任韬，阮敬．中国消费者信心分析：源自"海峡两岸消费者信心指数"［J］．经济学动态，2010（1）.

［4］郭洪伟．消费者信心指数的编制比较［J］．中国统计，2010（6）.

［5］赵军利．消费者信心调查方法与应用［J］．中国统计，2010（7）.

［6］董春，任栋，邹红，等．论成都市消费者信心指数的建立［J］．统计教育，2007（12）.

［7］徐国祥，马俊玲．对上海市城市社会经济指数系列的研究［J］．统计教育，2008（2）.

［8］Francesco Carlucci，Stefano Pisani. A multiattribute measure of human development［J］. Social Indicators Research，1995（2）.

［9］N. C. Lind. A compound index of national development［J］. Social Indicators Research，1993（3）.

　　[10] J. Varelius. Objective Explanations of Individual Well-being [J]. Journal of Happiness Studies，2004（1）.

　　[11] R. Andrew Allison，James E. Foster. Measuring health inequality using qualitative data [J]. Journal of Health Economics，2004（3）.

　　[12] Satya R. Chakravarty. A Generalized Human Development Index [J]. Review of Development Economics，2003（1）.

　　[13] Sabina Alkire. Dimensions of Human Development [J]. World Development，2002（2）.

2019 年中国城市外贸竞争力

蔡俊伟　张京宪　吉小峰等[①]

一、总论

2019 年，国际市场波诡云谲，美国单边主义、贸易保护主义大行其道，对 WTO 贸易规则和多边贸易体制构成严重挑战，世界经济发展和全球货物贸易一片阴霾。根据 WTO 数据显示，2019 年全球货物贸易出口以美元计同比下降 3%。其中，中美经贸摩擦给双边贸易带来较为严峻的挑战和冲击。据海关统计，2019 年，我国对美贸易 5416.8 亿美元，同比下降 14.5%，对美贸易占我国外贸的比重较上年回落 1.9 个百分点至 11.8%，较历史高点回落 2.4 个百分点。

面对大考，我们坚定不移地坚持扩大开放和世界联通，对外贸易顶住压力、迎难而上、韧性十足，以优异的成绩向新中国 70 周年献礼。2019 年，我国对外贸易同比增长 3.5%，达到 31.56 万亿元人民币，规模再创历史新高，全球货物贸易第一大国地位继续稳固。在国际贸易萎缩的大环境下，我国国际贸易份额提升 0.2 个百分点，其中出口份额提升 0.4 个百分点至 13.2%。市场份额的逆势提升离不开每一个城市的奋发作为。2019 年，参与中国城市外贸竞争力评比的 297 座城市中，外贸进出口增速超过 5% 的城市达 171 座，增速超过 10% 的达 128 座。

在外贸规模继续扩大、国际市场份额继续提升的同时，我国贸易结构调整继续优化，贸易质量效益稳步提升，外贸发展动力和潜力明显增强。2019 年，城市外贸水平、发展、潜力对综合竞争力的解释与拉动作用较大，入围综合竞争力 30 强、同时跻身潜力竞争力 30 强的城市高达 22 座，入围综合竞争力 30 强、同时跻身水平

---

① 本报告的总策划人是黄国华，执笔人还有张靖、林舜水、苏炜、周慕茜、汤兵、单景、彭莉。

竞争力 30 强的城市高达 21 座，入围综合竞争力 30 强、同时跻身发展竞争力 30 强的城市达 18 座。

各城市外贸综合实力不断提升的同时，城市外贸竞争力百强入围门槛也不断抬升。2019 年，入围外贸百强城市的平均进出口规模达 2 909.6 亿元，较上年的 2 824.8 亿元提升 3%；入围百强城市的最高和最低水平线均有所提升，贸易规模最高的上海进出口值由 2018 年的 34 012 亿元提高至 2019 年的 34 064.7 亿元，最低值则由 2018 年甘肃嘉峪关的 21.8 亿元提高至 2019 年内蒙古鄂尔多斯的 57.2 亿元。在整体规模提升、入围门槛高企的同时，城市间的平均差距与上年基本持平，连年扩大的趋势得以缓解。

外贸规模的提升也是我国加快推进新一轮高水平对外开放的写照。与美国大力推行单边主义和保护主义形成鲜明对比的是，我国一直坚持多边合作、坚持扩大开放，不断推动共建人类命运共同体。我们秉承共商共享共建原则，2019 年 4 月份举办了第二届"一带一路"国际合作高峰论坛，达成广泛共识，朋友越来越多，合作越来越深入。我国与"一带一路"相关国家和地区的贸易往来持续扩大，贸易新增长点逐步培育，为各参与方的经济发展注入了新的活力。2019 年，我国对"一带一路"沿线国家进出口 9.27 万亿元，增长 10.9%，高出整体增速 7.4 个百分点，所占比重较上年提升 2 个百分点。中、西部地区对"一带一路"进出口增速分别高于整体 12.1 个和 6.8 个百分点，占比均提升 0.7 个百分点。如湖南长沙、江西南昌和四川成都对"一带一路"进出口增速分别高于整体 54.4 个、56.6 个和 9.6 个百分点，占比分别提升 0.2 个、0.1 个和 0.1 个百分点，综合竞争力分别提升 1 个、14 个和 2 个位次。与此同时，我国对东盟、拉丁美洲和非洲等新兴市场进出口市场份额同比分别提升 1.3 个百分点、0.3 个百分点和 0.2 个百分点，贸易市场多元化进一步增强。2019 年参与城市外贸竞争力评价的 297 个城市中，出口市场多元化提升的城市达 179 座，广西钦州、河南焦作、山西晋城、安徽安庆、黑龙江大庆、广东肇庆、江苏宿迁、四川绵阳等城市出口市场多元化指标提升对外贸竞争力带动明显，综合竞争力分别提升 141 个、73 个、60 个、59 个、58 个、41 个、35 个和 21 个位次。

党的十九大提出了实施区域协调发展战略，明确了"强化举措推进西部大开发形成新格局，深化改革加快东北等老工业基地振兴，发挥优势推动中部地区崛起，创新引领率先实现东部地区优化发展"的区域协调发展战略蓝图。2019 年，我国中部和西部地区进出口增速分别高于整体增速 10.7 个和 7.3 个百分点，占比分别较上年提升 0.7 个和 0.6 个百分点，区域外贸发展更加协调。纵观 2019 年我国城市外贸竞争力百强榜单（见表1），我国对外贸易区域协调发展之路越走越宽广，外贸区域协调发展"新版图"更加清晰（见表2和表3）。

表1 2019年中国城市外贸竞争力100强排名

城市名称	综合得分	综合排名	城市名称	综合得分	综合排名
广东省深圳市	82.1	1	山东省潍坊市	70.9	51
上海市	79.5	2	山东省威海市	70.9	52
广东省广州市	77.8	3	江西省鹰潭市	70.9	53
广东省东莞市	77.6	4	广东省江门市	70.9	54
福建省厦门市	77.4	5	安徽省滁州市	70.9	55
江苏省苏州市	77.4	6	辽宁省营口市	70.7	56
广东省珠海市	76.5	7	吉林省长春市	70.7	57
浙江省宁波市	76.3	8	江苏省镇江市	70.7	58
重庆市	74.2	9	内蒙古自治区包头市	70.6	59
山东省青岛市	74.2	10	河北省唐山市	70.6	60
天津市	74.1	11	浙江省绍兴市	70.6	61
辽宁省大连市	74.1	12	河南省新乡市	70.6	62
江苏省无锡市	74.0	13	广西壮族自治区钦州市	70.6	63
北京市	74.0	14	湖南省衡阳市	70.5	64
广东省佛山市	73.9	15	浙江省温州市	70.5	65
四川省成都市	73.7	16	安徽省铜陵市	70.5	66
江苏省南京市	73.4	17	黑龙江省大庆市	70.4	67
浙江省杭州市	73.4	18	海南省海口市	70.4	68
陕西省西安市	73.2	19	江西省九江市	70.4	69
湖北省武汉市	73.2	20	辽宁省鞍山市	70.3	70
浙江省金华市	72.9	21	山西省晋城市	70.3	71
河南省郑州市	72.8	22	江苏省泰州市	70.3	72
广东省惠州市	72.7	23	河南省焦作市	70.3	73
浙江省嘉兴市	72.6	24	江苏省扬州市	70.2	74
广东省中山市	72.5	25	江西省吉安市	70.1	75
江苏省南通市	72.5	26	广西壮族自治区柳州市	70.1	76
山东省烟台市	72.5	27	河北省廊坊市	70.1	77
江苏省常州市	72.4	28	江苏省徐州市	70.1	78
安徽省合肥市	72.4	29	山东省日照市	70.0	79
浙江省舟山市	72.4	30	山西省太原市	70.0	80

续表

城市名称	综合得分	综合排名	城市名称	综合得分	综合排名
安徽省马鞍山市	72.1	31	湖南省郴州市	70.0	81
湖南省长沙市	71.9	32	河北省沧州市	70.0	82
湖北省黄石市	71.8	33	贵州省贵阳市	70.0	83
江西省南昌市	71.7	34	安徽省蚌埠市	70.0	84
辽宁省锦州市	71.6	35	内蒙古自治区鄂尔多斯市	69.9	85
湖南省岳阳市	71.6	36	浙江省湖州市	69.9	86
福建省福州市	71.5	37	安徽省池州市	69.9	87
安徽省安庆市	71.5	38	江苏省盐城市	69.9	88
四川省绵阳市	71.5	39	江苏省连云港市	69.9	89
山东省东营市	71.4	40	山东省滨州市	69.8	90
广西壮族自治区防城港市	71.4	41	河南省洛阳市	69.8	91
山东省济南市	71.3	42	江西省新余市	69.7	92
辽宁省沈阳市	71.2	43	江苏省宿迁市	69.6	93
广西壮族自治区崇左市	71.2	44	浙江省台州市	69.6	94
河北省石家庄市	71.1	45	安徽省阜阳市	69.6	95
安徽省芜湖市	71.0	46	新疆维吾尔自治区乌鲁木齐市	69.6	96
广西壮族自治区南宁市	71.0	47	黑龙江省哈尔滨市	69.6	97
山东省淄博市	71.0	48	辽宁省盘锦市	69.6	98
湖南省湘潭市	70.9	49	广东省肇庆市	69.5	99
福建省泉州市	70.9	50	山东省聊城市	69.5	100

表 2　2019 年各直辖市、副省级城市、省会城市外贸分项与综合竞争力排名表

行政级别	城市名称	水平排名	结构排名	效益排名	发展排名	潜力排名	综合排名	排名升降
直辖市	上海市	3	24	4	9	2	2	0
	重庆市	26	147	21	6	20	9	4
	天津市	17	15	19	34	16	11	−2
	北京市	6	194	59	8	26	14	−4
副省级城市	广东省深圳市	1	81	2	4	1	1	0
	广东省广州市	12	6	25	5	4	3	4
	福建省厦门市	5	8	35	15	3	5	1
	浙江省宁波市	11	2	5	67	5	8	0
	山东省青岛市	16	4	38	65	10	10	5

续表

行政级别	城市名称	水平排名	结构排名	效益排名	发展排名	潜力排名	综合排名	排名升降
副省级城市	辽宁省大连市	15	140	34	17	9	12	0
	四川省成都市	14	181	31	2	82	16	2
	江苏省南京市	20	14	24	25	41	17	3
	浙江省杭州市	24	3	14	68	34	18	3
	陕西省西安市	19	143	85	3	81	19	−5
	湖北省武汉市	39	46	47	16	30	20	−3
	山东省济南市	83	9	61	88	77	42	4
	辽宁省沈阳市	148	7	151	54	84	43	4
	吉林省长春市	191	64	78	32	150	57	−27
	黑龙江省哈尔滨市	67	93	210	128	88	97	17
其他省会城市	河南省郑州市	29	229	62	1	73	22	−6
	安徽省合肥市	45	85	44	23	50	29	−4
	湖南省长沙市	61	41	29	57	60	32	1
	江西省南昌市	42	89	49	40	79	34	14
	福建省福州市	88	44	39	124	21	37	−1
	河北省石家庄市	49	16	208	84	51	45	4
	广西壮族自治区南宁市	35	205	165	45	25	47	31
	海南省海口市	133	233	233	42	14	68	24
	山西省太原市	32	217	131	41	130	80	−22
	贵州省贵阳市	149	178	84	102	28	83	10
	新疆维吾尔自治区乌鲁木齐市	122	95	185	178	37	96	−7
	甘肃省兰州市	126	156	65	100	137	108	−5
	云南省昆明市	144	224	250	53	54	114	−23
	内蒙古自治区呼和浩特市	56	179	203	176	62	130	−10
	宁夏回族自治区银川市	152	184	243	63	151	135	−18
	青海省西宁市	129	151	289	204	147	237	−36
	西藏自治区拉萨市	188	239	228	290	172	254	8

表3　2019年我国各地区分项外贸竞争力进入前100名的城市分布统计表　单位：座

地区名称（所含城市数量）	水平竞争力	结构竞争力	效益竞争力	发展竞争力	潜力竞争力	综合竞争力
东南沿海地区（55座）	29	36	33	23	34	34

续表

地区名称 （所含城市数量）	水平 竞争力	结构 竞争力	效益 竞争力	发展 竞争力	潜力 竞争力	综合 竞争力
其中：长三角地区（25 座）	11	23	19	12	21	22
珠三角地区（21 座）	12	10	10	8	10	9
海峡西岸经济区（9 座）	6	3	4	3	3	3
环渤海地区（29 座）	16	18	11	15	12	16
东北地区（34 座）	11	4	9	10	10	9
中部地区（84 座）	21	32	26	28	19	27
西南地区（50 座）	14	7	13	12	11	10
西北地区（45 座）	9	3	8	12	14	4

（一）长三角区域一体化升级，协同发展、步步为营；珠三角尖端阵营表现稳定，引领提质增效

长三角地区工业基础雄厚、商品经济发达、水陆交通便捷、外贸积淀深厚、劳动力素质较高，是我国经济发展最活跃、开放程度最高、创新能力最强的区域之一。近年来，长三角区域一体化加速，特别是 2018 年 11 月 5 日，习近平总书记在首届国际进口博览会上宣布，支持长三角一体化发展并上升为国家战略，长三角区域一体化发展迎来历史性的突破。在 2019 年城市外贸竞争力百强榜单上，长三角地区再次以"软硬兼备"的综合实力大显身手，一体化协同发展的团体优势展现得淋漓尽致，参与评价的 25 座城市中，进入百强榜单的城市比上年增加 1 座达到 22 座，上榜率高达 88%，遥遥领先于其他区域。江苏宿迁因外贸潜力和外贸效益明显提升、外贸结构优化成功跻身百强榜单，提升 35 个位次至第 93 位。上海作为长三角区域一体化的龙头和引领者，围绕国际经济、金融、贸易、航运和科技创新"五个中心"建设，大力推进自贸试验区建设、"一带一路"桥头堡建设与长江经济带建设，充分发挥开放优势和集聚辐射优势，继续领跑长三角地区，稳居 2019 年城市外贸竞争力百强榜眼之位。江苏南京和浙江杭州两大省会城市发挥各自优势、你追我赶，在经济发展蒸蒸日上的同时，开放型经济发展明显提速，外贸发展空间拓展、效益提高，排名均提升 3 个位次，分别位列第 17 和第 18 位。浙江嘉兴、江苏南通、浙江绍兴和温州也分别提升 3 个、8 个、9 个和 21 个位次，列第 24、26、61 和 65 位。江苏苏州、无锡、常州和浙江宁波、金华、舟山分别位列第 6、13、28 位和第 8、21、30 位。随着 2019 年 12 月《长江三角洲区域一体化发展规划纲要》

的实施，长三角地区将在更高起点上落实新发展理念、构建现代化经济体系、推进更高起点的深化改革和更高层次的对外开放。

珠三角地区是我国对外开放的前沿阵地和经济发展最有活力的地区之一。随着广深港高铁、港珠澳大桥的相继通车，以及《粤港澳大湾区发展规划纲要》的印发实施，珠三角地区外贸发展活力继续彰显。2019 年，城市外贸竞争力百强榜单上，珠三角地区上榜城市增加 1 座至 9 座。作为粤港澳大湾区的重要节点城市，广东肇庆紧抓机遇，外贸发展、潜力、结构、效益均明显提升，综合竞争力提升 41 个位次至第 99 位，成功跻身百强榜单。广东深圳、广州、东莞、珠海等外贸传统强市表现依然抢眼，且依托粤港澳大湾区建设推进更高层次的对外开放，对外贸易结构效益进一步提升。作为中国特色社会主义先行示范区、国家创新型城市，深圳一直蝉联城市外贸竞争力冠军宝座，外贸水平和潜力竞争力均排名第一，相对较弱的外贸结构、效益竞争力 2019 年也得到一定改善，分别提升 27 个和 3 个位次；广州充分发挥国家中心城市和综合性门户城市引领作用，全面增强国际商贸中心、综合交通枢纽，外贸综合竞争力提升 4 个位次至第 3 名；尽管东莞和珠海排名略有下降，分别位列第 4 和第 7 位，但结构和效益均有所提升。在 2019 上榜的 9 座城市中，珠三角地区结构竞争力和效益竞争力排名较上年提升的城市均为 6 座，占入榜城市数量的 66.7%。但是也应看到，珠三角城市间外贸发展不平衡的问题依然较为突出。与长三角大部分城市集中在前 100 名不同的是，珠三角排名跨度从第 1 名横跨至第 221 名，既有排名靠前的尖端阵营，也不乏排名靠后的"掉队者"，榜单排名前 10 的城市达 4 座，排名 150 名之后的城市也高达 8 座。

（二）中部地区锐意进取版图扩张，中心城市领衔主演、引领示范作用增强

中部地区承东启西、连南接北、交通网络发达、生产要素密集、人力资源丰富、产业门类较为齐全。随着中部崛起战略的实施，以及依托"一带一路"建设、长江经济带发展的深入推进，近年来，中部地区稳扎稳打，逐渐成为城市外贸竞争力百强榜单的骨干力量。2019 年，中部地区入围外贸综合竞争力百强榜单的城市大幅增加 4 座达到 27 座，连续四年保持百强榜单中版图最大的区域，并创上榜城市数量历史新高。安徽滁州、河南新乡、山西晋城、河南焦作、洛阳和安徽阜阳联袂上榜，排名分别提升 52、75、60、73、30 和 98 个位次至第 55、62、71、73、91 和 95 位，依靠外贸规模的提升、释放发展潜力、提升外贸增长空间是中部地区新晋入榜的主要途径。中部地区上榜城市不仅数量明显增加，而且上榜城市定力增强，"昙花一现"式的新上榜城市大幅减少，榜单更迭率仅为 7.4%，仅湖南株洲和

益阳因效益和潜力竞争力有所退步而落榜。

随着中部崛起战略的实施，中部地区以 6 个省会城市为中心逐渐形成了武汉城市群、长株潭城市群、环鄱阳湖城市群、中原城市群、皖江城市群、山西中部城市群等 6 大城市群。在 2019 年城市外贸竞争力百强榜单上，中部地区中心（省会）城市领跑特征鲜明，6 座省会城市均上榜且位于榜单前 80 强，中心（省会）城市的领军地位在各地区中鲜有匹敌，湖北武汉、河南郑州和安徽合肥虽然排名略有回落，但仍处于领先地位，分别位列第 20、22 和 29 位。湖南长沙、江西南昌得益于效益和水平竞争力的提升，排名分别提高 1 个和 14 个位次，分别位列第 32 和 34 位。与此同时，安徽马鞍山、安庆、芜湖，湖北黄石，湖南岳阳、湘潭，江西鹰潭等依托当地资源特点、产业特色和城市群优势稳居榜单的上中游水平，中部地区省会城市挂帅、特色城市跟跑的"雁阵"队列逐步成型。

（三）西部地区大浪淘沙版图缩减，西南、西北地区在榜城市有所分化

近年来，随着西部大开发战略、"一带一路"建设、长江经济带建设等战略的实施与深入，西部的全方位开放进程加快，同时，东部产业西移更加速了其"外向"发展的步伐，西部地区对外贸易快速发展，自 2017 年以来，进出口增速持续高于整体，但西部地区对外贸易仍面临整体规模偏小（2019 年对外贸易规模仅占全国的 8.6%）、产业结构单一，吸引外资水平不高、内生动力不足、各城市发展不均衡等问题。在 2019 年城市外贸竞争力百强榜单上，西部地区痛失 3 城，仅 14 座城市上榜。上年新入榜的新面孔云南昆明和甘肃金昌分别下降 23 位和 52 位滑出榜单。西部地区在版图缩小的同时，榜单稳定性明显提高，除广西钦州以外，上榜城市都是上年稳定在榜的老面孔。

尽管西南和西北地区版图均有所缩减，分别减少至 10 座和 4 座，但在榜城市表现却明显分化：西南地区在榜城市的排名绝大部分有所提升，西北则全部下降。作为成渝经济区的双核，重庆和成都向西依托中欧班列丝绸之路经济带的西向国际贸易大通道，向东依托长江黄金水道构建东向出海大通道，稳居西南地区外贸竞争力排头兵位置，2019 年重庆和成都排名分别提升 4 个和 2 个位次，分别位列第 9 和第 16 位。作为成渝城市群区域中心城市之一的四川绵阳依托其国家科技城平台优势，外贸结构、效益和发展竞争力均明显进步，跃升 21 个位次至第 39 位。西南地区其他上榜城市中，除广西崇左排名有所下滑外，广西防城港、南宁、钦州和柳州以及海南海口和贵州贵阳均有不同程度提升。西北地区城市表现则相对疲软，上榜城市减少 2 座至 4 座。排名最高的陕西西安是丝绸之路经济带的重要战略枢纽，向

西开放的重要战略支点，但因外贸效益竞争力下降拖累整体排名下滑 5 个位次，列第 19 位。其他城市多位于百强榜单后半段，如甘肃金昌和嘉峪关排名分别下降 52 个和 149 个位次名落孙山，连续两年在榜的内蒙古包头、鄂尔多斯和新疆乌鲁木齐排名也分别下降 17 个、31 个和 7 个位次，分别位列第 59、85 和 96 位。

(四) 东北地区企稳回升渐入佳境，环渤海协同发展梯队优化

为提振东北发展，党中央国务院相继出台《中共中央、国务院关于全面振兴东北地区等老工业基地的若干意见》等新一轮政策以及配套措施，新一轮东北振兴全面启动。东北地区经济企稳反弹，对外贸易稳步回升。城市外贸竞争力百强榜单上，东北地区入围城市数量由 2016 年的 7 座回升至 2018 年的 9 座，2019 年保持 9 座进榜的成绩不变，黑龙江大庆和哈尔滨分别提升 58 个和 17 个位次，取代名次大幅下滑的辽宁本溪和吉林省吉林市入围榜单。辽宁大连继续保持东北地区外贸竞争力龙头地位，排名稳固在第 12 位。连续两年在榜的辽宁锦州、沈阳、营口外贸发展潜力释放、外贸结构改善，综合竞争力分别提升 3 个、4 个和 8 个位次，分别位列第 35、43 和 56 位。

环渤海地区上榜城市由上年的 18 座回落至 16 座。上年因个别指标跻身榜单后半段的河北秦皇岛和邢台分别下降 24 个和 76 个位次无缘前 100 强。在榜城市均为上年上榜城市，榜单格局相对稳定，且呈现明显的梯度发展态势。山东青岛、天津和北京位于榜单前列，分别位列第 10、11 和 14 位。山东烟台、东营、济南、河北石家庄和山东淄博位于榜单中前段，分别位列第 27、40、42、45 和 48 位，山东潍坊、威海和河北唐山位于榜单中后段，分别位列第 51、52 和 60 位，河北廊坊、山东日照、河北沧州、山东滨州和聊城位于榜单后半段，分别位列第 77、79、82、90 和 100 位。随着雄安新区紧锣密鼓的大规模建设以及京津冀协同发展战略的深入推进，京津冀协同发展有望注入新的活力。

尽管 2019 年我国外贸遭遇全球经济增长乏力、国际局势纷繁复杂、经贸摩擦愈演愈烈的外部多重压力，但我国对外贸易以再创新高、份额提升的成绩再次向全世界彰显了中国经济发展的超强韧性。随着我国新一轮高水平对外开放的不断深入，各区域间协同推进、各城市你追我赶，呈现更加开放、更趋多元、更加协调的发展格局。东部地区率先有所突破、长三角、珠三角、环渤海相得益彰、协同发展，中西部梯次接力、中心城市引领带动作用不断增强，东北地区复苏振兴进程加快。新时代下，我国对外贸易发展也开启新征程、贯彻新发展理念、加快向高质量发展阶段转向。随着我国一系列积极扩大开放政策的落地实施和支撑外贸发展政策

的红利不断释放，技术、产品、商业模式的创新不断加强，进出口结构不断优化、效益稳步提升，新的竞争优势加快重塑，新的发展动能不断积聚，我国外贸稳步发展前景可期，城市外贸竞争格局也将续写更加精彩的篇章。

二、水平篇

（一）水平分项竞争力分析

水平分项竞争力评价体系构建意义：衡量城市外贸水平不等同于单纯的规模比拼，需要从企业平均实力、相对发展速度、进出平衡度、经济外向度等多维度多角度进行综合评价。

1. 外贸大城"实力打榜"抢占前排，中小城市更迭率高跳跃性强

2019 年水平分项竞争力 30 强榜单有 9 座新面孔登场，较上年增加 3 座，榜单稳定性趋弱。同时入围水平竞争力与综合竞争力前 30 强的城市数量由上年的 19 座增至 21 座，榜单联动效果有所增强。其中，外贸规模前 15 座城市全部入围水平竞争力 30 强，强大的综合实力在拉动明星城市外贸规模独占鳌头的同时，也是其水平竞争力居前的根本保证，且明显呈现出"愈大愈强"特征。规模性指标支撑了榜单前排稳定性，2017—2019 年连续 3 年入围的城市共 20 座，绝大多数为东部沿海外贸大城，2019 年浙江杭州和山东青岛的回归，更显示出榜单对外贸大城的偏爱。中小城市大多依靠个别指标爆发式提升登榜，如黑龙江双鸭山 2019 年出口额增长 1.3 倍，凭借"变差优势"指标的优异表现登陆水平竞争力榜单第 28 位，较上年提升 133 位，但是综合实力不济使其在综合竞争力榜单上只能处于倒数水平。此外，"偏科"式的登榜方式只能使中小城市在 30 强榜单中后部徘徊，不仅进出榜单频繁且跳跃性强。2018 年新晋水平竞争力 30 强的 6 座城市中，除重庆外，其余均无缘 2019 年榜单，且下降位次较多，如甘肃嘉峪关大幅下滑 133 位至第 141 位，湖南郴州后退 52 位至第 79 位。

2. "东高西低"梯度格局延续，内陆重镇站稳脚跟

经过 40 余年的改革开放历程，东部沿海地区牢牢占据着我国对外开放的前沿高地，在外贸体量、质量、资源吸引力与利用率等方面具有无可比拟的优势，在"外贸总值占全国比重""外贸依存度""人均进出口额"等指标上表现优异。然而，随着传统驱动要素动能减弱，以及内陆区域承接制造业产业转移的后发优势逐渐显现，东部沿海地区在综合竞争力上的领先优势正在缩小。特别是近年来国际贸易环

境出现的新变化新特征，在一定程度上制约了城市外贸规模扩张，并倒逼传统外贸大城加速推进自身贸易结构转型升级。2019 年，东部沿海地区合计包揽水平竞争力 30 强城市中的 17 个席位，与上年持平。其中，由上海领衔的长三角整体实力最为强劲，浙江杭州上榜拉动入围数量增加 1 座达到 7 座；珠三角保持着 6 座上榜的成绩紧随其后，广东清远接替汕尾入围，深圳和东莞则将榜单"冠亚军"联手收入囊中；环渤海北京和天津两大直辖市是榜单常客，山东青岛回归，但随着东营和日照遗憾落榜，该区域上榜城市数量净减少 1 座；海西地区仍是福建厦门一城入围，高居榜单第 5 位，比上年前进 2 个位次。相比之下，内陆地区虽在榜单上处于弱势，但仍保持了 13 座的入围份额，且郑州、成都、重庆、西安等内陆重镇对区域外贸的支撑和辐射力度逐渐加强，与传统外贸发达地区的差距正在缩小，在榜单上已具有稳定的一席之地。具体来看，中部地区入围 5 座，比上年增加 2 座，成为内陆地区第一集团；西南地区减少 1 座至 4 座，除了四川成都和重庆登榜，广西崇左和防城港依靠高度的外贸依存度位居榜单第 7、8 位；东北地区入围 3 座，辽宁大连携手新晋的黑龙江大庆和双鸭山上榜；西北地区仅有陕西西安入围，上年入围的甘肃金昌和嘉峪关遗憾出局。

(二) 外贸总值统计分析

外贸总值占全国比重：一段时间内某城市外贸总值与同期全国外贸总额的比重，描述该城市在全国外贸中所处的贡献程度。

1. 东部沿海地区优势依旧显著，低增速的表现使得外贸大城占全国比重连年下滑

自 2015 年以来，"外贸总值占全国比重"前 30 榜单已连续 4 年没有新面孔登场，我国外贸"精英俱乐部"成员总体保持稳定。在全国外贸稳定增长的背景下，2019 年入围城市平均外贸规模达到 8 084.3 亿元，较上年提升 1.6%；入围门槛 2 330.8 亿元，提升 8.6%。东部沿海地区在我国外贸大版图上的集团优势仍然显著，前 30 榜单中合计包揽 24 个席位。其中，长三角整体实力傲视群雄，11 座入围城市合计占全国外贸总值比重高达 30.5%，上海是全国唯一外贸规模超 3 万亿元的城市；珠三角共 7 城入围，广东深圳高居榜单次席，东莞、广州也位列前 10；环渤海由榜单第 3 位的北京领衔，携手天津、山东青岛和烟台入围；海西地区继续由福建厦门和福州双双入围。相比之下，内陆上榜城市在上榜数量和规模上均处于劣势，上榜的 6 座内陆城市中排名最高的四川成都位居榜单第 12 位。但是，庞大的基数使得传统外贸大城增速相对放缓，占全国的比重呈连年下滑态势，2019 年外

贸规模前 30 城市中，增速较全国外贸整体增速低的城市达到 17 座，合计占全国外贸总值比重为 76.9%，在上年下降 0.4 个百分点的基础上，再次下滑 1.4 个百分点。

2. 沿海地区贸易结构持续优化，内陆地区承接加工贸易产能转移能力加强

入围 2019 年"外贸总值占全国比重"前 30 榜单城市外贸增速继续呈现"东慢西快"格局，在 9 座外贸同比下滑的上榜城市中，东部沿海地区占据 7 座，其中广东珠海、惠州降幅超两位数，而内陆地区的四川成都和湖北武汉同比增幅高居前两位。近年来，东部沿海地区外贸增速相对放缓已成常态，2019 年珠三角外贸同比下降 0.2%，长三角增长 1.9%，均低于全国平均水平。随着新旧驱动方式转换和贸易结构调整逐步加深，以加工贸易为载体的传统外贸发展动能在东部沿海地区持续走弱，2019 年长三角、珠三角、环渤海、海西等地区加工贸易全面下滑，在区域外贸结构中占比持续下降，最高的珠三角也仅占 32.2%。与此同时，东部地区直接参与国际产业链分工能力迅速加强，贸易结构持续优化，一般贸易增速显著快于加工贸易。内陆地区则凭借后发优势加速承接制造业产能转移，加工贸易对地区外贸拉动力明显趋强，部分地区逐步形成了以笔记本电脑、手机等电子产品加工装配为龙头，辅以零配件、物流、封装测试等配套行业形成产业集群的外贸发展模式。如四川成都 2019 年外贸总值增长 16.9%，在入围"外贸总值占全国比重"前 30 城市中增速第一，其加工贸易增长 22.6%，占成都外贸总值的 68.8%，成为拉动地区外贸增长的主要力量。

(三) 企业平均进出口规模统计分析

企业平均进出口规模：一段时间内某城市进出口总额与同期进出口企业数量的比值，用以描述该地区企业进出口实力水平。

内陆中小城市榜单表现活跃，特色经济发展模式支撑作用凸显。2019 年"企业平均进出口规模"前 30 榜单共 4 城新晋入围，榜单更迭率与上年持平，上榜城市企业平均进出口规模入围门槛 1.2 亿元，较 2018 年下降 7.8%。外贸中小规模城市活跃榜单，入围"企业平均进出口规模"前 30 城市中有 17 座外贸总额不足 300 亿元，其中 7 座不足百亿元，而"外贸总值占全国比重"榜单前 30 的外贸大城中仅有北京、重庆和四川成都上榜。龙头企业和特色行业对中小城市外贸及经济发展的支持作用显著。如有"油城"之称的黑龙江大庆，不仅是我国第一大油田所在地，也是我国最大的石油石化基地，石化行业在地区经济结构中起着"顶梁柱"作用，虽外贸企业不足百家，但原油的大量进口拉动 2019 年大庆的企业平均进出口

额达到 10.8 亿元，高居"企业平均进出口规模"榜单榜首。类似的内陆资源型城市还有甘肃金昌、白银、四川攀枝花等上榜。海南三亚则着力打造以旅游业为主导的特色经济发展模式，打出旅游天堂及离岛免税名片，大量进口美容化妆品、箱包等消费品，占据榜单第 3 位。反观东部沿海地区，充分发育的外贸市场孕育了大量企业参与国际产业链分工，2019 年全国外贸企业超万家的城市共 12 座，全部集中在东部沿海地区，庞大的企业数量基数拉低了平均规模指标。中小城市入围活跃拉动内陆板块在榜单上表现抢眼，共有 26 座城市入围，其中中部地区和西南地区各入围 10 座，成为最大赢家，东北、西北地区各入围 3 家。东部沿海地区仅有山东东营、北京、浙江舟山和广东汕尾入围。

（四）人均进出口额统计分析

人均进出口额：一段时间内某城市进出口总额与同期该城市人口比值，用以描述该城市进出口水平。

外贸规模为人均指标提供根本保证，长三角集团优势领跑全国。"人均进出口额"榜单相对稳定，2019 年仅 1 城更迭，新疆博尔塔拉替换广东江门入围；入围门槛达到人均 4.44 万元，比上年提升 19.5%。庞大的外贸体量仍然是"人均进出进口额"指标提升的主要推力，"外贸总值占全国比重"前 30 城中有 24 座顺利入围"人均进出口额"榜单前排。较小的人口基数则是外贸中小城市登陆榜单的"捷径"，榜单前 30 城市中有 10 座城市人口数量排名全部参评城市 200 位之外。凭借强大的综合实力，东部沿海地区席卷榜单中的 26 个席位，对榜单的垄断地位依旧牢不可破。其中，长三角上年入围的 11 城再次悉数登榜，集团优势继续领跑全国，整体实力傲视群雄；广东江门的落选使得珠三角入围城市降至 7 座，与长三角差距拉大，但入围城市排名较高，广东深圳、东莞占据榜单前两位；环渤海地区除京津两大直辖市外，另有山东东营、青岛、威海和烟台入围；海西地区继续由福建厦门独自入围。内陆地区表现相对逊色，合计仅 6 城入围，且大多在榜单中后部徘徊。除受限于外贸规模偏低这一主要劣势之外，内陆地区经济发展水平不平衡现象更加突出，中心城市对区域周边地区人才和资源的虹吸效应强，导致人口集中度相对东部地区显著偏高，进而拉低了平均规模指标，致使四川成都、重庆、陕西西安、湖北武汉等内陆人口重镇虽外贸体量大，但无缘榜单前排。

（五）外贸依存度统计分析

外贸依存度：一段时间内某城市进出口额与同期该城市生产总值的比值，用于描述当地经济发展对外贸的依赖和参与国际分工程度。

整体依存度有所降低，沿海地区开放程度仍遥遥领先。2019 年"外贸依存度"榜单整体格局依旧保持稳定，仅有 2 座新面孔登场。受外部需求不振、贸易摩擦频发等多重不利因素影响，2019 年我国外贸同比增速降至 3 年来最低，外贸增速跑输 GDP 增速，也使得 2019 年全国外贸依存度由 2018 年的 33.9% 下滑至 31.8%。其中，"外贸依存度"前 30 上榜城市外贸依存度平均值为 78%，仍远高于全国平均水平，但较上年下滑 1.9 个百分点，9 座城市外贸依存度破百。21 座城市同时入围"外贸总值占全国比重"和"外贸依存度"前 30 榜单，国际贸易对高度开放型城市经济发展的支撑作用依旧举足轻重。相比之下，外贸中小城市参与国际分工能力较弱，外贸对地方经济发展贡献力不足，在榜单上处于相对劣势，仅有个别亮点城市依靠自身特色优势上榜。如中亚天然气管道输运能力增强使得新疆博尔塔拉 2019 年天然气进口额超百亿元，同比增长 5.7 倍，一举拉动博尔塔拉外贸依存度由上年的 28.9% 跃升至 64.9%，高居榜单第 15 位，名次跃升 32 位；广西崇左、防城港则依靠毗邻越南的地理优势，大力发展与越南经贸往来，逐步发展成为我国对越贸易最活跃和外贸依存度最高的区域之一，2019 年两市对越南进出口占各自整体贸易额的 57.9% 和 41.6%，外贸依存度指标排名分别提升 1、3 位达到第 1、6 位。

就入选区域分布来看，东部沿海地区仍然是我国开放程度最高、与国际市场接轨最全面、参与国际产业链分工最深入的区域，合计 23 座城市入围。其中，长三角共 9 城入围，继续领跑全国，江苏苏州、上海、浙江舟山和金华杀入前 10；珠三角以 8 城的成绩紧随其后，由位居第 2 的广东东莞领衔；环渤海地区由于山东烟台的落选，入围城市数量降至 5 座，京津双城以及山东青岛、日照、东营入围；海西的福建厦门高居榜单第 3 位。相比之下内陆地区处于明显弱势，其中西南地区由广西崇左和防城港两城上榜；新疆博尔塔拉接替陕西西安入围，使得西北地区继续保持 2 座；安徽铜陵入围使中部地区上升至 2 座；东北则仅有辽宁大连独自入围。

(六) 变差优势统计分析

变差优势：一段时间内某城市对外出口增速与同期全国出口增速之间的横向比较，用以衡量当地外贸出口的后续动力。

榜单更迭率达 8 成，内陆地区垄断榜单前排。2019 年"变差优势"前 30 榜单有 6 城连续两年上榜，榜单稳定性虽较上年有所增强，但波动仍然显著。登榜城市出口增速门槛达到 45.9%，较上年提升 3.1 个百分点，且有 7 座城市出口翻倍。凭借基数小的特性和较强的爆发力，中小城市更易在"变差优势"榜单有所建树，前 30 城中位居"外贸总值占全国比重"百位之外的有 26 座，且进步超 200 位的高达 13 座。但是，综合实力不济使得出口增速爆发力难以为继，后劲不足造成榜单入围城市进出频繁，跳跃性居高不下。除更迭率高达 80% 以外，退榜城市大多退步显著，14 座上年登榜城市今年落于 200 位之外，其中 13 座出口增幅由正转负。中小城市跳跃性的上榜方式使得"变差优势"指标历来青睐内陆地区，江苏徐州落榜使得 2019 年东部沿海地区在该指标上"全军覆没"，内陆地区实现"大满贯"。其中，中部地区以 12 座城市上榜的成绩领跑全国，湖南省独揽其中 6 席，成为上榜城市最多的省份；西南地区 10 座城市入围，且四川南充、达州和广西贺州霸占榜单前 3 位；西北地区虽入围数量比去年减少 3 座，但仍保持 6 座的入围数量。相比之下，东北依旧表现不佳，仅 2 城入围，地区外贸增长乏力态势未见明显改观。

（七）外贸平衡度统计分析

外贸平衡度指一段时间内某城市外贸进、出口额平衡关系比值，用以衡量贸易平衡能力，贸易顺差、逆差过大都会对本地经济发展带来不利影响。

外贸大城贸易平衡度趋稳固、掉头难，内陆中小城市集中上榜。2019 年"外贸平衡度"前 30 榜单中有 14 座城市连续两年上榜，更迭数量比上年增加 2 座。作为我国改革开放的前沿阵地，东部沿海地区经过长期市场资源的调整与配置，基本形成了相对固定的参与国际市场分工模式，尤其是外贸体量大的城市，外贸平衡水平长期保持在较为稳固的状态，延续着在该项指标上的弱势表现，难以获得显著改观。2019 年"外贸总值占全国比重"指标前 30 城市中仅有广东广州和陕西西安能够入围"外贸平衡度"前 30，其余城市大多排名靠后，其中 100 位以外的有 12 座，浙江金华和绍兴更是在 200 位以外。虽然近年来我国外贸格局与世界经济大环境均发生了一定变化，但外贸大城参与国际贸易的主导特征仍然显著，如北京仍然因大量进口资源性产品出现 1.83 万亿元的巨额贸易逆差，只能在"外贸平衡度"榜单上位列第 181 位；长三角、珠三角等地区则因大量出口而处于贸易顺差地位。反观部分中小城市，由于外贸发展起步较晚，发展模式仍在探索，显著的导向性特征尚不明显，贸易结构更易趋于平衡。从上榜区域分布来看，中小城市集中上榜使得内陆地区合计揽入 22 个席位，比上年增加 2 席，优势依旧明显，其中中部、西北地区各入围 7 城，西南 5 城，东北 3 城。东部沿海地区珠三角、环渤海各入围 4 城，均比上年减少 1 座，而长三角和海西继上年后继续无城市上榜。具体见表 4、表 5。

表 4 2019 年中国城市外贸水平竞争力 30 强排名

城市名称	外贸总值占全国比重		企业平均进出口规模		人均进出口额		外贸依存度		变差优势		外贸平衡度		分项得分	分项排名	综合排名
	得分	排名	得分	排名	得分	排名	得分	排名	得分	排名	得分	排名			
广东省深圳市	93.78	2	62.34	62	100.00	1	84.05	4	67.69	187	94.37	46	82.44	1	1
广东省东莞市	73.83	5	62.65	51	95.61	2	94.88	2	68.33	137	88.27	84	79.53	2	4
上海市	100.00	1	61.94	85	71.95	5	79.85	7	67.45	205	90.95	64	77.60	3	2
江苏省苏州市	83.44	4	62.32	64	76.56	3	82.97	5	67.09	225	90.50	69	76.51	4	6
福建省厦门市	66.06	9	61.40	121	73.74	4	86.61	3	68.00	167	95.44	32	74.29	5	5
北京市	92.23	3	64.95	16	70.59	7	77.76	11	68.04	162	72.28	181	73.81	6	14
广西壮族自治区崇左市	61.73	35	67.32	6	63.62	18	100.00	1	69.40	90	82.91	123	73.06	7	44
广西壮族自治区防城港市	60.73	57	67.04	8	63.91	16	82.34	6	79.08	7	81.78	129	71.93	8	41
广东省珠海市	62.67	21	62.77	46	71.69	6	78.88	10	66.14	263	93.63	50	71.87	9	7
浙江省舟山市	61.25	41	67.49	5	67.00	9	79.82	8	69.27	98	87.50	90	71.53	10	30
浙江省宁波市	68.85	7	61.11	148	67.55	8	75.81	12	68.19	147	86.02	103	70.84	11	8
广东省广州市	69.72	6	61.71	102	65.26	13	67.64	25	66.78	240	97.85	23	70.62	12	3
江苏省无锡市	66.01	10	61.69	104	66.30	11	69.89	18	67.62	198	90.65	67	69.80	13	13
四川省成都市	65.47	12	64.31	22	61.87	31	66.57	33	69.57	86	93.67	49	69.53	14	16
辽宁省大连市	64.06	17	61.46	114	63.53	19	70.12	17	67.53	199	94.97	39	69.48	15	12
山东省青岛市	65.57	11	60.70	215	63.48	20	68.69	20	68.21	146	92.98	53	69.23	16	10
天津市	66.99	8	61.83	90	63.26	24	66.77	30	66.79	238	91.69	61	68.92	17	11
黑龙江省大庆市	60.94	48	100.00	1	61.80	32	66.40	36	68.01	166	62.54	272	68.83	18	67

续表

城市名称	外贸总值占全国比重		企业平均进出口规模		人均进出口额		外贸依存度		变差优势		外贸平衡度		分项得分	分项排名	综合排名
	得分	排名	得分	排名	得分	排名	得分	排名	得分	排名	得分	排名			
陕西省西安市	62.99	20	63.15	36	61.66	36	66.73	31	66.21	259	97.12	28	68.71	19	19
江苏省南京市	64.51	15	62.07	76	63.33	23	66.53	34	69.55	88	88.55	81	68.57	20	17
安徽省马鞍山市	60.32	85	61.84	88	60.73	66	63.14	75	71.31	44	99.44	8	68.29	21	31
湖南省岳阳市	60.30	92	63.23	33	60.27	116	61.60	134	77.36	11	92.49	55	68.27	22	36
湖南省衡阳市	60.33	83	66.26	9	60.21	135	62.01	117	71.36	42	94.62	42	68.22	23	64
浙江省杭州市	65.26	14	61.13	144	63.48	21	67.22	26	68.02	165	86.49	97	68.15	24	18
广东省清远市	60.38	75	62.76	47	60.44	89	64.53	54	68.15	152	98.94	14	68.09	25	102
重庆市	65.45	13	64.90	17	60.80	59	64.86	51	68.39	134	86.92	93	68.08	26	9
湖北省黄石市	60.25	103	62.80	45	60.48	84	62.95	83	69.09	108	100.00	1	68.07	27	33
黑龙江省双鸭山市	60.01	259	61.03	161	60.04	231	60.44	234	82.72	5	89.89	72	68.00	28	227
河南省郑州市	63.84	19	63.23	34	62.28	28	67.08	27	67.82	177	86.23	102	67.97	29	22
广东省惠州市	62.49	24	62.28	67	63.42	22	71.90	13	65.61	271	84.15	117	67.90	30	23

表5　2019 年各地区水平竞争力单项指标进入前 30 名的城市分布表　单位：座

地区名称 （所含城市数量）	水平竞争力	外贸总值占全国比重	企业平均进出口规模	人均进出口额	外贸依存度	变差优势	外贸平衡度
东南沿海地区（55 座）	14	20	2	19	18	0	4
其中：长三角地区（25 座）	7	11	1	11	9	0	0
珠三角地区（21 座）	6	7	1	7	8	0	4
海峡西岸经济区（9 座）	1	2	0	1	1	0	0
环渤海地区（29 座）	3	4	2	6	5	0	4
东北地区（34 座）	3	1	3	1	1	2	3
中部地区（84 座）	5	2	10	1	2	12	7
西南地区（50 座）	4	2	10	2	2	10	5
西北地区（45 座）	1	1	3	1	2	6	7

三、结构篇

（一）结构竞争力评价分析

结构竞争力评价体系构建意义：衡量城市的外贸发展水平，除了出口规模，出口结构是否合理也至关重要。结构分项竞争力从高度化（出口产品技术含量高低）和多元化（出口产品和市场的分布均衡性）两个方面进行评价。

1. 与综合竞争力的关联度不断增强，外贸大城市出口结构持续优化

2019 年，国家多次聚焦稳外贸稳外资工作，进一步完善出口退税、贸易融资、信用保险等政策，贸易便利化水平持续提升，营商环境继续改善，区域发展更趋协调。随着"一带一路"建设的深入推进，区域全面经济伙伴关系协定的不断发展，新兴市场出口占比不断提升，而中美经贸摩擦导致对美贸易大幅下滑，二者叠加推动我国贸易伙伴更加多元化，出口市场更趋均衡。外贸大城市凭借更为敏锐的嗅觉，在出口市场结构调整中取得领先优势。2019 年，38 座"身价"千亿元以上的大城市中，有 34 座出口市场等价数目得到提升，出口结构进一步优化，共有 16 座城市跻身结构竞争力 30 强榜单，其中 15 座城市完成蝉联，上海取代山东潍坊上榜。随着外贸大城市不断涌入榜单，2019 年有 15 座城市同时入围结构竞争力和综合竞争力两项榜单 30 强，较 2018 年增加 2 座，再创历史新高。反观中小城市上榜数量依旧稀少，出口值低于百亿元的城市仍然只有 2 座上榜，与 2018 年齐平。多元化成为城市提升结构竞争力排名的"关键一招"，6 座落榜城市中有 5 座产品多元

化指标排名下滑，新上榜的 6 座城市中有 5 座市场、产品多元化指标排名均提升。

2. 上海首次登榜，长三角继续领跑，环渤海、中部并驾齐驱，西部地区零上榜

表 6 为 2019 年各地区结构竞争力单项指标进入前 30 名城市分布表。2019 年，长三角地区共有 11 座城市入围结构竞争力 30 强榜单，和上年持平，浙江金华、宁波、杭州蝉联榜单三甲，上海在保持高度化指标排名靠前的同时，出口产品和市场更加分散，结构榜单排名提升 8 个位次首次登榜，江苏扬州取代江苏盐城入围，江苏徐州排名下滑 10 个位次至第 31，惜别榜单；环渤海地区依旧保持 7 席，河北沧州重回榜单，山东潍坊出局；中部地区同样占有 7 席，但榜单面孔变化较大，安徽滁州、湖南益阳成功入围榜单，湖南张家界凭借多元化指标的优异表现，首次上榜即跻身前 5，而江西南昌、吉安、湖北咸宁则在高度化分值大幅提升的同时，多元化步伐放缓跌出榜单；珠三角、海西、东北地区分别保持 3 席、1 席、1 席不变，且均由上年榜单城市蝉联；西南、西北仍然颗粒无收。具体见表 7。

表 6 2019 年中国城市外贸结构竞争力 30 强排名

城市名称	全产品出口高度化		市场多元化				产品多元化				分项得分	分项排名	综合排名
			出口市场等价数目		出口市场离散度		出口产品等价数目		出口产品离散度				
	得分	排名	得分	排名	得分	排名	得分	排名	得分	排名			
浙江省金华市	90.87	98	91.99	2	98.54	3	89.48	4	99.50	4	93.46	1	21
浙江省宁波市	92.68	49	69.89	158	89.43	168	100.00	1	100.00	1	90.15	2	8
浙江省杭州市	91.88	68	72.75	96	91.67	107	93.26	3	99.70	3	89.77	3	18
山东省青岛市	87.98	172	74.13	70	92.55	79	97.68	2	99.90	2	89.62	4	10
湖南省张家界市	91.90	67	78.13	26	94.99	26	78.53	9	98.71	8	88.67	5	129
广东省广州市	92.94	43	76.64	35	93.87	43	78.21	11	98.49	11	88.44	6	3
辽宁省沈阳市	92.66	51	78.21	24	94.63	31	74.29	16	97.94	16	87.93	7	43
福建省厦门市	92.27	58	72.13	111	91.25	122	83.16	5	99.02	5	87.91	8	5
山东省济南市	90.18	116	81.50	13	95.85	14	72.50	27	97.55	27	87.52	9	42
广东省佛山市	93.37	40	76.33	40	93.75	48	73.38	19	97.72	21	87.45	10	15
河北省保定市	92.19	61	86.66	5	97.52	6	65.50	91	94.77	92	87.40	11	104
江苏省南通市	91.24	82	74.88	55	93.03	64	77.62	12	98.43	12	87.31	12	26
江西省九江市	90.80	101	72.29	107	91.49	111	80.89	7	98.84	7	87.08	13	69
江苏省南京市	92.60	54	72.81	95	91.71	103	77.21	14	98.35	14	87.04	14	17

续表

城市名称	全产品出口高度化		市场多元化				产品多元化				分项得分	分项排名	综合排名
			出口市场等价数目		出口市场离散度		出口产品等价数目		出口产品离散度				
	得分	排名	得分	排名	得分	排名	得分	排名	得分	排名			
天津市	94.28	34	75.45	51	93.29	59	71.00	39	97.16	41	86.93	15	11
河北省石家庄市	87.40	186	78.05	27	94.53	34	77.28	13	98.38	13	86.83	16	45
浙江省嘉兴市	91.39	77	70.54	147	90.06	153	81.34	6	98.86	6	86.76	17	24
安徽省安庆市	89.36	137	77.92	28	94.70	30	73.30	21	97.77	19	86.62	18	38
江西省抚州市	89.24	141	73.71	75	92.41	84	78.44	10	98.55	10	86.51	19	137
山东省淄博市	86.96	198	75.25	52	93.26	60	79.19	8	98.68	9	86.35	20	48
江苏省常州市	93.62	37	72.60	99	91.62	109	72.48	26	97.54	28	86.27	21	28
湖南省岳阳市	90.55	105	76.31	41	94.08	39	71.52	34	97.38	33	86.19	22	36
广东省中山市	94.97	29	70.80	142	90.27	148	72.53	26	97.56	26	86.12	23	25
上海市	95.35	24	71.94	116	91.09	128	70.42	48	96.98	49	86.08	24	2
江苏省扬州市	92.55	57	72.58	100	91.62	108	73.11	23	97.70	24	86.08	25	74
安徽省滁州市	92.20	60	75.65	46	93.57	53	69.55	56	96.77	57	86.02	26	55
江苏省无锡市	95.12	26	74.70	58	92.88	70	67.15	77	95.73	77	85.96	27	13
浙江省绍兴市	89.43	136	80.71	14	95.62	15	67.94	70	96.11	71	85.94	28	61
湖南省益阳市	90.04	120	73.98	73	92.58	77	73.88	17	97.84	17	85.89	29	125
河北省沧州市	88.11	166	79.12	16	95.12	23	70.64	45	97.15	43	85.87	30	82

表7 2019 年各地区结构竞争力单项指标进入前 30 名的城市分布表　　　　单位：座

地区名称（所含城市数量）	结构竞争力	全产品出口高度化	市场多元化		产品多元化	
			出口市场等价数目	出口市场离散度	出口产品等价数目	出口产品离散度
东南沿海地区（55 座）	15	8	4	4	16	17
其中：长三角地区（25 座）	11	3	3	3	10	10
珠三角地区（21 座）	3	5	1	1	3	3
海峡西岸经济区（9 座）	1	0	0	0	3	4
环渤海地区（29 座）	7	0	9	7	4	4
东北地区（34 座）	1	0	4	3	1	1
中部地区（84 座）	7	10	11	11	7	6
西南地区（50 座）	0	7	1	2	2	2
西北地区（45 座）	0	5	1	3	0	0

（二）全产品出口高度化统计分析

全产品出口高度化指数：由当地产业特征决定，代表着某城市所有出口产品的技术含量，其变化意味着该城市输出产品在国际分工中的比较优势变化。

1. 平均分值再创新高，出口低附加值产品为主的城市数量减少，中部、环渤海、西南、西北地区均创最好成绩

2019年，297座参评城市"全产品出口高度化"指标平均分值再创新高，达63.7，较2018年提升0.9。其中，高附加值产品①为出口主流的城市数量34座，较2018年减少1座；低附加值产品为出口主流的城市31座，比2018年减少8座；出口产品附加值处于中间档次的城市232座，占所有参评城市总数的78.1%。各区域该指标的平均分值较2018年均有所提升，长三角跨过70门槛达到70.4，珠三角69.6位居第二；中部、环渤海、西南地区分别创下66.6、64.3、63.6的历史最好成绩；海西地区62，东北地区57.6，西北地区虽然达到56.5的历史新高，但仍然排名垫底。

2. 榜单门槛提升，上榜城市分布区域集中且更替率低，河南郑州三连冠

2019年"全产品出口高度化"指标上榜门槛较2018年增加0.4至76.6，前30强仅有4座城市发生更替。中部地区10座城市入围，居各区域首位，较上年增加1座，河南郑州凭借84.7的高分取得三连冠，江西南昌手机出口超百亿元，时隔5年之后重回榜单，江西吉安无线耳机出口激增7.5倍，分值提升7.1首次上榜，受中美贸易摩擦影响，河南鹤壁最大出口商品"机动车辆用点火布线组"下降32.6%，排名下滑9个位次跌出榜单；西南地区同样增加1席占有7席，遂宁摩天时代科技有限公司2019年正式投产，当年手机及零配件占该城市出口比重提升34.4个百分点，四川遂宁排名提升36位成功跻身30强，列第13位；西北地区占有5席，较2018年减少1席，陕西安康依靠"示范仪器装置"出口激增近13倍，排名提升88个位次上榜，甘肃兰州碳电极出口下降23.6%，内蒙古鄂尔多斯手机零件出口下降64.8%，双双跌出榜单；珠三角、长三角上榜城市数量分别保持5座、3座不变，且均由上年上榜的城市蝉联；黑龙江大庆小轿车出口下降21.6%，指标分值减少2.3，排名下滑15个位次跌至第32，使得东北地区"独苗不保"，与

---

① 指标值大于75，表明该城市整体出口产品中电子产品、机械设备以上加工程度商品出口比重较大，定义为"高附加值产品"；指标值低于75高于50，表明该城市整体出口产品加工程度最多达到传统劳动密集型商品的水平，定义为"中间档次产品"；指标值低于50，表明该城市主要出口经济作物和矿产资源等仅经过简单加工的初级产品，定义为"低附加值产品"。

环渤海、海西地区一起成为零上榜区域。

3. 长三角城市全面提升, 珠三角城市差距收窄

作为我国两大主要经济区, 长三角、珠三角平均高度化分值遥遥领先。2019 年, 长三角 25 座城市中有 22 座分值较上年有所提升, 其中浙江舟山船舶出口增长 14.1%, 高度化分值提升 5.2; 随着 2018 年 9 月欧盟取消对我国太阳能电池板的双反措施, 2019 年江苏盐城太阳能电池出口占比大幅提升 5 个百分点, 分值增加 2.3。仅浙江温州、台州分别小幅下降 0.8、0.5, 江苏苏州分值则与上年齐平。珠三角排名靠前城市分值涨跌互现, 但是排名靠后的城市分值提升明显, 与领头羊差距收窄。广东茂名玩具及模型出口倍增, 而水海产品出口占比下滑, 高度化分值提升 4.6; 湛江钢材出口增长 40.9%, 分值提升 2.6。此外, 汕头和阳江高度化分值则分别提升 1.6 和 0.4。

4. 大城市分值稳定, 小城市波动巨大

大城市产业特征鲜明, 出口结构稳定, 指标分值波动小。2019 年, 38 座出口值超过千亿元的大城市, 仅广西崇左分值变动幅度超过 2 分; 上海、广东深圳、江苏苏州等以电子制造业为主的城市常年占据榜单前排; 福建厦门、广东广州、浙江宁波等机电产品和劳动密集型产品出口并重的城市, 排名在 50 上下波动; 而以石材、陶瓷、服装鞋帽出口为主的福建泉州、农产品出口占比大的山东青岛, 排名均在百名开外。

小城市主要出口商品容易发生大幅变动, 从而带动指标排名暴涨暴跌。2019 年, 四川宜宾手机出口增长 1.5 倍, 超越白酒成为最大出口商品, 指标分值增长 10, 排名提升 140 个位次; 广西河池白银出口从无到有, 占比达 17.9%, 与此同时, 上年最大出口商品蚕丝下降 55.7%, 二者合力推动河池指标分值增长 17.1, 排名提升 44 个位次。反观宁夏吴忠, 2018 年出口纺织纱线 4 亿元, 2019 年降至不足百万元, 冷冻蔬菜和苹果汁取代纺织纱线成为主要出口商品, 吴忠高度化分值下降 10.5, 排名下滑 36 个位次; 四川广元碳电极出口下降 43.9%, 占比减少 25.4 个百分点, 导致分值下降 10.8, 排名下滑 157 个位次。

5. 以高新技术产品出口为主流的城市垄断榜单, 传统工业城市日薄西山

随着我国科技水平的不断提高, 以高新技术产品出口为主流的城市正在逐步垄断榜单。东南沿海的上海、江苏苏州、无锡、广东深圳、东莞、惠州正在逐步向出口拥有自主知识产权的高新技术产品转型, 中西部省会城市则通过引进资本技术密集型产业实现转型升级, 河南郑州和山西太原的手机、重庆和四川成都的笔记本电

脑、陕西西安的半导体、湖北武汉的芯片均能有效吸引产业链上下游的大量配套企业入驻，从而牢牢占据榜单。中小城市则因地制宜，通过发展体积小、物流运输方便，生产线相对独立，对配套产业链要求较低的商品上榜，如甘肃天水的集成电路、广西北海和贵州遵义的手机零件、山西晋城的摄像机、陕西商洛的太阳能电池、湖南衡阳的音箱等。

传统工业城市由于原有产业对当地经济影响深远，转型困难，指标分值停滞不前，不断被新兴城市超越。四川绵阳 2014—2017 年连续 4 年进入指标前 30，2019年绵阳高度化分值 75.9，虽然比 2014 年高出 1.4，但排名第 33 连续两年无缘榜单。此外，以出口钻探设备为主的新疆克拉玛依、轨道交通设备为主的河南洛阳和湖南株洲、汽车零配件为主的河南鹤壁也都纷纷跌落榜单；以出口工程机械为主的广西柳州仅以不到 0.01 的微弱优势排名第 30，榜单位置已摇摇欲坠。仅安徽芜湖凭借汽车和白色家电的出口，抵御住新兴者的冲击，成为传统工业城市最后的旗帜。

（三）多元化指标评价分析

多元化指标（包括市场和产品）：由"等价数目"和"离散度"两个 4 级指标构成，其中，"等价数目"指某城市出口同等规模的市场和产品数量，"离散度"指出口市场和产品分布形态，只有兼具"多而散"的特征，才能达到均衡合理的状态。

1. 出口市场等价数目

出口市场更加广泛，小城市主导榜单，中部地区优势扩大，东北地区新增 2席。2019 年，297 座参评城市"出口市场等价数目"（简称"市场数目"，下同）在山东东营的 22.39 个到广西百色的 1.13 个之间，平均值为 7.62 个，较上年增加0.18 个，止住连续 6 年下滑的趋势，30 强上榜门槛由 2018 年的 11.43 个升至 2019年的 11.81 个。从上榜城市出口规模看，出口值超千亿元的大城市仅浙江金华、绍兴上榜，14 座城市出口值低于百亿元，规模最小的山西阳泉出口不足 10 亿元。从各区域平均每座城市的市场数目来看，环渤海地区 11.1 个，较上年增加 0.6 个；长三角 9.7 个紧随其后，增加 0.4 个；中部、珠三角分别为 8.5 个和 8.2 个，海西减少 0.3 个至 7.4 个，东北 6.9 个，西南和西北地区均为 5.4 个并列倒数第一。

从区域分布看，环渤海地区上年在榜的 9 座城市悉数蝉联；中部地区的湖北黄冈、鄂州、湖南张家界、安徽安庆 4 座城市上榜，河南洛阳、安徽池州、江西上饶落榜，榜单席位净增 1 席到 11 席，对环渤海的领先优势进一步扩大；东北地区净增 2 席占有 4 席，辽宁沈阳、抚顺、朝阳取代辽宁盘锦上榜；长三角地区保持 3 席不变；新疆昌吉、甘肃兰州和广东揭阳的落榜使得西北地区和珠三角地区均仅存 1 席；四川德阳守住西南地区的唯一席位；海西地区城市依旧无缘榜单。

从榜单城市变动情况看，7 座新上榜的城市有 5 座 2018 年排名在 52 名以内，属于正常更替。湖北鄂州、湖南张家界 2019 年对美国和东盟出口占比均减少 4 个百分点以上，对欧盟出口占比也呈下滑态势，随着出口市场的进一步分散，两座城市市场数目分别增加 5 个、3.1 个，排名提升 129 个、71 个位次入围榜单。7 座落榜城市有 4 座排名仍保持在 53 名以内。辽宁盘锦对印度出口占比提升 22.9 个百分点，江西上饶、甘肃兰州对欧盟出口占比提升 14.5 个、6.5 个百分点，上述三座城市市场数目均减少 3 个以上，排名跌落至百名开外。

2. 出口产品等价数目

大城市引领榜单，长三角居首，除东北外其余各区域均有提升。2019 年，所有参评城市的"出口产品等价数目"（简称"产品数目"，下同）平均值为 34.9 个，比 2018 年增加 2.6 个，从甘肃嘉峪关的 1.1 个到浙江宁波的 231.1 个不等，上榜门槛由 2018 年的 77.5 个升至 2019 年的 83.1 个。与市场数目指标相反，产品数目榜单大城市云集，14 座出口值超千亿元的城市入围并包揽榜单前 6 名，出口值低于百亿元的城市仅有 3 座上榜。从各区域平均每座城市的产品数目来看，长三角地区 86.9 个居首位，增加 2.2 个；海西地区 64.2 个，增加 8.2 个；环渤海地区 52.7 个创历史新高，增加 5.2 个；珠三角、中部、西南、西北地区分别为 40.7 个、33.3 个、21.6 个、15.6 个，分别增加 4.4 个、2.4 个、3.1 个、1.6 个；唯独东北地区较上年减少 0.3 个至 19.2 个。

从区域分布看，长三角地区 10 座城市入围榜单，与上年持平，江苏宿迁时隔五年重回榜单，江苏盐城退居第 32 落榜；中部地区新增 2 席占有 7 席，湖南益阳、常德首次上榜，湖北襄阳、安徽安庆取代湖南岳阳、湘潭上榜；环渤海地区占据 4 席，减少 2 席，山东济南上榜，天津、山东威海、潍坊跌出榜单；珠三角地区占据 3 席，广东广州、佛山、中山蝉联，广东江门落榜；海西地区同样占有 3 席，新增福建福州上榜；西南地区保持 2 席不变，四川南充取代广西崇左；辽宁沈阳为东北地区守住 1 席之地；西北地区连续两年无缘榜单。

从榜单城市变动情况看，8 座新上榜的城市有 4 座 2018 年排名在 53 名以内。四川南充 2019 年新增出口商品 1 893 项，最大出口商品占比从 37.8% 降至 4.9%，产品数目增加 87.4 个，排名提升 228 个位次至第 18。湖南益阳、常德、湖北襄阳前五大出口商品占比较 2018 年分别下滑 6.1 个、4.5 个、4.5 个百分点，产品数目增加 24.4 个到 36.7 个不等，排名均提升超过 30 个位次入围榜单。8 座落榜城市中有 6 座排名仍在前 50 之内，广西崇左、湖南湘潭最大出口商品占比分别从 3.5%、4.4% 提升到 12.6%、8.1%，带动产品数目减少 77 个、27.2 个，排名分别下滑 76 个、51 个位次。

3. 离散度

部分小城市出口市场和产品分布均匀，离散度排名远高于等价数目。离散度与等价数目指标排名高度正相关，逾 8 成参评城市的两者排名差距均保持在 10 个位次之内。部分小城市虽然出口市场、产品较少，等价数目低，但是出口分布相对均匀，离散度指标排名远高于等价数目。2019 年，市场和产品离散度排名高于等价数目 20 个位次以上的城市分别有 15 座、2 座，其中 15 座城市出口值低于 10 亿元。青海海东 2019 年出口商品到 19 个国家（地区），市场数目 8.2 个，排名第 138，但对前五大市场出口值均在 5 000 万～1 亿元之间，市场离散度仅为 0.26，排名第 17，高出等价数目排名 121 个位次。内蒙古乌海 2019 年出口 15 种商品，产品数目 6.5 个，但出口值在 2 500 万～1 亿元之间的商品有 9 种，产品离散度 0.3，高出等价数目排名 43 个位次。此外，黑龙江双鸭山和鹤岗、湖南湘西、甘肃定西市场离散度排名均高于等价数目 40 个位次以上。

对美出口受阻带动部分城市市场多元化水平提升，内陆边境城市出口市场单一。中美经贸摩擦导致部分城市对美出口受阻，加大新市场开拓力度，对美出口占比下滑使得所在城市出口市场分布更加均衡，市场数目明显增加，多元化水平提升。2019 年，辽宁朝阳、湖北鄂州对美出口分别下降 61%、39.6%，比重下滑 12.2 个、9.8 个百分点，上述二者市场数目分别增加 5.9 个、5 个，双双进入指标前 30。此外，贵州铜仁、广西河池、四川乐山对美出口降幅均超过 40%，带动市场数目增加 3 个以上，排名提升均超过 80 个位次。

受制于地理条件，内陆边境城市出口市场基本瞄准接壤邻国，如：广西百色对越南出口占 92.9%，西藏拉萨对尼泊尔出口占 80.5%，云南临沧对缅甸出口占 71.9%，新疆博尔塔拉、伊犁对哈萨克斯坦出口占 70.5%、57.7%，黑龙江牡丹江、内蒙古呼伦贝尔对俄罗斯出口占 69.5%、56.5%，上述城市市场数目均不超过 3 个。

龙头企业类型决定产品数目多寡。以贸易型企业为主导的城市，出口品种繁多，产品数目高。湖南张家界 2019 年出口前 3 大企业均为贸易型企业，合计占出口比重达 76.7%，3 家企业共出口 1168 种商品，最大商品占出口比重仅为 2.5%，该市产品数目达到 122.3 个，排名第 9；广西贺州 2019 年出口前 5 大企业也均为贸易型企业，合计占出口比重 62.8%，5 家企业共出口 1579 种商品，最大商品占出口比重仅为 2.1%，贺州产品等价数目达到 80.9 个，排名第 33。此外，浙江杭州、金华、广东广州均有大量以出口小商品为主的贸易公司，3 座城市常年占据产品数目指标前 30。

以制造型企业为主导的城市，通常专注于出口一种或几种拳头产品，产品数目难以有效提升。2019 年，富士康集团旗下的鸿富锦精密电子（郑州）有限公司手机出口值占郑州的 79.7%，河南郑州产品数目仅为 1.5 个；商洛比亚迪实业有限公司太阳能电池出口值占商洛的 73.1%，陕西商洛产品数目 1.8 个；攀枝花东方钛业有限公司的钛白粉和鞍钢国贸攀枝花有限公司的钢轨分别占攀枝花出口值的 37.6%、30.4%，四川攀枝花产品数目 2.7 个；上述 3 座城市排名均位列倒数前 10。此外，天水华天科技股份有限公司的集成电路、晶科能源有限公司的太阳能电池、通辽梅花生物科技有限公司的谷氨酸氨、富士康精密电子（太原）有限公司的手机均占所在城市出口比重的 40% 以上，甘肃天水、江西上饶、内蒙古通辽、山西太原产品数目均不足 4 个。

四、效益篇

（一）效益竞争力评价分析

效益竞争力评价体系构建：新常态下，我国对外贸易高速增长态势难以为继，特别是在中高端制造业向发达国家回流、中低端制造业向新兴经济体转移的倒逼下，进一步提升对外贸易质量和效益，优化贸易结构，构建"优进优出"贸易格局，推动实现外贸高质量发展显得尤为重要。

1. 板块表现分化，东南沿海版图再度扩大，西部上榜城市更迭频繁

2019 年，效益竞争力 30 强榜单入围城市更迭频繁，部分指标的相对走强或趋弱，引起板块分布的快速分化。如，依靠"出口收益率"指标的强势，2019 年东南沿海地区入围效益 30 强榜单数量增加 2 座增至 14 座，广东中山、浙江绍兴和江苏南京携手上榜，弥补浙江台州退出榜单缺憾。中部地区因"净出口增长对 GDP 增长的贡献率"指标失利，入围城市数量减少 2 座至 7 座。环渤海地区上榜城市降至 2 座，天津排名较 2018 年提升 25 位，列第 19 位，实现强势登榜，加上山东枣庄的蝉联，保住该区域 2 个席位，但仍难掩山东青岛和河北邢台接连落榜的低迷。西部地区表现总体平稳，上榜城市减少 1 座至 4 座，但上榜城市大进大出、更迭频繁，四川达州、广元、宁夏中卫、广西崇左"星光散去"，广西钦州、四川绵阳、陕西商洛取而代之。此外，辽宁锦州、黑龙江鸡西、伊春的携手入围，助推东北地区斩获 3 个席位。

2. 依靠单项优势偶露峥嵘易"昙花一现"，实力均衡才是持续上榜保证

部分中小城市依靠单项指标优势，排名突飞猛进，但缺乏综合实力的均衡发展，始终难以在榜单上站稳脚跟。如，2018年四川达州依靠"加工贸易增值率"指标排名的大幅提升，因此排名效益榜单第9位，2019年指标成绩大幅下降，导致其重新跌出百名之外，最终仅位列第222位；2018年山西阳泉勇夺"净贸易条件指数"指标探花，入围榜单30强并一举夺得第19名的好成绩，但2019年指标成绩大幅下滑，排名后退141个席位，仅取得第160名的成绩。而反观东南沿海地区外贸大市，外贸发展综合实力强劲，发展相对均衡，外贸效益表现普遍较好。2019年效益竞争力榜单30强中多达7座来自外贸规模前10大城市；其中，综合实力强劲的广东深圳、上海等城市能够持续释放外贸竞争力，连续多年稳居效益榜单和综合竞争力榜单前列，广东广州、江苏苏州、广东东莞、浙江宁波等生力军也是效益竞争力榜单常客，未能跻身30强的江苏无锡、福建厦门和北京等排名也均在效益竞争力榜单中位居前列，分别位居第33、35和59位。同时，其他一些入围榜单的城市，也具备较大的外贸规模，如，浙江杭州、金华、绍兴、温州进出口规模分别位列第14、18、27和34位，广东佛山、中山分别位列第16和29位。

3. 区域间外贸发展步伐不一，效益表现各有所长，指标区域偏好显著

我国幅员辽阔，各地区地理区位、自然资源禀赋存在显著差异。改革开放以来，我国对外开放步伐大体按由南及北、由沿海到内地的战略渐次推进。事实证明，这一战略成功推动了我国对外贸易取得了举世瞩目的发展成就，但同时也导致各区域外贸发展步伐不一，所处阶段不同，进而带来区域间外贸效益竞争力的明显差异。在效益竞争力5个分项指标中，东南沿海地区城市长期在与出口规模高度相关的"出口收益率"指标上占据绝对优势，2019年再次以21城上榜的优异成绩垄断榜单。而中西部地区城市则紧紧抓住产业梯度转移等政策扶持的绝佳机遇，乘势而上，实现对外贸易的快速崛起，同时充分利用后发优势，在量化出口产品技术水平的"一般贸易出口产品高度化"指标和反映加工增值能力的"加工贸易增值率"指标上占尽优势，2019年中西部地区在上述两个指标中分别狂揽18个、22个席位，风光无限。

（二）一般贸易出口产品高度化指数统计分析

一般贸易出口产品高度化指数：一般贸易出口利用外部市场消费拉动内部经济发展，体现了一个国家或地区的基础产业水平、科技发展水平和劳动生产率水平

等，其高度化指数用于衡量一般贸易出口产品的技术含量。

1. 外贸增长内生动力增强，一般贸易出口产品技术含量稳步提升

近年来，随着我国稳步推进外贸增长动力转换，内生动力作用显著增强，本土企业探索通过产品研发、技术创新、市场开拓等方式实现外贸突围，彰显国内生产实力的一般贸易稳步提升。2010—2019 年，我国一般贸易出口年均增长 8.2%，分别快于同期我国整体出口年均增速、加工贸易出口年均增速 2.8 个、8.1 个百分点，一般贸易出口所占比重也水涨船高，2019 年达 57.8%，分别比 2018 年和 2010 年提升 1.5 个、12.1 个百分点。与此同时，一般贸易项下高新技术产品出口规模持续扩大，2019 年出口 1.4 万亿元，年均增长 12.5%，占一般贸易出口总额的比重由 2008 年的 10.2% 提升至 14.5%，带动我国 "一般贸易出口产品技术高度" 指标结果的持续优化，2019 年该指标分值为 69.72，分别比 2018 年和 2009 年提升 0.5% 和 2.4%；30 强榜单入围门槛也相应提高，2019 年湖南株洲列第 30 位，分值为 73.28，高于 2018 年江苏无锡的 73.21。

2. 中西部地区城市竞逐潮头，单一产业模式难以延续竞争优势

随着 "中部崛起" "西部大开发" 等区域发展战略的深度推进，尤其 "一带一路" 倡议将中西部推到了对外开放的等区域发展战略的深度推进，尤其 "一带一路" 倡议将中西部推到了对外开放的前沿，中西部地区对外合作空间显著扩大，加之后发优势利于形成结构合理的贸易格局，出口产品技术水平稳步提升，入围 "一般贸易出口产品高度化" 指标榜单前 30 名城市数量逐年增加，2019 年 18 座城市入围榜单，占榜单 60%，2016 年以来年增 1 座。如，陕西安康紧抓沿海地区电子信息产业转移的机遇，优化提升营商环境，积极承接沿海地区电子制造产业项目，形成了智能终端设备、手机整机及配件、电子元器件等消费类电子信息产业链。2019 年，该市一般贸易出口计量仪器增长 12.9 倍，推动其一般贸易出口增长 94.3%，榜单排名上升 71 个位次，夺得榜眼殊荣实至名归。但中西部地区城市产业结构相对单一，支柱产业容易受到外部发展环境变迁的影响，榜单表现极不稳定，仅 10 座城市实现榜单蝉联，更新率达 44.4%。如，四川广元 2018 年依靠占其一般贸易出口 67% 的电工器材大增 4.9 倍的优势，入围榜单并排名第 28 位，但 2019 年电工器材出口下降 44%，指标成绩大幅下降而无奈落榜。反观东南沿海地区城市，外贸体量庞大，产业布局齐全，短期内某一产业或项目的景气与否难以左右指标成绩，2019 年随着江苏无锡的入围，榜单席位增加 1 座达到 11 座，10 座城市为连续两年上榜的老面孔，长三角、珠三角分别占 7 座、3 座。环渤海地区由于山东济南的遗

憾落榜，与海西地区一样陷入"颗粒无收"的窘境。东北地区则因吉林辽阳的落选，仅剩黑龙江黑河"一棵独苗"。

(三) 加工贸易增值率统计分析

加工贸易增值率：长期处于国际产业链低端、增值空间狭窄、经济效益低下等问题困扰我国加工贸易发展。近几年来，国家通过鼓励产业梯度转移和企业深加工结转、外发加工、增加原辅材料国内采购等方式，持续改善加工贸易的增值状况。

针对加工贸易增值率指标的分析发现，加工增值能力整体改善，中西部地区后发优势显著，版图继续扩大。通过促进深加工结转、外发加工、加大国内购料等方式，国家鼓励加工贸易逐渐从东南沿海向内陆转移，有利于延长国内产业链条，力推创新发展，加工贸易效益不断改善。2019 年我国加工增值率为 74.4%，分别比 2014 年和 2008 年提升 9.2 个、13.4 个百分点。从区域分布看，承接加工贸易梯度转移的中西部地区受益最明显，2019 年在该指标 30 强榜单上，多达 22 座中西部城市入围，比 2018 年增加 1 座。受益于光学精密零件加工贸易的快速发展，2019 年新疆喀什加工贸易出口增长 301 倍，进口增长 30.9%，该指标排名提升 244 位，取得第 17 名的好成绩；而东南沿海地区虽然加工贸易绝对规模领先，但随着人口红利逐渐消失、土地等资源约束增多，加工贸易发展瓶颈凸显，增值乏力、"贫困化"增长问题尤为突出，导致增值率指标上榜率偏低，2019 年仅广东阳江和福建南平上榜。东北地区则因地制宜，发展地区特色产业加工贸易，取得显著成效，上榜城市增加 1 座至 5 座。如黑龙江伊春全面停止商业性采伐后，充分利用本地木制品加工业优势，自俄罗斯等地大量进口原木，发展木地板等加工贸易产业，实现了林区产业的快速转型升级。2019 年，该市加工贸易增值率高达 15.2 倍，成功入围榜单，并取得第 5 名的好成绩。

(四) 净出口增长对 GDP 增长的贡献率统计分析

净出口增长对 GDP 增长的贡献率：净出口是构成 GDP 的"三驾马车"之一，在推动国内经济增长和改善就业等方面发挥着重要作用，是衡量外贸效益高低的重要标准。

1. 国内经济增长放缓，"净出口"马力拉动作用凸显

2019 年，在世界经济增速整体下行的背景下，我国经济增速下探至 6.1%，虽然仍在合理的区间运行，但创下 1990 年以来的最低水平；与此同时，世界"逆全球化"盛行，尤其美国屡次对自我国进口商品加征关税，我国均依理依据予以坚决的反制反击。美国是我国重要的传统贸易伙伴，中美经贸摩擦不可避免给外贸发展带来

了不利影响，部分商品出口受阻，一些产业出现外迁迹象。但总体来看，在困难面前，我国外贸表现出了强大韧性，全年外贸进出口增长 3.4%，其中出口增长 5%，进口增长 1.6%，均远超预期。出口增速明显领先进口，使得我国贸易顺差规模扩大 25.4%，"净出口"对 GDP 增长再度恢复正向拉动作用，贡献率达 8.2%。

2. 区域间指标表现显著分化：东南沿海稳扎稳打，东北上演"逆袭"，中部最"失意"

东南沿海地区外贸发展基础好，进出口企业数量多、国际市场竞争经验丰富，应对不利局面的能力更强，在参与评比的 55 座城市中，41 座城市净出口规模增长，随着广东深圳、中山、肇庆和江苏南京、镇江、徐州的上榜以及广东佛山、汕尾和浙江丽水、湖州、台州的落选，该地区入围前 30 名的城市数量净增加 1 座至 11 座，继续稳居上榜数量冠军；东北地区经济出现向好迹象，2019 年吉林、辽宁、黑龙江生产总值分别增长 3%、4.2% 和 5.5%，逐渐扭转了前期负增长的尴尬局面，外贸马力也随之增强，2019 年共有 7 座城市入围榜单，其中吉林松原、辽宁铁岭、葫芦岛和黑龙江牡丹江、黑河、鸡西成为榜单新贵。环渤海地区继续维持 3 座城市入围，但上榜城市频繁更迭，天津、河北保定、廊坊组成的新势力，整体替换了山东日照、威海和河北邯郸的组合。中部地区入围城市大幅减少 5 座，榜单仅余 3 席，疲态尽显，但其中也不乏排名大幅提升的亮点城市。如，江西鹰潭 2019 年出口增长 16.8%，进口下降 13.6%，贸易逆差规模收窄 25.3%，一举进入榜单并勇夺桂冠；湖南长沙充分发挥本地制造产业优势，逐渐形成了以三一重工、铁建重工、山河智能等为代表的智能制造企业，2019 年长沙机电产品出口增速高达 67.8%。同时，长沙以引入产业链项目为重点，不断提升产业聚集度，推动加工贸易转型升级，2019 年加工贸易出口增长 58.7%、进口增长 92.9%。在上述因素带动下，2019 年长沙外贸出口增长 70%，进口增长 32.1%，"净出口"马力充分释放，对 GDP 增长的贡献率高达 86%，助推长沙榜单名次提升 63 个位次，跻身第 15 位。此外，西部地区榜单表现稳定，继续维持 6 城上榜的成绩。

(五) 出口收益率统计分析

出口收益率：内资企业是我国对外贸易发展的内生力量源泉，由内资企业创造并掌控的出口收益能力[1]更能体现"国民概念"，是我国进行技术改造、增强自主研

---

① 出口收益指在出口额基础上，剔除其中加工贸易进口料件以及外商投资企业出口等因素，更直接体现内资企业的实际创收能力。

发能力以及改善经营管理水平的重要保障。

1. 外贸发展方式持续转变，内生动力不断增强，出口收益能力显著提升

近年来，随着我国转变外贸发展方式的稳步推进，外贸领域"优进优出"格局逐渐形成，内生动力显著增强，彰显贸易自主性和本地生产实力的内资企业逐渐成为最具活力和潜力的经营主体，内资企业参与国际分工的深度、广度不断加深，同时加工贸易国内产业链不断延伸，均有利于增强我国出口收益能力。2019年，我国内资企业活力继续释放，出口增长10.1%，比同期外贸整体出口增速快5.1个百分点，占外贸整体出口的比重提升2.8个百分点至61%；2019年，我国出口收益总规模在2018年增长15.9%的基础上再增9.9%，快于同期外贸出口增速4.9个百分点，单位出口额收益规模提升4.6%。

2. 出口收益能力与出口规模高度相关，东南沿海地区"一枝独秀"

在2019年我国出口规模前30大城市中，有24座城市入围了"出口收益率"前30名榜单，而未能入围的6座城市也均排名出口收益率榜单前列，如广东珠海、山东烟台、四川成都、辽宁大连、陕西西安和广东惠州分列"出口收益率"榜单第31、33、34、36、38和46位；同时，入围"出口收益率"榜单而未能进入出口30强的城市，其出口规模排名也均较为靠前，如浙江台州、福建泉州、湖南长沙、安徽合肥、湖北武汉、广西崇左分别位居出口规模排名第31～36位。在此背景下，2019年"出口收益率"前30名榜单继续维持稳定局面，多达28座城市连续2年入围，仅广东珠海和山东潍坊淡出榜单，湖南长沙和安徽合肥取而代之。从分区域看，东南沿海地区21城入围，占据榜单7成份额，环渤海地区上榜城市减少1座至3座，中部地区增加2座至4座，西部地区维持2城入围记录，东北地区继续等待零的突破。尽管出口收益能力与出口规模高度相关，但单纯的出口规模绝非决定要素，随着出口导向的外贸发展模式逐渐转变，内资企业参与进出口是否活跃以及加工贸易国内配套能力是否增强等对该指标影响更为重要。如，湖南长沙2019年内资企业出口大增79.4%，其中私营企业出口更是增长85.7%，同期外商投资企业出口增速放缓至30.8%，助推其排名提升13个位次至第24位。

(六) 净贸易条件指数统计分析

净贸易条件指数：指出口价格指数与进口价格指数之比，用于说明出口商品和进口商品的交换比率关系，是从价格方面衡量对外贸易经济效益的重要指标。净贸易条件指数大于100，说明出口价格比进口价格相对上涨，贸易条件有利；反之，

则贸易条件不利。

1. 出口产品议价能力提升, 贸易条件总体改善, 但城市表现分化

2019 年, 全球经济增长预期下调、经济前景不稳定, 国际大宗商品价格宽幅震荡, 反映世界商品价格总体变化的 CRB 指数最高涨至 190, 最低跌至 167, 全年上涨 9.4%, 同期中国大宗商品价格指数 (CCPI) 上涨 15.3%。受此影响, 2019 年我国进口价格总体上涨 1.9%, 进口价格上涨对出口价格存在一定的传导作用。同时, 随着近年来我国"优进优出"外贸发展战略的实施, 出口产品议价能力显著增强, 2019 年我国出口价格总体上涨 3.4%, 涨幅大于同期进口价格总体涨幅, 贸易价格条件指数相应达到 101.5, 意味着我国贸易条件改善。但具体商品价格走势显著分化, 畜牧类、能源类、矿产类、油料油脂类价格显著上涨, 农产品类、有色金属类、橡胶类、钢铁类均呈下跌趋势, 这也带来了我国城市贸易条件状况的分化。2019 年, 参与评比的 297 座城市中, 144 座城市贸易条件改善, 多达 153 座城市贸易条件出现恶化, 占比为 51.5%。其中, 中部地区贸易条件出现改善的城市数量最多、比例最高, 84 座参与评比的城市中 46 座贸易条件改善, 占 54.8%; 西南地区城市贸易条件恶化比例最高, 50 座参与评比的城市中多达 28 座贸易条件恶化, 比例高达 56%; 西北地区次之, 为 55.6%; 环渤海、东北地区分别为 55.2% 和 52.9%; 东南沿海地区为 50.9%。

2. 榜单延续动荡局面, 中西部地区垄断地位进一步强化

2019 年净贸易条件指数排名前 30 的城市中, 仅 5 座城市是连续 2 年入围的熟悉面孔, 榜单更新率高达 83.3%, 榜单动荡程度在效益竞争力各子项指标中最大。由于产业结构相对单一, 中西部地区城市对大宗商品价格变动尤其敏感, 2019 年 25 城联手上榜, 数量较 2018 年增加 1 座, 进一步巩固榜单垄断地位。如, 新疆克拉玛依 2019 年出口价格上涨 23.3%, 进口价格下跌 18.7%, 直接推高了克拉玛依的净贸易条件指数, 排名大幅提升 270 位, 入围榜单并勇夺榜眼殊荣。其他区域中, 东南沿海地区入围数量增加 1 座至 3 座, 东北地区减少 1 座至 2 座, 环渤海地区随着河北邯郸的退出, 上榜城市数量再度归零。具体见表 8、表 9。

表 8　2019 年中国城市外贸效益竞争力 30 强排名

城市名称	一般贸易出口产品高度化		加工贸易增值率		净出口增长对 GDP 增长贡献率		出口收益率		净贸易条件指数		分项得分	分项排名	综合排名
	得分	排名	得分	排名	得分	排名	得分	排名	得分	排名			
广东省东莞市	98.69	3	62.89	152	87.52	5	91.04	4	85.74	77	84.23	1	4

续表

城市名称	一般贸易出口产品高度化		加工贸易增值率		净出口增长对GDP增长贡献率		出口收益率		净贸易条件指数		分项得分	分项排名	综合排名
	得分	排名	得分	排名	得分	排名	得分	排名	得分	排名			
广东省深圳市	96.46	8	62.64	178	79.32	21	100.00	1	82.87	177	83.14	2	1
浙江省金华市	92.61	58	66.88	33	85.11	8	86.33	6	84.11	130	82.53	3	21
上海市	93.33	45	63.21	129	73.75	148	100.00	1	82.96	173	81.56	4	2
浙江省宁波市	93.98	31	63.28	125	75.94	58	93.78	3	83.22	164	81.17	5	8
江苏省苏州市	94.43	24	62.78	162	77.37	32	89.38	5	82.05	197	80.42	6	6
山西省临汾市	96.93	6	100.00	1	73.57	163	60.06	233	76.24	285	79.94	7	214
河南省平顶山市	89.64	144	100.00	1	73.26	203	60.16	186	81.65	213	79.75	8	169
河南省信阳市	87.52	185	100.00	1	73.72	151	60.16	188	81.51	218	79.44	9	103
广西壮族自治区钦州市	90.88	112	63.53	108	100.00	1	60.32	152	84.11	132	78.23	10	63
浙江省温州市	95.14	16	65.40	49	79.28	22	69.76	16	84.38	117	78.09	11	65
广东省佛山市	95.06	17	62.70	169	76.39	50	76.08	10	83.36	158	78.00	12	15
广东省中山市	95.42	14	63.83	91	83.37	11	65.82	28	86.31	59	77.99	13	25
浙江省杭州市	92.55	61	64.07	84	73.91	131	78.58	9	83.72	146	77.98	14	18
河南省洛阳市	94.50	21	75.81	10	73.16	213	60.65	111	90.00	19	77.86	15	91
四川省绵阳市	93.00	49	71.32	15	75.89	59	60.27	164	92.52	11	77.56	16	39
辽宁省锦州市	92.68	55	84.67	6	71.66	256	60.14	192	82.95	174	77.55	17	35
黑龙江省鸡西市	88.09	173	83.55	7	78.17	28	60.09	212	80.96	237	77.52	18	152
天津市	91.99	78	62.33	197	86.73	6	68.63	19	81.69	210	77.46	19	11
浙江省绍兴市	90.48	122	64.06	85	78.71	26	72.29	14	83.85	140	77.33	20	61
重庆市	95.30	15	68.84	22	74.09	124	68.02	21	83.51	152	77.31	21	9
江西省鹰潭市	92.90	50	61.60	233	100.00	1	60.00	283	80.14	255	77.25	22	53
陕西省商洛市	96.62	7	60.00	255	78.75	25	60.04	245	100.00	1	77.19	23	256
江苏省南京市	91.60	89	62.68	170	77.69	29	73.07	13	82.38	188	76.88	24	17
广东省广州市	93.54	41	62.43	192	67.84	284	81.68	7	82.91	175	76.86	25	3
安徽省宿州市	88.72	160	81.50	8	74.69	91	60.31	158	82.24	192	76.84	26	155
江苏省徐州市	91.53	92	66.49	35	81.14	16	63.89	37	84.88	101	76.83	27	78
黑龙江省伊春市	87.73	178	92.45	5	72.41	241	60.00	277	75.86	290	76.81	28	242
湖南省长沙市	92.25	70	62.03	213	81.61	15	66.38	24	85.59	82	76.69	29	32
山东省枣庄市	88.10	172	74.43	11	77.23	34	60.66	108	85.70	78	76.57	30	138

表 9　2019 年各地区效益竞争力单项指标前 30 名城市分布表　　单位：座

地区名称 （所含城市数量）	效益 竞争力	一般贸易 出口产品 高度化	加工贸易 增值率	净出口增长 对 GDP 增长 的贡献率	出口 收益率	净贸易 条件指数
东南沿海地区（55 座）	14	11	2	11	21	3
其中：长三角地区（25 座）	9	4	0	6	13	1
珠三角地区（21 座）	5	7	1	5	5	1
海峡西岸经济区（9 座）	0	0	0	0	3	1
环渤海地区（29 座）	2	0	1	3	3	0
东北地区（34 座）	3	1	5	7	0	2
中部地区（84 座）	7	9	13	3	4	9
西南地区（50 座）	3	4	7	3	2	9
西北地区（45 座）	1	5	2	3	0	7

五、发展篇

（一）发展竞争力评价分析

发展竞争力评价体系构建意义：是否充分有效利用外资、带动产业升级、提高产业集聚力、发挥外贸强市辐射力，是衡量城市外贸发展活力的有效途径。发展竞争力包括"外商投资设备人均进口额""人均实际利用外资""进入外贸 500 强企业进出口比重""特殊监管区进出口份额"4 项三级指标。

1. 榜单洗牌明显加剧，中西部优势进一步巩固

前 30 名中，有 9 座城市为新上榜，榜单更新率达到 30%，较 2018 年更新率提高了 20 个百分点，一改此前几年相对稳定的表现。新上榜城市主要为中西部城市，珠三角地区、东北地区也各有广东惠州、辽宁盘锦新晋入榜。从区域分布来看，长三角地区占据 5 席，除浙江舟山排名上升外，上海以及江苏的苏州、无锡、南京排名均略有下降；珠三角地区虽只有 4 座城市上榜，但排名都较为靠前，广东深圳从上年第 1 名退居第 4 名，珠海保持第 7 名，广州和惠州排名分别提升 17、14 个位次；中部地区则亮点颇多，在榜单中占据 11 席，河南郑州凭借龙头企业的比重优势和特殊监管区域进出口份额的稳定优势，排名上升 1 个位次一举夺魁，除安徽合肥、河南三门峡排名略有下降外，其他 8 个上榜城市均实现排名上升，其中还有 5 个城市为新晋上榜，成为在发展指标中表现最为突出的区域；西部地区也表现亮

眼，在榜单中占据 5 席，四川成都和陕西西安上升进入前 3，重庆升入前 10，四川绵阳和海南三亚则大幅上升，新晋入榜；环渤海地区略有下降，失去 2 席，仅剩北京"一棵独苗"；东北地区较上年同样失去 2 席，同时有辽宁盘锦新入前 30 名，共剩 3 席；海西地区变化不大，福建厦门进步 1 位。

2. 不同区域城市各展所长竞逐榜单

中西部地区城市在外贸体量相对东部城市较小的情况下，凭借生产成本低、承接东部产业转移、政策支持力度更大等后发优势，吸引外资企业投资建厂能力较强，部分城市凭借 2019 年外资企业投资设备平均进口额指标表现突出实现逆袭上榜，如湖北黄石、河南新乡、湖南湘潭、四川绵阳、河南焦作等城市均依靠该指标拉高进入发展指标榜单前 30 位，其中安徽安庆更是拿到满分，实现进步 132 位。部分城市如河南新乡在人均实际利用外资额方面表现突出，推动其从上年 100 名之外迅速提升至第 20 名。此外，中西部城市由于其口岸功能偏弱，进出口在特殊监管区相对集中，在特殊监管区进出口份额指标上表现也十分突出。发展指标前 3 的河南郑州、四川成都、陕西西安在该指标中同样排名前 3，重庆、浙江舟山、辽宁锦州也在该指标中一贯表现靠前，稳定在榜单之上。与此同时，珠三角地区作为开放腹地，在自贸区等政策推动下，外资吸引能力持续较强。榜单中，广东深圳、珠海、惠州均在人均实际利用外资额表现较好，其中珠海继续保持该指标头名；另外，广州凭借超视堺显示面板项目，外资企业投资设备平均进口额拔得头筹，使发展排名从 20 名以外上升至第 5 名。东北地区的辽宁盘锦、西部地区的海南三亚主要凭借进入外贸 500 强企业的进出口比重指标表现较好出现在榜单前 30 位。

（二）外商投资设备平均进口额统计分析

外商投资设备平均进口额：该指标用来衡量各城市吸引外商投资转移的能力，一定程度反映了外资引进水平。

基于外商投资设备平均进口额可以看到，传统外贸大城纷纷落榜，中西部地区备受青睐。2019 年，面对中美贸易摩擦的复杂局面和全球贸易保护主义愈演愈烈的形势，外资投入更为慎重，众多城市没有外资企业投资设备进口。比较而言，传统外贸大城受到的冲击相对更大，且叠加东南沿海地区劳动力成本持续上升、制造业对外资吸引力下降等因素，多数城市在该指标中表现不佳，而中西部地区政策开放程度不断提高、外资吸引力有所增强。在此背景下，2019 年外资企业投资设备平均进口额前 30 名榜单发生了较大幅度变化，有 22 个城市新上榜，更新率超过

70%，许多中西部城市竞相登榜，而此前榜单主力珠三角、长三角地区的城市则纷纷落榜，呈现明显的此消彼长局面。

具体区域来看，中部城市共有 14 座城市上榜，占据榜单近半数席位，其中 12 个城市为新上榜。湖北仙桃、安徽合肥保持在榜，安徽安庆、河南焦作从上年的 40 余名飙升至前 3 名，安徽阜阳、湖北黄石、河南新乡、湖南湘潭也从榜单外挺进前 10 名，其中安徽阜阳凭借其一家企业卡登堡酒业（安徽）有限公司投资进口设备物品，实现排名从 200 名以外进入前 5。西部地区占据 5 席，包括内蒙古乌海、四川绵阳、新疆伊犁、广西桂林、重庆，均为新上榜，其中 3 席来自少数民族自治区，显示出这些地区发展势头较好，贸易、人文等方面对外交流及开放程度加强，营商环境不断改善，对外资吸引力有明显增强。珠三角地区仅有广东广州和云浮上榜，其中广州主要依托与富士康紧密关联的超视堺项目落地，实现该指标由上年第 8 升至 2019 年冠军，而云浮则得益于其一家企业高丘六和（云浮）工业有限公司设备进口倍增。值得注意的是，珠三角地区的广东东莞、深圳、珠海、惠州、佛山在上年度均排在前 30 名，其中东莞、深圳甚至分列第 1、第 4，但今年在该指标排名中均落榜，显示出外资从东南沿海向中西部转移的趋势。长三角区域表现与珠三角类似，仅有江苏南京、常州和无锡 3 座城市上榜，且排名均从上年度的前 10 名跌出，上年度上榜的江苏苏州、江苏南通、浙江嘉兴、江苏扬州、上海均落榜。东北地区在该指标中表现好于东南沿海地区，有 4 座城市上榜，但排名均处于中下游，分别是辽宁盘锦、吉林长春、辽宁大连和辽宁沈阳，其中辽宁盘锦、沈阳均为新上榜，吉林长春排名稳定为 22 名，辽宁大连则从上年 11 名跌至 23 名。海西地区福建泉州新上榜，排名 21 名，但此前排名第 10 的福建厦门遗憾落榜。环渤海地区河北唐山新上榜，排名 25 名，天津由上年第 13 跌落榜外。

（三）人均实际利用外资额统计分析

人均实际利用外资额：该指标用来衡量各城市投资环境的优劣，折射当地对外开放程度和经济发展水平。

1. 榜单相对稳定，东南沿海城市继续领跑

相较于上年，2019 年人均实力利用外资额变动不大，榜单中有 5 个席位"易主"，榜单更新率为 16.7%，其中河南鹤壁、三门峡从 31 名、32 名稍进一步进入前 30 名的末班车，而广东惠州和河南新乡则排名显著上升，从 50 名以外升至前 10 名。广东佛山也飙升 20 余个名次，进入榜单前列。东南沿海地区占据半数席位，其中珠三角占据 6 席，且排名相对靠前、以上升为主；长三角席位为 8 个，较上年少 1 个，排名以中下游为主；海西地区的福建厦门名列前 10。在引进和实际利用外资方面，东南区域不仅具有优良的区位优势等条件，还有长期开放的环境和政策积累，集聚了一批最先进入中国的外资企业，因此具有短期难以撼动的比较优势。相对而言，中西部地区表现亮点有限，东北地区更是在前 30 榜单中遗憾"挂零"，显示出在全球外资规模收窄、引外资竞争加大背景下，我国投资环境有强大"引擎"，但平衡性尚缺，需进一步全面优化投资环境，打造更多引外资的热土，为国内产业和经济发展增添更多动力。

2. 中部地区上榜城市数量、排名双提升，实力不容小觑

从具体区域来看，珠三角地区成功垄断榜单前三名，广东珠海继续保持头名，深圳超越北京成为第二，而紧邻深圳、处在粤港澳大湾区关键腹地的广东惠州从上年 53 名一举升至第 3，成为榜单一大亮点，广东佛山也进步明显，由 38 名升至第 11 名。广东广州、东莞则排名分别下降 3 个、11 个位次，分列第 20、25 位。长三角地区上榜城市数量减少 1 座降至 4 座，且上榜城市名次下降的居多，其中上海由上年第 5 降至第 8，江苏无锡、苏州排名则分别下降 3、2 个位次分列第 18、第 23，江苏镇江更是跌至 50 名开外，遗憾告别榜单。浙江宁波成为长三角唯一排名上升的城市，但也仅前进 1 个位次，列第 19 位。中部地区上榜城市增加 3 座达到 10 座，且连续在榜城市的位次也稳中有升。其中，河南新乡是从第 85 位飙升至第 9，安徽马鞍山提升 1 位至第 10。蝉联榜单的江西南昌、安徽芜湖、河南鹤壁及三门峡排名分别上升 8、2、4、4 位，分列第 14、17、27、28 名。湖南长沙、河南济源及郑州排名同上年一致，稳定在第 16、29、30 位。中部地区在榜单上、中、下游均有分布，可以看出在该项指标上发展梯队比较完备，具有较强实力。西部地区继续以内蒙古鄂尔多斯为领头羊，延续了上年的第 4 名，四川成都和陕西西安继续在榜且名次均有小幅上升，显示西部地区开放程度和投资吸引力不断提高。环渤海地区的北京和山东青岛排名均有所下降，天津和山东威海更是跌出 30 名之外，榜单席位也由 4 个缩至 2 个。海西地区的福建厦门进步 1 名，继续为区域独苗。东北地区此前在榜的辽宁大连和吉林长春双双跌出榜单而出现"颗粒无收"窘境。

(四) 进入外贸 500 强企业进出口比重统计分析

进入外贸 500 强企业进出口比重：企业是城市外贸发展的主体，提升城市外贸发展竞争力的根本是提升外贸企业的国际竞争力，该指标反映龙头企业对当地外贸发展的集聚及带动能力。

1. 东部沿海城市大企业虽多但占比难提升，中西部地区城市依旧是榜单主旋律

2019 年，我国外贸 500 强企业入围门槛较上年有所下降，由 2018 年的 69.3 亿元降到 67.5 亿元，累计进出口值占当年我国外贸总值的比重由 2018 年的 36.4％降至 35.4％，大型企业在我国外贸领域的统治力略有减弱，中小企业占比有所上升。同时，500 强企业所在的城市范围也不断拓宽，共有 94 座城市拥有全国外贸 500 强企业，较上年新增了 6 座。从城市看，500 强企业数量超过 10 家的城市有 12 座，其中东南沿海地区坐拥 8 座，雄厚的外贸底蕴可见一斑，环渤海地区 2 座，西部地区的重庆和东北的辽宁大连也分别有 13 家和 11 家 500 强企业。尽管拥有大企业数量的优势，但由于外贸体量大，东南沿海地区在该项指标上的表现并不突出。2019 年，共有 4 座城市入围前 30 强榜单，较上年增加 2 座，其中长三角 1 座、珠三角 3 座。广东深圳、上海、江苏苏州分别有 66 家、51 家、40 家 500 强企业，但仅有广东深圳入围外贸该项指标前 30 强且处于后半程，列第 22 位。进出口总值相对较小的中西部地区城市，虽然进入 500 强企业数量不多，但大企业的拉动作用更为显著，占据了榜单的多数席位。2019 年，中部地区的江西上饶、吉安成为榜单新贵，河南济源则遗憾落选，使得该地区上榜城市数量净增加 1 座达到 8 座；西部地区同样有 8 座城市上榜，较上年减少 3 座，广西防城港、广西南宁、海南海口纷纷落选。此外，环渤海地区保持 3 座城市上榜的成绩不变，东北地区上榜城市数量增加 1 座至 7 座，辽宁沈阳和营口成功登榜，但大连遗憾跌出榜单。

2. 大型龙头企业和相对集中的外贸行业是支撑城市上榜的主要动力

甘肃金昌以铜矿砂进口为主的龙头企业 2019 年进出口增长 12.5％，占该市外贸比重达到 97.1％，由上年第 2 位再次回到此前已连续 4 年雄踞的榜首位置；海南三亚凭借免税品行业龙头企业进口业绩激增 53.2％入围全国外贸 500 强企业，一举跃升至榜单第 3 位。此外，新疆博尔塔拉蒙古自治州也因 1 家石油进口企业跻身外贸 500 强，成功入围榜单。江西上饶凭借太阳能电池行业龙头企业出口激增 44.7％、江西吉安凭借无线耳机行业龙头企业进出口增长 12.1 倍，分别从上年 50 名之外和 100 名之外升入榜单。东北地区的黑龙江大庆凭借石油企业的稳定发挥，上升 1 位夺得榜单亚军。此外，近年来山东炼油行业快速发展，原油进口量不断攀升，山东菏泽及东营涌现出多家有实力入围全国外贸 500 强的原油进口企业，支撑 2 座城市成为近年来榜单常客。

（五）特殊监管区进出口份额统计分析

特殊监管区进出口份额：海关特殊监管区是我国改革开放和经济发展的产物，

作为经济特区、沿海开放城市和经济技术开发区之后设立的第四类深化改革、扩大开放的先导区和试验台，在连接国内外两个市场、利用两种资源中发挥着越来越重要的桥梁和纽带作用。

中西部地区优势延续，潜力不断释放。西部地区 14 座城市在榜，较上年增加 1 座。其中宁夏中卫、海南海口、甘肃兰州 3 座城市从上年 50 名以外升至榜内，云南普洱和陕西延安跌出榜单。中部地区 8 座城市上榜，较上年增加 3 座，其中河南郑州保持第 1 名，湖南岳阳、安徽池州保持靠前位置，山西大同和晋城从百名开外跃升至榜单中游，河南商丘则升至第 29 位成为榜单新贵。总体来说，中西部地区在特殊监管区域外贸份额方面整体表现较好，且持续向好发展，一方面，相对东南沿海，中西部地区外贸发展起步较晚，凭借"后发优势"在特殊监管区域的政策规划和细则实施方面具有更多可参照的经验；另一方面，中西部地区大多缺少直接对外港口，具有政策优势的特殊监管区域对外贸活动产生更强的集聚作用。近年来，随着"一带一路"倡议持续推进，中西部地区对外开放能力不断增强、水平不断提高。2019 年以来，《国务院关于促进综合保税区高水平开放高质量发展的若干意见》稳步落实，也为以综合保税区为代表的特殊监管区域注入新的发展活力。外部环境与内生动力双擎利好，使得中西部地区特殊监管区进出口份额方面交出亮眼成绩单。东南沿海地区该项指标弱势略有加剧，仅长三角的浙江舟山、上海、江苏苏州及江苏无锡 4 座城市上榜，上年在榜的唯一一个珠三角城市广东深圳跌至 33 名遗憾落选。环渤海地区山东烟台和天津在榜，排名略有下降。东北地区辽宁锦州位于榜单前 10，与列第 24 位的辽宁大连携手上榜。具体见表 10、表 11。

表 10　2019 年中国城市外贸发展竞争力 30 强排名表

城市名称	外商投资设备人均进口额		人均实际利用外资额		进入外贸 500 强企业的进出口比重		特殊监管区进出口份额		分项得分	分项排名	综合排名
	得分	排名	得分	排名	得分	排名	得分	排名			
河南省郑州市	60.03	76	68.51	30	91.76	6	100.00	1	78.38	1	22
四川省成都市	60.31	70	75.23	15	86.68	13	93.80	3	77.94	2	16
陕西省西安市	60.00	79	72.36	22	88.25	10	92.91	4	77.24	3	19
广东省深圳市	60.58	64	98.02	2	78.75	22	69.71	33	75.56	4	1
广东省广州市	100.00	1	72.84	20	66.19	73	66.08	45	75.13	5	3
重庆市	66.58	27	65.14	55	81.64	18	89.51	5	75.03	6	9
广东省珠海市	61.34	56	100.00	1	74.55	37	68.95	36	74.93	7	7
北京市	61.33	57	84.49	5	88.10	11	62.47	75	73.08	8	14

续表

城市名称	外商投资设备人均进口额		人均实际利用外资额		进入外贸500强企业的进出口比重		特殊监管区进出口份额		分项得分	分项排名	综合排名
	得分	排名	得分	排名	得分	排名	得分	排名			
上海市	61.37	53	82.78	8	71.77	49	76.97	13	72.79	9	2
浙江省舟山市	60.00	80	67.46	35	76.74	28	85.14	7	71.71	10	30
广东省惠州市	61.71	49	94.43	3	72.68	44	60.96	107	71.28	11	23
江西省鹰潭市	72.01	12	64.15	60	91.75	7	60.00	191	71.01	12	53
江苏省苏州市	64.18	32	71.47	23	74.87	35	72.94	18	70.75	13	6
江苏省无锡市	69.19	18	73.43	18	70.11	60	70.16	28	70.71	14	13
福建省厦门市	62.99	38	84.26	6	69.84	62	66.98	41	70.59	15	5
湖北省武汉市	63.93	33	83.99	7	72.84	43	63.30	67	70.54	16	20
辽宁省大连市	68.14	23	67.81	33	75.60	32	70.78	24	70.52	17	12
辽宁省盘锦市	69.33	17	63.35	73	90.24	9	61.85	86	70.37	18	98
湖北省黄石市	87.84	7	61.10	134	75.39	33	60.01	179	70.20	19	33
河南省新乡市	81.88	9	82.08	9	60.00	92	60.02	170	70.14	20	62
湖南省湘潭市	76.97	10	68.21	32	71.72	50	63.93	57	70.04	21	49
辽宁省锦州市	60.00	81	60.32	194	74.12	39	88.65	6	69.83	22	35
安徽省合肥市	70.89	15	67.38	36	69.97	61	70.09	30	69.57	23	29
四川省绵阳市	85.94	8	60.89	147	72.49	45	61.22	98	69.42	24	39
江苏省南京市	75.52	11	69.74	26	68.08	65	63.34	66	69.03	25	17
安徽省安庆市	100.00	2	60.79	152	60.00	93	62.07	80	68.98	26	38
河南省焦作市	98.11	3	63.86	63	60.00	94	60.09	160	68.94	27	73
安徽省马鞍山市	60.00	82	80.60	10	72.94	42	63.75	59	68.86	28	31
海南省三亚市	60.00	83	62.82	81	97.42	3	60.74	113	68.72	29	262
河南省三门峡市	60.00	84	68.57	28	90.26	8	60.00	199	68.70	30	223

表 11　2019 年各地区发展竞争力单项指标进入前 30 名的城市分布表　　单位：座

地区名称 （所含城市数量）	发展竞争力	外商投资设备人均进口额	人均实际利用外资额	进入外贸500强企业的进出口比重	特殊监管区进出口份额
东南沿海地区（55 座）	10	6	15	4	4
其中：长三角地区（25 座）	5	3	8	1	4
珠三角地区（21 座）	4	2	6	3	0

续表

地区名称 （所含城市数量）	发展 竞争力	外商投资设备 人均进口额	人均实际 利用外资额	进入外贸500 强企业的进 出口比重	特殊监管区 进出口份额
海峡西岸经济区（9座）	1	1	1	0	0
环渤海地区（29座）	1	1	2	3	2
东北地区（34座）	3	4	0	7	2
中部地区（84座）	11	14	10	8	8
西南地区（50座）	4	3	1	5	7
西北地区（45座）	1	2	2	3	7

六、潜力篇

（一）潜力竞争力评价分析

潜力竞争力指标体系构建意义：资源禀赋、地理位置、政策导向、产业集群、物流规模、内生经济实力等是影响对外贸易持续发展的重要潜力要素，这些要素对厘清未来对外贸易进程中的优、劣势变化，确定城市外贸发展的后期轨迹，具有重要参考价值。

1. 榜单更新率提高，前半程相对稳定，后半程竞争激烈

2019年，潜力竞争力前30强榜单变动幅度较上年有所扩大，新上榜城市7座，较上年增加2座，榜单更新率为23.3%。沿海外贸大市一直稳居榜单前半段，前9位城市与上年保持一致，4市位次略有变动，其中上年居第3、4位的广东广州、福建厦门位置互换，紧随其后的浙江宁波、广东珠海排名也出现对调，列第5、6位。江苏南通、海南海口凭借内资企业对外贸增长贡献率指标的改善，位次分别提升6位、30位至第12位和14位。榜单前半段表现总体相对稳定，后半段则变化明显，表现出较强的竞争性。后15位中出现6个新面孔，更新率高达40%。其中，广西南宁作为西南地区连接出海通道的综合交通枢纽，为内资企业外贸发展创造良好的物流通道，凭借内资企业对外贸增长的贡献率的大幅提升，位次提升幅度最大，排名从2018年第95位快速攀升至第25位；北京凭借区位优势指数从2018年的34位提升至26位。此外，甘肃嘉峪关、江西新余、新疆乌鲁木齐、内蒙古乌海和鄂尔多斯、新疆克拉玛依、安徽芜湖遗憾退出前30榜单。

2. 长三角、珠三角地区优势不断加强，发展潜力进一步提高

作为我国综合实力最强的两大经济中心，长三角和珠三角地区凭借良好的区位优势，水陆空等交通方式便捷，制造业基础雄厚，为当地外贸发展奠定了良好的基础，在全国一直充当"排头兵"的角色，彰显外贸活力。长三角地区在潜力竞争力榜单上的优势进一步加强。上榜城市与 2018 年比增加 2 座达到 8 座，并在 10 强中占有 3 席，其中上海和江苏苏州蝉联第 2 和第 7 位，宁波提升 1 位至第 5 位。珠三角地区发展潜力有所提高，上榜城市数量从去年 6 座增加至 7 座，其中，广东深圳仍占据冠军宝座，但 10 强中广东广州、珠海排名分别小幅下降 1 个位次，广东佛山和中山排名则分别提高 1 个和 8 个位次，广东江门在 2018 年短暂告别后又重返 30 强榜单，列第 24 位。环渤海地区随着北京重新入围 30 强，上榜城市数量增加至 5 座，天津、山东青岛、烟台和威海仍在榜中。西南地区优势进一步增强，上榜城市从 2018 年的 2 座增加至 4 座，重庆和贵州贵阳继续上榜，但名次分别下降 4 个和 6 个位次，海南海口和广西南宁近年来凭借良好的产业优势和边境区位优势，外贸规模不断提升，内资企业对外贸增长的贡献率大幅提升，入围 30 强榜单，分列第 14 和 28 位。西北地区入围城市数量大幅下降，由 2018 年 6 座下降至 1 座，仅内蒙古包头尚在榜单之中，其余甘肃嘉峪关、内蒙古乌海、新疆乌鲁木齐等 5 座城市受内资企业表现不佳影响，抱憾出局。中部地区的湖北武汉依旧榜上有名，但由于江西新余和安徽芜湖落选，虽山西晋城成功跻身榜单，入围城市数量较 2018 年净减少 1 座仅余 2 城。海西地区的福建厦门、福州常年稳定保持在前 30 强的榜单中。东北地区的辽宁大连仍是唯一上榜城市，位列第 9 名，与 2018 年相同。

(二) 区位优势指数统计分析

区位优势指数：国家一类开放口岸是由国务院批准开放的对外经贸往来的门户，以城市拥有的一类开放口岸作为考量对象，结合港口、空港、铁路陆路等多种口岸的类别综合评价，可以较好地衡量城市对外贸易的区位优势、政策导向、辐射范围和外贸载体建设完善程度。

1. 东部沿海地区港口优势显著，东北沿边地区表现抢眼

2019 年，东部地区凭借改革开放的先发优势以及便利的港口地理优势，在入围"区位优势"指标前 30 强城市中，斩获 25 座，榜单覆盖率高达 81.4%。其中长三角是我国最具区位优势的地区之一，在 2019 年"区位优势"指标前 30 榜单上继续一马当先，保持团体冠军的地位，上榜城市多达 13 座，除江苏南通、苏州、盐

城和上海分列第 6、11、13 和 18 名外，其余城市均并列第 25 位。珠三角上榜城市共 9 座，紧跟长三角之后，但上榜城市排名更加靠前。其中，广东深圳、珠海、广州、江门和佛山，分别列第 1、2、4、5 和 9 名，区位优势明显。环渤海地区上榜城市除北京外均为临海城市，山东烟台、威海、青岛、天津、山东日照和北京分列 6、10、13、13、18 和 25 位，北京得益于大兴机场的开通而入围"区位优势"指标前 30 榜单。东北地区延边优势明显，与俄罗斯、朝鲜、蒙古、韩国、日本等多个国家毗邻或接壤，口岸资源丰富，在榜单上牢牢占据 5 个席位，分别为黑龙江佳木斯、辽宁大连、黑龙江黑河、哈尔滨、鹤岗。

2. 西部地区表现好于中部，区位优势进一步彰显外贸潜力

随着"一带一路"倡议的稳步推进，西北地区临近俄罗斯、蒙古、中亚的区位优势渐显，2019 年西北地区入围城市为 2 座。内蒙古呼伦贝尔凭借与蒙古国、俄罗斯相接壤的优势，在榜单排第 17 名；新疆伊犁凭借与哈萨克斯坦交界的优势，位列第 18 名。西南地区凭借部分省市的沿海、沿边优势，继续占据 4 个席位，较 2018 年减少 1 席，其中海南海口、重庆、广西北海和海南三亚均列 25 名，广西防城港抱憾出局。中部地区由于缺少海运港口及延边的优势，区位优势指数表现依旧惨淡，仅"九省通衢"的湖北武汉拥有水路和航空 2 个开放口岸，位列第 25 名。

(三) 万人外贸企业数量统计分析

万人外贸企业数量：外贸企业是城市发展国际贸易、参与国际经济竞争的基本单位和最重要载体。从事对外贸易的企业越多，参与生产及对外贸易的聚集效应越显著，外贸发展越有潜力。

1. "东强西弱"格局依旧，东部地区继续垄断榜单，中西部地区仍未实现零的突破

2019 年，入围"万人外贸企业数量"指标前 30 位的城市分布继续呈现两极分化、东强西弱的态势。2019 年，参与评价的 297 座城市有进出口记录的企业合计48.4 万家，较 2018 年增加 3.6%。其中，东部沿海地区共拥有外贸企业 42.5 万家，增加 2.9%，占总体的 87.7%；中部和西部分别为 3.5 万家和 2.4 万家，增加9.6% 和 8%。入围"万人外贸企业数量"指标前 30 强的城市与去年相同，但 20 座城市排名发生小幅变动。东部地区继续包揽前 30 强的所有席位，中西部地区尽管企业数量增速占优，但无奈底子太薄，在榜单上依旧颗粒无收。尽管中西部地区具有代表性的河南郑州、湖北武汉、陕西西安等中心城市初具雏形，外贸企业数量明

显增加，但由于发展起步较晚，受外贸环境、政策力度、市场容量不足等问题制约，外贸企业数量与东部地区相比仍远远难及，西部地区排名最靠前的新疆乌鲁木齐位列第 38 名，中部地区排名最靠前的河南郑州位列第 42 名。

2. 长三角占据数量优势，珠三角龙头城市表现突出

长三角地区凭借其发达的市场、雄厚的工业、独特的地理优势成为中国的第一大经济区，在中国的对外贸易中有着举足轻重的作用，2019 年，国务院公布《长江三角洲区域一体化规划纲要》，吸引大量如特斯拉等外资、民营企业汇聚于此，龙头地位不断巩固，2019 年继续占据榜单的半壁江山，并包揽前 10 强半数席位，其中江苏苏州、浙江宁波、上海、浙江绍兴和无锡分列第 4、5、6、8 和 10 位。珠三角地区拥有众多运作成熟的优良海港以及丰富的劳动力资源优势，结合毗邻港澳的地缘优势，外贸企业集聚，上榜城市与 2018 年持平，保持 7 座，虽然数量低于长三角，但广东深圳、东莞龙头地位明显。2019 年，广东深圳、东莞并列冠军，珠海、中山、广州分列第 9、14 位和 15 位。环渤海地区依托较为突出的港口集群和产业基础等优势，为外贸企业持续发展提供了良好的基础，山东青岛、威海、北京、天津和山东烟台均是榜单常客，分列第 7、18、20、25、29 位。海西地区的福建厦门以雄厚的外贸企业基数，与广东深圳、东莞并列冠军的宝座，福建福州位列第 30 名。东北地区仅辽宁大连上榜，排名稳定在第 19 名。

(四) 人均货运量统计分析

人均货运量：城市交通运输网络运力水平、货运畅通水平，是衡量城市工业化水平、流通效率和贸易输送潜能的重要标志。

1. 西北地区仍居各区域首位，珠三角地区则继续稳居次席

在国家"西部大开发""西气东输"等系列政策的支持下，我国西部交通基础设施不断完善，中欧班列的开行，使得西部地区货运水平明显提高。据统计，2019 年，我国中欧班列中欧班列开行 8225 列，增长 29%。相较 2018 年，2019 年西北地区"人均货运量"前 30 强上榜城市有所下降，但仍占有 10 席，居全国各区域首位。甘肃嘉峪关稳居冠军地位，内蒙古包头、乌海、新疆克拉玛依、内蒙古鄂尔多斯、分列第 5、6、7、9 名。珠三角地区得益于其立体的交通网络，纵横交错四通八达的高速公路网络和铁路网，以深圳港、广州港等大港为中心，其他虎门、中山、江门连接组成的港口群，广州机场、深圳机场与香港、澳门形成的空港群，为珠三角地区物流货运一体化提供坚实的基础。珠三角地区上榜城市稳定在 6 座，广

东广州、珠海、中山、东莞、佛山和深圳作为榜单的常客，分列第 8、18、19、25、26 和 29 名。

2. 东北地区稳中有进，中部地区货运水平有所下降

随着辽宁大连排名提高 3 个位次升至第 28 位入围榜单，东北地区上榜城市数量增至 4 座，由排名第 15 位的辽宁盘锦领衔。长三角地区货运水平表现进一步提高，上榜城市增至 3 座，其中，浙江舟山表现最为亮眼，摘得冠军宝座，浙江宁波从 2018 年 19 名提升至 16 名，上海排名也提升 9 个位次达到第 27 位，重新入围 30 强榜单。中部地区 2019 年入围城市数量较 2018 年减少 1 座至 3 座。江西新余和山西晋城凭借货运量的增长，并列第 1 名，安徽芜湖列第 24 名，而安徽蚌埠、马鞍山则遗憾出局。西南地区上榜城市稳定在 3 座，贵州贵阳、遵义和四川攀枝花依然坚守阵地，分列第 12、14 和 17 名。海西地区表现稳定，上榜城市为福建厦门，排在第 10 位。

（五）特殊经济区个数比重统计分析

特殊经济区个数比重：特殊经济区是继经济特区、沿海开放城市之后，我国在深化改革开放进程中设立的第 3 类先导区，作为我国对外开放的窗口与基地，先行地与试验场，其建设发展对吸引外资、参与国际分工与合作、加快国际贸易步伐、带动区域经济发挥着重要的作用。

1. 30 强榜单明显"缩水"，中部地区上榜数量减少过半

因四川成都、广东珠海、河北石家庄、山西太原和陕西西安增设新的特殊区域，特殊区域个数提升至 3 个，导致 2019 年该指标并列第 22 名城市数量有所增加，30 强榜单入围门槛相应的提升至 3 个，而 2018 年凭借 2 个特殊区域入围的城市纷纷落榜。受此影响，2019 年该指标 30 强榜单大幅缩水，入围城市数量从 2018 年的 53 座降为 31 座，江苏连云港、山东烟台、江西赣州等 22 座城市落选榜单。其中，中部地区上榜数量减少过半。从 2018 年的 14 座减少至 2019 年的 6 座，江西赣州、湖南常德、湘潭、长沙、湖北襄阳、安徽马鞍山、安徽安庆、江西九江等 8 座城市不进则退，纷纷出局。长三角地区上榜数量与中部地区持平，其中上海作为首个自贸试验区，以 16 个特殊经济区的绝对优势继续稳居榜首，重庆 2019 年再次新增重庆涪陵综合保税区，特殊区域达到 12 个，超越苏州列第 2 名，江苏苏州则退后 1 席列第 3 名，浙江杭州、江苏常州、南通并列第 22 名。

2. 环渤海、东北及西部地区上榜城市均呈不同程度减少

环渤海地区上榜城市有所下降，从 2018 年的 10 座下降至 5 座，其中天津、北

京和山东青岛分列第 4、5、8 名，山东潍坊、烟台、济南、河北秦皇岛和山东威海等 5 城遗憾出局。东北地区上榜城市则从 2018 年 5 座下降至 2 座，辽宁大连和沈阳分列第 11 名和 14 名，吉林长春、吉林和黑龙江哈尔滨无奈出局。西南地区上榜城市减少 1 座，重庆、四川成都、云南昆明继续打头阵，分列第 2、11、14 名，海南海口、四川绵阳并列第 22，贵州贵阳抱憾出局。西北地区上榜城市降为 2 座，分别为新疆乌鲁木齐和陕西西安，位列第 14 名和 22 名，甘肃兰州和青海西宁淘汰出局。

（六）内资企业对外贸增长的贡献统计分析

内资企业对外贸增长的贡献：内资企业指国内资产投资创办的企业，主要有国有企业、集体企业和民营企业。内资企业对外贸易的发展水平提升有利于降低市场风险，促进我国对外贸易的全面发展、内生动力和自主水平。内资企业在外贸领域的产业链水平、盈利水平和抗风险能力，是衡量各城市对外贸易发展潜力的重要因素。

1. 榜单竞争最为激烈，长三角和中部地区表现最佳，环渤海地区略显不振

2019 年，在中美贸易摩擦影响下，外商投资企业受影响较大，沿海省市民营企业表现出强大的经济韧性，对外贸增长的贡献进一步提升。2019 年，"内资企业对外贸增长的贡献率"指标排名前 30 强城市依然更迭频繁，仅广东肇庆和山东烟台 2 座城市实现连续两年上榜的荣耀，榜单更新率高达 93.3%。但从区域分布看，东南沿海地区入围城市从 2018 年的 6 座增加至 2019 年 12 座，入围城市成功翻番。其中，长三角地区入围城市大幅增加，从 2018 年的 1 座增加至 6 座，江苏宿迁、浙江嘉兴、江苏南通、连云港、常州以及上海携手上榜，江苏南京遗憾退场。珠三角地区上榜城市数量稳定在 4 座，由排名第 4 位的广东深圳领衔，广东清远和中山为新上榜城市，分列第 9 名和 13 名；海西地区由 1 座增加至 2 座，分别为福建漳州和福州，两家均为新上榜城市，分别提升 23 名和 116 名，列第 17 名和 28 名；中部地区上榜城市较 2018 年小幅增加，从 2018 年 5 座增加至 2019 年的 6 座，分别为湖南郴州、山西沂州、山西吕梁、湖北孝感、河南洛阳和南阳等 6 座城市，均为新入围城市，山西晋城、安徽芜湖等 5 座城市被淘汰出局；环渤海地区入围城市大幅减少，仅 3 座城市在榜，除山东烟台实现连任外，山东东营、济宁均为新上榜城市，列第 5 名和 29 名。

2. 西部地区表现相对稳定，东北内资企业贡献作用小幅回升

西部地区是我国内资企业发展最为显著的地区，内资企业进出口在外贸进出口

中的比重曾一度接近 7 成，对当地外贸发展极为重要。近年来，随着"一带一路"倡议深入推进，内资企业进出口不断增长，内生经济的增长力度也在逐步增强。2019 年，西部地区上榜城市保持在 6 座，均为新上榜城市，分别为广西南宁、海南海口、广西北海、陕西渭南、内蒙古赤峰和广西防城港，其中广西南宁、海南海口、广西北海和内蒙古赤峰名次大幅提升，提升名次超 200 名；东北地区"内资企业对外贸增长的贡献率"前 30 强排名中，上榜城市增加 2 个至 3 个，分别为辽宁锦州、吉林辽源、吉林白山，分列第 14 名、22 名和 27 名，黑龙江双鸭山和黑河遗憾出局。具体见表 12、表 13。

表 12　2019 年中国城市外贸潜力竞争力前 30 强排名表

城市名称	区位优势指数		万人外贸企业数量		人均货运总量		特殊经济区个数比重		内资企业对外贸增长的贡献率		分项得分	分项排名	综合排名
	得分	排名	得分	排名	得分	排名	得分	排名	得分	排名			
广东省深圳市	100.0	1	100.0	1	74.3	29	72.7	8	88.1	4	86.2	1	1
上海市	69.1	18	83.9	6	74.6	27	100.0	1	77.0	16	80.3	2	2
福建省厦门市	67.3	25	100.0	1	88.6	10	70.4	11	73.4	42	79.0	3	5
广东省广州市	87.6	4	71.4	15	89.6	8	75.0	5	72.3	175	78.8	4	3
浙江省宁波市	67.3	25	86.1	5	81.3	16	75.0	5	72.4	156	76.1	5	8
广东省珠海市	89.2	2	76.0	9	80.5	18	68.2	14	68.3	250	76.0	6	7
江苏省苏州市	74.1	11	87.9	4	64.2	190	85.2	3	69.5	236	75.7	7	6
广东省东莞市	66.1	45	100.0	1	74.9	25	61.9	59	72.2	177	74.0	8	4
辽宁省大连市	83.1	6	68.7	19	74.4	28	70.4	11	69.7	234	73.1	9	12
山东省青岛市	72.2	13	77.3	7	66.9	108	72.7	8	72.7	66	72.3	10	10
广东省佛山市	81.7	9	71.0	17	74.7	26	61.9	59	73.1	49	72.2	11	15
江苏省南通市	83.1	6	65.8	27	65.7	146	66.0	22	81.3	10	71.9	12	26
浙江省舟山市	67.3	25	63.6	34	100.0	1	60.0	119	72.4	152	71.4	13	30
海南省海口市	67.3	25	61.5	66	72.0	43	66.0	22	93.2	3	71.2	14	68
广东省中山市	64.4	50	73.0	14	79.4	20	61.9	59	78.8	13	71.1	15	25
天津市	72.2	13	66.5	25	69.5	64	77.5	4	68.5	248	70.7	16	11
山东省烟台市	83.1	6	64.6	29	68.1	82	64.0	32	74.7	25	70.6	17	27
内蒙古自治区包头市	63.3	88	60.6	134	97.7	5	64.0	32	72.7	70	70.5	18	59
浙江省嘉兴市	64.4	50	73.9	11	68.6	74	61.9	59	85.2	6	70.3	19	24
重庆市	67.3	25	60.6	124	67.0	103	88.0	2	70.8	221	70.2	20	9

续表

城市名称	区位优势指数		万人外贸企业数量		人均货运总量		特殊经济区个数比重		内资企业对外贸增长的贡献率		分项得分	分项排名	综合排名
	得分	排名	得分	排名	得分	排名	得分	排名	得分	排名			
福建省福州市	72.2	13	64.4	30	67.6	94	72.7	8	74.6	28	70.2	21	37
山东省威海市	77.5	10	70.4	18	67.6	92	64.0	32	70.0	230	69.8	22	52
江苏省常州市	67.3	25	73.2	13	67.7	90	66.0	22	74.7	26	69.7	23	28
广东省江门市	85.3	5	63.8	33	67.6	95	60.0	119	71.8	205	69.2	24	54
广西壮族自治区南宁市	62.7	90	60.7	114	69.5	65	61.9	59	95.8	2	69.1	25	47
北京市	67.3	25	68.0	20	63.4	219	75.0	5	72.0	194	69.0	26	14
山西省晋城市	60.0	134	60.1	235	100.0	1	60.0	119	72.1	180	69.0	27	71
贵州省贵阳市	62.7	90	60.5	140	87.2	12	64.0	32	72.4	163	68.7	28	83
江苏省无锡市	67.3	25	73.9	10	67.1	100	64.0	32	70.1	227	68.4	29	13
湖北省武汉市	67.3	25	62.3	48	72.3	38	68.2	14	72.3	173	68.4	30	20

表 13　2019 年各地区潜力竞争力单项指标进入前 30 名的城市分布表　　　单位：座

地区名称（所含城市数量）	潜力竞争力	区位优势指数	万人外贸企业数量	人均货运总量	特殊经济区个数比重	内资企业对外贸增长的贡献率
东南沿海地区（55 座）	17	25	24	10	11	12
其中：长三角地区（25 座）	8	13	15	3	6	6
珠三角地区（21 座）	7	9	7	6	3	4
海峡西岸经济区（9 座）	2	3	2	1	2	2
环渤海地区（29 座）	5	6	5	0	5	3
东北地区（34 座）	1	5	1	4	2	3
中部地区（84 座）	2	1	0	3	6	6
西南地区（50 座）	4	4	0	3	5	4
西北地区（45 座）	1	2	0	10	2	2

注：因"区域优势指数"指标和"特殊经济区个数比重"指标存在并列排名，故累计结果超过 30 座。

世界开放大变局：基于对外开放指数的测度

刘仕国　宋　泓　高凌云　石先进　周学智　臧成伟　张宇燕

近年来，逆全球化、保守主义等现象日渐汹涌，这不禁让人怀疑，世界开放正迎来大变局吗？人类跨境开放的大趋势真的要被逆转了吗？各经济体跨境开放的潜力已经穷尽了吗？

事实上，现代文明是在世界各经济体开放交流中不断发展的。各个经济体根据自身实情特别是发展阶段，选择适合自身的开放水平和开放路径。历史地看，开放是实现繁荣发展的必由之路，是解决时代发展难题的关键一招，是推动人类文明进步的动力之源。过去数十年来，整个世界已日益紧密地融合在一起，开放发展曾经成为人类社会的广泛共识。

在经历四十余年成功的改革、开放、发展之后，中国正努力形成以国内大循环为主体、国内国际双循环相互促进的新发展格局。这是改革与开放关系的又一次升华。通过持续的改革，破除国内各地方、各部门、各类市场主体之间仍然存在的体制机制性壁垒，着力建立国内生产、分配、流通、使用（消费和投资）各环节之间的畅通，真正实现低成本、高效率的国内大循环，为积极参与国际竞争提供更强大的助力。通过提高开放的水平，特别是扩大中国服务产业等短板领域的开放力度，构建适合新时代中国发展特质的国际循环，可促进中国国内大循环更健康的发展。

描述世界经济的紧密程度，分析其趋势，阐释其原因，探究其影响，是学界、政界和大众关注的重要议题。其中，测度全球经济体开放的宽度和强度，能够发现不同经济体之间开放的强弱长短，结合开放损益的全面评估，挖掘各经济体继续开放的潜力，顺应信息与数字等科技大潮，持续推进世界融合。

一、对外开放的概念

在现有文献中，对外开放的基本含义是明确且一致的，即至少两个经济体的特定主体之间展开经济、社会、文化等层面上的交往，形成货物、服务、人员、资金、信息、知识、技术等的流动，以促进各自的发展。不过，关于对外开放概念的外延，各种文献往往具有多样化的设定。

对外开放的主体可分为如下三个层面：宏观层面的主体，主要指经济体或区域（含至少两个经济体）；中观层面的主体，主要指组成国民经济的机构部门或行政层级（如省、市、县等）；微观层面的主体，主要指企业和个人。这三个层次之间存在自上而下的嵌套和自下而上的交汇加总关系，彼此之间并不独立。现有开放类指数主要以宏观层面的经济体为测度主体，即以整个经济体为基本观察单元。

对外开放的客体，主要包括经济、政治、社会和文化开放等大类。现有相关文献主要聚焦跨境经济开放、跨境社会开放和跨境文化开放，较少聚焦跨境政治开放，可能是考虑到政治的主权性、内部性和开放速度较慢等特点。跨境开放特别是跨境经济开放，与一些广为人知的概念存在很强的关联，比如国际化、区域化、全球化、互联性、相依性、自由化。

在迄今为止的人类跨境开放实践中，经济是最主要的领域，社会、文化和政治较为次要。因此，本文探讨的对外开放是一个经济体同其他经济体之间的经济开放以及同经济开放密切相关的社会开放和文化开放，而非泛及所有领域的开放。经济是各领域中最活跃的力量，主要基于经济开放的实践必然具有较为明显的时间动态，按此测度的对外开放会表现出明显的时间动态性，可敏锐地反映跨境开放的短期波动性和中长期趋势性。而那些较稳定的开放力量，比如部分文化开放和政治开放，并未纳入本文分析范围。本文关注的开放领域如下。

其一，经济开放，包括贸易开放和投资开放。其中，贸易包括跨境货物贸易和跨境服务贸易，投资包括跨境直接投资和跨境证券投资。跨境直接投资开放有时被称为"投资开放"，跨境证券投资开放有时被称为"金融开放"（本文称之为狭义的金融开放）。投资开放有时又被称为"金融开放"——本文称之为广义的金融开放，如熊彬和刘泽宇（2019）、辛秉清等（2019），相关概念包括"资本开放"（王芳和孙庆刚，2018）"资本账户开放"（冼国明和李炳涛，2018）。在界定经济开放时，绝大多数经济学文献首先选用贸易开放来代理，比如马勇和陈雨露（2014）或毛捷等（2015），少部分文献选用"贸易开放＋投资开放"来代理。随着数据可得性的改善，选用后者的文献近年来增加较快。从整体来看，跨境贸易和投资开放等主题都是国际经济学研究中十分成熟的领域，各界已达成相关共识，此处无须赘言。

其二，社会开放，即人的跨境流动，包括跨境旅行、跨境留学和跨境移民。跨境人员流动既是社会开放的直接结果，也是其他经济和文化等开放的载体，因为人员跨境流动承载了资金、信息、知识、技术、情感和劳动力融通,对开放经济体的经济发展和社会进步具有十分重要的意义。

其三,文化开放,即知识和技术的跨境开放,包括跨境文化货品贸易、跨境知识产权贸易、跨境专利申请和跨境论文引用。知识特别是技术的跨境流动,既涉及经济范畴,也涉及社会范畴和文化范畴。这是因为,知识和技术的存在是无形的,需要外化于其他有形载体或以某种方式予以记载,才易于被观察和测度。它们或外化于产品,如文化产品、货物特别是作为中间品的货物,或存在于特定载体,如人(跨境留学生、游客和移民),或被确认为特定权利,如专利等知识产权。这就意味着,对知识或技术的观察需要在更广阔的范围内来定义。因此,本文将在通过文化领域和社会领域的开放来间接观测知识和技术的跨境流动。

从国际循环来看,为降低不同维度之间部分内容的重复①(比如,自然人跨境流动所产生的消费在跨境贸易中已反映,文化品和知识产权贸易同样如此),本文尽量从不同角度来反映这三个维度。其中,经济开放用交易金额来反映,社会开放用人头(人次)数量来反映,文化开放优先用实物数量(不得已时则采用交易金额)来反映。

二、对外开放的理论

作为一个词语,"经济开放"最早出现在 20 世纪 80 年代初的比较政治经济学文献中。作为一种思想,经济开放的历史要长久得多,尤其是在国际经济学领域。在西方经济学中,研究开放经济原因与结果的历史可以追溯到 18 世纪,在亚当·斯密和大卫·李嘉图等古典经济学家的著作中占有重要地位。这些古典经济学家关注国际贸易对国内经济的影响以及自由贸易的积极和消极影响,分析的重点最初是商品交换和汇率,目前更多的是经济开放对国内经济体系的影响。按传统的测度,一般而言,经济体的经济开放程度同其规模特别是人口规模是负相关的:大国倾向于为国内市场生产更多,这在过去会导致通过保护达到经济自给自足,现在这些保护则因国际治理的发展而得到缓解(Keman,2020)。在中国思想史中,"淮南子—司马迁定理",即"以所多易所鲜""以所有易所无""以所工易所拙",凝练地包含了现代市场经济体特别是跨境市场经济的基本原理,比如绝对优势理论、比较

---

① 这种重复,既来自被测度对象可能兼具经济、社会、文化等多种属性,也来自社会与文化内涵与外延重叠。

优势理论、要素禀赋论等三大主流国际贸易理论（张宇燕，2019）。

对外开放的经济可以形成一个"子系统"，即开放型经济，如果再为其加上国家等地理或领土范围限定，可具体化为"开放型中国经济"和"开放型世界经济"等。这个系统内部可以构成一个再循环，包括生产、分配、交换和最终使用四大环节。事实上，这个开放子系统并不是独立于其所属经济体的其他"非开放子系统"的，而是同后者存在千丝万缕或强或弱的联系。

经济开放领域中，历史最悠久的当属跨境交换环节，包括但不限于跨境贸易。对外经济开放长期以跨境贸易开放为主。跨境贸易就是"淮南子—司马迁定理"所说前两个"易"的具体表现。跨境贸易的内容长期以货物为主，最近数十年来服务的比重逐渐上升，并在部分经济体成为主导部分。对外货物贸易的内容长期以初级产品和最终用品为主，后来中间品的比重逐渐上升，甚至成为部分经济体中跨境贸易的主要部分。跨境贸易其实是一国资源（含自然资源和人力资源）禀赋和生产技术禀赋的直接体现或者延伸。这正是国际贸易经典理论所论述的基本原理。因此，跨境贸易理论适宜作为构建对外开放理论的起点。

随着跨境开放的深入，跨境生产、跨境分配和跨境使用渐次成为国际经济学研究的重要内容。开放理论起于或基于国际贸易理论，可以只是采取国际贸易理论的模型框架，去反映贸易、投资、金融、社会、文化、治理等所有的国际交流活动。事实上，国际经济学领域的经典研究已广泛使用国际贸易模型研究其他领域的问题，例如采用梅利兹模型研究异质性企业投资选择的问题（Helpman et al.，2004；Melitz，2003）。

跨境开放理论采用的模型形式具有普遍性。在特定假设之下（如固定替代弹性的效用函数），阿明顿模型、新贸易理论模型、新新贸易理论模型等数理模型均可以被表达成同一个简约形式。其中，市场结构和技术构成的差异体现在模型参数的不同取值上，比如某些参数取值决定了市场结构是完全竞争还是垄断竞争，某些参数的取值决定了是否具有企业异质性。这种统一的公式表达可以排除不同模型假设所带来的不必要争论，从而专注于本文着重考虑的开放度问题。

三、开放度的演变轨迹

自大航海时代以来的人类发展史，见证了跨境经济、社会、文化等领域开放程度不断扩展的过程。以下用跨境经济开放来展示开放度的演变轨迹，并主要根据经济学理论提出经济开放度的如下假说，有待未来扩展开放测度样本容量进行实证。

（一）经济开放度的 U 型演进

随着其经济发展水平的提高，大多数经济体的对外开放程度呈现一种 U 型变化：在没有进入工业化过程之前，开放水平很高；而一旦要发展本地的产业和企业以推动工业化进程，则需要相当长一段保护时期以保护当地的幼稚产业，从而降低对外开放的水平。随着当地企业和产业竞争能力的提高，该经济体的开放水平也会逐渐增加，甚至进入到自由放任的状态。

一个经济体的开放度呈现 U 型演进路径的可能原因如下。首先，落后经济体的发展很大程度上是一种向先进经济体学习并建立本土产业的过程。如果采取完全封闭的经济政策，就会阻断该经济体同先进经济体的联系，阻碍先进科学技术以及机器设备的输入，进而会被现代文明所抛弃。其次，落后经济体多实行可控的有限开放，而非放任自流的开放政策。在经济发展初期，如果实行完全的开放政策，落后经济体会在跨境竞争中完败于先进经济体，当地幼稚的近现代产业会被压制，并被锁定于仅供应初级产品和原材料的世界分工格局中。因此，最后，本土企业和产业只有在自身竞争力可以抗衡先进经济体时，才可以逐步提高开放程度。因此，伴随着整个经济发展进程，该经济体的开放程度会呈现 U 型趋势。

（二）不同规模经济体经济开放的路径选择

每个经济体的开放度都会经历 U 型轨迹呢？不尽然。因为国家之间、经济体之间的差别很大。

现代文明是以民族国家的兴起为基础的，现代世界经济的主体是民族国家及其衍生的经济体。从经济发展的角度来讲，民族国家及其衍生的经济体，千差万别。如果将人口规模和疆域规模结合起来，人们就会发现：现代世界经济既有俄罗斯、加拿大、澳大利亚那样人口稀少的地域大国，也有日本、越南、印度那样人口密集的集约型国家。不同类型经济体的追求发展的战略、政策选择会大不相同。

总体上讲，第二次世界大战以后，人口超过 2 000 万的经济体[①]，在世界经济中才具有较大的影响。以此为标准，所有经济体可分为如下两大类：大经济体和小经济体。大体上，大经济体的开放历程是 U 型的，而小经济体则不尽然。小经济体

[①] 这里的地区特指一个民族国家内，由于种种原因，实行独立关税和经济政策的区域，可以视为一个独立经济体，比如中国所包括的中国台湾、中国香港和中国澳门地区。

如果选择自流放任的政策，比如中国香港的自由港政策，新加坡的依赖跨国公司和外资的政策，以及其他经济体采取的国际避税港政策等，那么伴随经济发展过程的开放度要么是一条开放程度不断增加的斜线，要么是一条处于放任自流状态的水平线，而不会是 U 型线。

(三) 经济开放轨迹的波浪形变化

当然，影响一个经济体对外开放程度的因素并非仅仅是仅仅规模和经济发展过程两个因素。现实中更复杂的情形是，很多经济体的经济发展过程本身就非常坎坷，断断续续，没有一个统一、清晰的轨迹。在民主经济体中，新一届政府上台通常都会重新调整政策，对于上届政府的政策，要么延续，要么完全推翻（刘洪钟和杨攻研，2020）。现有的发展水平也是多年各种各样政策效果累积的结果；反过来，同一发展水平未来也可能做出各种全然不同的政策选项。

第二次世界大战后，很多发展中经济体都采取了进口替代的保护主义政策，对外开放的程度较低，经济得到一定程度的发展。20 世纪 80 年代以后，基于各种原因，它们采取出口导向的开放政策，开放度大幅度提升。90 年代和 21 世纪里，在遭受经济或者金融危机之后，它们采取保护主义的措施，开放度转而下降。因此，这些经济体的开放度表现为波浪形轨迹，而且只要自身没有真正发展起来，其开放度未来仍可能延续这种轨迹。

此外，社会开放度和文化开放度是否也存在类似假说，经济开放度、社会开放度和文化开放度在数学加总后的综合开放度是否支持类似假说，都有待学界展开深入研究。

四、从外贸外资看经济开放度的合意性

历史和现实均显示，人类对外开放的实践是极其丰富多彩的：无论是开放的领域，还是开放的程度；无论是开放的过程，还是开放的结果，在不同经济体之间，甚至在同一经济体的不同时代，都可能千差万别。理解对外开放的多样化实践，对科学认识对外开放度的理论、方法与结果都至关重要。这里以跨境贸易开放和投资开放为例，尝试从合意性角度来解读开放实践的多样性。

(一) 贸易开放对经济发展的影响

一个经济体"最优"贸易开放制度的选择，应基于自身经济特征（Edwards，

1993)，包括自身发展阶段、资源和技术禀赋等。这是因为，贸易开放对自身经济
有积极和消极的双重效应。

贸易开放有利发挥国内比较优势，通过规模经济效应促进国内总体经济增长。
多数文献直接或间接地证明贸易开放会积极促进总体经济增长（Grossman &
Helpman，1996）。贸易自由化能促进国家之间的分工合作，使"干中学"的知识
积累过程效率更高，利于国内发挥比较优势（Devereux，1990）。对外开放有利于
削弱国内市场垄断程度，使市场平均成本曲线下移（Westbrook，1995），通过规模
经济效应促进国内经济增长（Helpman & Krugman，1985）。第一次世界大战以来
各经济体高增速阶段基本伴随低关税率（Kindleberger，1988）；同外向型部门扭曲
更严重的经济体相比，外向型部门扭曲较小的经济体增长更快（Bautista et al.，
1998）。

贸易开放有助于优化资源配置和提升生产率。其一，竞争引起生产率的优胜劣
汰。贸易开放使生产效率低的企业退出市场，存活下来的生产率高的企业有更高利
润率，高利润率进一步吸引更多高生产率企业进入（Melitz，2003），还会推动资源
从低效企业流向高效企业（Epifani，2003）。其二，贸易开放鼓励本地厂商参与国
际市场交流，从而获得更多选项来削减成本（Krueger & Michalopoulos，1985），
包括更多、更便宜的投入特别是研发投入（Khandelwal & Topalova，2011）。

贸易开放加速境外技术扩散。后进经济体有更强能力来吸收先进技术（Barro
& Martin，1995），包括进口中间品、机械设备等资本品以及技术转让许可等
（Blyde，2011），还可以通过外商投资企业与本地企业之间的供应链关系获得技术
外溢效应，包括外资将技术授权给东道经济体本土企业（Hwang et al.，2016），而
丰厚的技术创新回报进一步刺激技术创新，鼓励外商资本持续进入（Bustos，
2009）。

贸易开放促进就业并提升平均要素收入，缩小国家之间的发展差距。一方面，
部分发达国家和发展中国家（Salimi et al.，2014）、经合组织国家（David，1993）、
孟加拉等国（Munshi，2012）的经验证实，由于要素价格均等化效应，贸易开放有
利于增加收入并缩小收入差距（Samuelson，1969）。

另一方面，贸易过度开放也会伤害国内产业发展、固化对外部价值链的依赖、
弱化国内价值链构建。例如，在欧美日主导的价值链体系中，中国不仅面临贸易制
裁风险，还面临价值链被"锁定"和"俘获"的风险。长期以来中国以加工贸易为
主导，处于全球价值链的中低端，很难实现"中国制造"转向"中国创造"。经济
史学家保罗·贝洛赫曾说过，从历史来看自由贸易是例外，保护主义才是常态

（Felber，2019）。贸易保护主义者认为，自由的进口贸易会伤害国内就业和企业竞争力，应当对外国商品施加进口壁垒。

（二）投资开放对经济发展的影响

跨境直接投资遍布全球大多数经济体，对相关经济体的经济社会发展产生了深远影响。在四十余年里，直接投资对中国经济发展的影响具有全球典型意义，值得特别关注。

FDI 曾是中国国内固定资产投资重要组成部分。FDI 在中国固定资产投资中的占比从 20 世纪 80 年代的平均 4%，上升到 1996 年最高的 11.8%，缓解了当时中国投资的资金压力，为中国经济长期可持续发展提供了良好的内生动力[①]。

外商对资本密集型和技术密集型行业直接投资力度不断加大，客观上促进了中国出口升级。1992—2001 年，外资企业出口年均增长 27.9%，在全国出口总额中平均占 50.8%。

FDI 增加中国的就业并提高工资率。港澳台商投资单位与外商投资单位的就业人员在城镇就业中的占比 1987 年为 0.15%，2017 年升至 6.08%。外商投资单位就业人员平均工资 1998 年是城镇单位就业人员平均工资的 1.7 倍以上，2017 年仍达 1.2 倍。

FDI 助力中国产业结构的升级。20 世纪 90 年代，中国第二产业尤其是制造业在国民经济中的占比快速上升，逐渐成为最重要的经济增长来源，而外资企业同期进入的重点行业正是制造业。进入 21 世纪后，外商直接投资的重点逐渐转向第三产业，推动后者占 GDP 的比重从 2002 年的 42.2%上升到 2018 年的 53.3%。

FDI 改善中国的软环境。1979—1985 年，中国制定经济法律（包括行政法规和规章）300 多个，其中涉外经济法规约占二分之一。此后，与引进外资相关的法律法规不断充实和完善。当前，改善营商环境已经成为保持并提高外商吸引力的重要抓手，推动中国引资转向"规则制度型开放"。

一方面，中国对外直接投资（ODI）的开放起步相对较晚，对中国经济发展的促进作用主要发生在最近二十年。2001—2016 年，中国 ODI 爆发式增长，并在 2015 年超过了 FDI 流量，成为双向直接投资的全球超级大国。

另一方面，应辩证地看待直接投资开放，直接投资开放在整体上促进了经济发展，但也在一些方面产生无效性甚至负面影响。一些外资企业通过收并购等方式，

---

① 数据来源：《中国统计年鉴》相关年份。

形成垄断；在某些幼稚行业，跨国公司挤压中国本土企业，导致后者始终难以健全成长。此外，进入中国的 FDI 有维持现状的冲动，易维持资源错配，从而造成更久的资源无效配置（Loungani & Razin，A，2001）。FDI 还挑战东道国的监管能力：若东道国监管不善，FDI 可能间接造成金融风险。以 FDI 形式流入国内的资金如流向房地产或金融市场，就将推高国内资产价格，形成资产泡沫，累积金融风险。

（三）开放度的合意性

如前所述，任何开放行为都可能具有"双刃剑"效应：既可能为开放主体带来符合自己意愿的收益，也可能带来不合自己意愿的损失。既然开放收益与开放损失相互伴随，那么开放收益扣除开放损失之后的净收益如果大于 0，这样的开放有可能是"合意"（ideal）的。开放净收益在时点 A 小于 0，但在时点 B 大于 0，这样的开放是否也"合意"呢？

"合意"在经济学和法学等多个一级学科中都有应用。在经济学中，与"合意"连在一起的最著名概念，可能是"合意增长率"，相当于可持续的增长率。但是，"合意"不如"最优"（optimal）等相似词汇更常见。"合意"之"意"至少包括如下要点："意"所属专业领域和地理范围是什么？"意"所存续的时段是多长？"意"的门槛值是多少？

评估开放度的合意性需要做好如下基础工作。其一，从静态与动态角度分别界定开放的收益与损失。开放是手段，而非目的；开放是过程，而非结果。作为手段，开放的主要目的是社会福利的高效创造和公平分配。作为手段和过程的开放很重要，作为目的和结果的福利创造与分配更为重要。因此，对开放损益的界定应基于开放的目的与结果。此外，无论开放行为属于某个具体领域，其效应都很可能是跨领域的。比如，经济开放举措不但会产生经济方面的损益，而且会形成文化、社会、政治等其他领域的损益。而且，由于开放会涉及至少两个经济体，开放的损益应包括所有相关经济体的损益。其二，有效测度开放的收益与成本，并计算开放的净收益。一般地，经济开放行为的经济损益较易测度，而其非经济损益则较难测度。其三，确定开放净收益的门槛值。只要开放收益超过开放损失就行吗？开放收益必须超过开放损失一定幅度吗？无论是静态还是动态，开放收益在任何时点都必须超过开放损益甚至达到一定幅度吗？如此等等。

经济开放度与经济发展水平高度相关。当今世界，全球化仍然是时代发展的潮流。中国改革开放以来，尤其是加入 WTO 之后所取得的发展奇迹充分证明，在积极参与国际分工与合作的同时，如能辅之以恰当的经济社会发展策略，开放收益就会超过开放的成本，从而促进经济发展和社会进步。在现代经济史上，众多经济体都奉行了开放发展策略，其中有些经济体从开放中获得的总收益低于所付出的代价，最终拖累自身的长远发展。近年来也有部分经济体在开放发展以后也出现了"逆全球化"行为或保护主义举措。开放收益低于开放成本的原因可能是多方面的，或者是因为开放策略不当（比如开放不足或开放过度），或者是因为与开放政策相关的其他配套政策不当。轻率地将自身的发展问题完全归咎于开放政策不当，很可能错失正确的开放发展政策，甚至错误地选择闭关锁国的极端发展政策。当然，完全的、彻底的开放未必可以实现社会福利的最优化，事实上也并没有任何国家真正做到彻底开放。

开放度并非越高越好，各国均需要根据本国国情寻找最合意的开放水平。处于转型升级或经济赶超阶段的发展中国家，可能更为需要根据经济发展阶段制定相应的开放策略，包括向以 WTO 为代表的多边贸易规则寻求发展中国家特殊待遇（袁其刚等，2020）。当本国经济规模较大时，即使开放政策水平较高，国际贸易和投资的规模相较于国内贸易和投资也会相对不足。与经济开放相比，社会、文化开放涉及人员的跨国流动受收入、交通、文化、语言等因素的制约，无法做到和货物贸易一样畅通，其最优开放度的高峰可能远远滞后于经济开放的峰值。

综上所述，一方面，平均而言，开放度提高意味着社会福利改善，更高的开放水平是一国理应追求的目标；另一方面，需要将开放度和一国经济社会发展的现状相结合，不断探索符合自己意愿的开放度。合适的开放度应取决于本国经济的开放承载能力与本国经济发展的阶段特征：既要发挥经贸自由化对经济发展的积极贡献，也要避免过度开放对经济发展产生的伤害。合各经济体之"意"的开放度还需要在各经济体之间有效协调，避免不同经济体之间的开放"以邻为壑"，这就需要全球多边经贸体制得到广泛的尊重，当然，多边经贸体制应与时俱进，以求更好地平衡好各方的动态损益（李计广和郑育礼，2020）。

五、对外开放的统计测度

对外开放测度指标体系通过量化经济、社会、文化等相关开放要素，形成可测算的量化指标，为定量分析各经济体的开放程度和趋势提供了有效途径。测度对外开放的文献非常多。多数相关文献采用单一指标测度某个具体领域的开放，少数文献采用综合指数测度多领域的开放。

（一）测度原则

综合指数测度法一般要满足如下原则。

1. 科学性

（1）理论和方法具有科学性。无论测度主体和客体如何界定，指标体系的设置和数据转换处理都应严格基于专业的开放理论和统计学方法。

（2）双向开放的均衡性。跨境开放包括境外要素的入境和境内要素的出境，都应为测度内容，在数据可得的前提下，都会受到平等的对待，包括随后权数的设置。

（3）开放内容的异质性。必须尽量降低兼容开放原因和开放结果所导致的重复。这种重复基本不影响各经济体之间开放度的相对排名，但很可能高估各经济体和世界整体的开放度。可从如下两方面来降低这种同质性。其一，部分指标即使测度的是同一测度对象，但应着眼于不同角度。其二，如果基于各种原因实在无法找到恰当的角度而不得不重复测度时，在加总各指标时应将重复部分予以扣除。

（4）开放数据的客观性。指标选取应反映主要的开放实践。要最大限度地使用"硬数据"，即官方公开发布的统计数据。缺失数据在补充时应充分贴近实际情况。

2. 代表性

（1）开放领域的代表性。经济开放迄今为止仍然是全球跨境开放的主要领域，并带动了相关的社会开放和文化开放。同经济开放关联相对不那么直接的社会开放和文化开放，以及大大滞后于经济开放的跨境政治开放（或国际治理），不纳入本指数测度范围。

（2）对重大事件的敏感性。某些特别的领域（比如经济开放，特别是金融开放）对开放实践势必造成严重冲击，应充分地反映到开放指数的变动之中，是检验开放指数时际敏感性的试金石。比如，2008—2009年和2020年，分别爆发1929年以来最严重的全球性金融危机和近百年来影响最广泛的新冠疫情。

（3）开放主体的代表性。本指数测度了129个经济体，包括二十国集团成员国。这些经济体在全球经济总量、人口总量和总疆域中均占绝大部分，能够很好地代表世界总体。

3. 可持续性

（1）数据的持续性。多数开放类指数的基础数据来自公开渠道。比如，经济类基础数据多来自国际货币基金组织的国际收支统计、世界银行的《世界发展指标》、联合国的社会统计和文化统计、世界贸易组织的跨境贸易开放政策数据、联合国贸发会议的跨境投资开放政策数据（其中部分来源之间彼此引用）。

（2）数据源的稳定性。上述各测度指标的数据均由前述国际组织按固定时频长期发布。这些数据主要由国际政府间组织基于各国官方统计当局提供，或者由国际非政府组织基于相关经济体零散的官方数据整理，均较稳定。

（3）数据的质量。前述国际组织或各经济体相关当局在编制上述指标数据时，均基于国际权威统计手册确立的统计制度、方法和最佳实践，原始数据源的质量一般都由官方当局保证。调查类数据的质量则不易客观评估。

（4）指数拓展应用的前景。指数的声誉部分来自其拓展应用的便捷性。多数开放类指数均为综合加权指数，如能同时发布总指数、分层指数和基础指标的数值，就便于用户了解、理解、评判、选择和应用。

（二）测度指标体系

人们谈论一个经济体的开放度时，一般采取如下两个视角：开放的结果，即开放的直接结果，而非间接结果；开放的政策，即一个经济体政府对于跨境开放领域、力度、顺序、节奏等所施予的政策。显然，如能同时采纳这两个角度来测度开放将可能满足绝大多数人的需求。不过，开放政策是开放结果的众多影响因素之一，同时将二者纳入一个综合指数，势必高估加总后的开放度。当然，对被测度的众多经济体而言，这种高估是系统性的，基本不会改变开放度的相对排名。

开放政策指各经济体为实现自身利益与意志而对跨境开放领域的指示性内容以权威形式做出的标准化规定，往往是一个经济体调控自身开放领域的着力点。政府可以调整跨境开放领域的宽窄和力度的强弱，从而形成自己的开放节奏。

本文涉及的跨境开放政策主要是经济开放政策和社会开放政策。本指标体系拥有开放政策指标 8 个，其中 2 个旨在测度跨境开放政策的强度，6 个旨在测度跨境开放政策覆盖范围的宽度（见表1）。文化开放政策在未来条件成熟时也将引入，便于同开放结果指标所覆盖的领域完全对应。

开放结果指跨境开放行为本身取得的直接绩效，不包括开放行为的间接绩效。开放行为对人类经济、社会、文化的影响是深远的，其因果链很长，但本文仅关注开放的直接结果。本指标体系拥有开放结果测度指标 21 个，分别测度经济开放结果、社会开放结果和文化开放结果。

表 1 开放指数的指标体系

二级指标	三级指标	四级指标	二级指标	三级指标	四级指标
开放政策	经济开放政策	加权应用关税率	开放结果	社会开放结果	出境游客数量
		非关税贸易壁垒			入境游客数量
		自贸协定指数外向开放性			出境留学生数量
		自贸协定指数内向开放性			入境留学生数量
		投资协定指数外向开放性			出境移民数量
		投资协定指数内向开放性			入境移民数量
		金融开放政策		文化开放结果	知识产权出口
	社会开放政策	出入境开放政策			知识产权进口
开放结果	经济开放结果	货物出口			居民在境外申请专利
		货物进口			非居民在境内申请专利
		服务出口			科学论文的跨境引用
		服务进口			文化用品出口
		外商直接投资			文化用品进口
		对外直接投资			
		外商证券投资			
		对外证券投资			

资料来源：作者自制。

部分指标为本文首次提出，现简要说明如下。

（1）外贸协定开放性，测度贸易协定覆盖的经济体的多少和经济规模大小，属于跨境开放宽度指标。WTO中的区域贸易协定（RTA）指两个或多个伙伴之间的任何互惠贸易协定，旨在消除彼此之间各种贸易壁垒，规范彼此之间的贸易合作关系。

（2）跨境投资协定开放性，以国际投资协定（IIAs）签署数量来测度，反映国际投资政策的宽度，即国际投资协定签署伙伴的多少，而非国际投资政策的强度。IIAs主要分为双边投资条约（BITs）和含有投资条款的条约（TIPs）。

（3）金融开放政策，反映一个经济体当局对跨境金融流动尤其是交易管理政策的宽松程度，采用Chinn-Ito指数来测度。该指数基于IMF的《汇率安排与汇率限制年报》（AREAER），并纳入"资本控制"的程度和强度内容。

（4）普通国民跨境签证政策，反映一个经济体当局对境内外持普通护照的国民跨境签证政策的宽松程度。本文采用"Henley护照指数"（Henley & Partners

Passport Index）来测度。

（5）科学论文的国际引用。数据来自 Scimago 期刊与国家排名，其中国家排名基于 Scopus 数据库（Elsevier B. V.）所含信息而开发的科学指标。引文数据来自全球 240 个经济体 5 000 多家国际出版商的 34 100 多篇文章和经济体的绩效指标（Scimago，2020）。

（三）指标的数据处理和权数设置

对指标的处理主要针对缺失数值、去量纲化和中心化问题。本文对指标缺失数值的处理采用全球通用办法。去量纲化是基础指标数据处理的必要步骤，坚持如下原则：基于经济学供给和需求原理；时际可比。

对于按不同开放方向分别去量纲化，本质上是基于市场供给和市场需求对开放指标去量纲。开放分为内向开放和外向开放。内向开放即经济体 A 向境外经济体开放自己的市场，表现为经济体 A 从其他经济体输入商品、资金、技术、人员等。外向开放即其他经济体向经济体 A 开放市场，表现为经济体 A 向境外经济体供给商品、资金、技术、人员等。无论是内向开放指标还是外向开放指标，本文的去量纲公式的分母可归结为开放要素（产品、资金、人力、信息、知识等）直接流向目的地（或为本经济体，或为本经济体之外，后者或进一步限定为本经济体之外的相关经济体）的相应总量。其中，经济价值类开放指标的"相应总量指标"为 GDP，人头类开放指标的"相应总量指标"为总人口，经济体数量类开放指标的"相应总量指标"为全球经济体总数量，专利申请、文献引用、协定签署等。

这一处理方法不仅具有上述坚实的经济学理论基础，而且避免了不同经济体开放度之间的"规模偏差"（size bias）。在许多现有开放类指数中，经济体如果规模较大，其开放度往往比实际感觉偏低；如果规模较小，其开放度往往比实际感觉偏高。既有文献为了解决规模偏差问题，往往在指数计算过程中额外使用很多复杂办法，不仅增加了计算量，而且实际效果往往并不那么可靠，最终反倒累及指数测度结果的权威性。本文的去量纲化法源自 Altman 等（2019）和麦肯锡全球研究所（2019），完全避开了这一"雷区"。

指标的中心化处理采取通用方法，但改善之处在于作为分母的极差是各指标样本期内的极差，而不是单一年度的极差。这使得所有经济体的指数值在整个样本期是可比的，从而可以分析各经济体开放度的时际趋势。

各指标的权数主要通过专家调查法来确定。

（四）主要测度结果

按前述指标体系，本文对相关统计数据基础较好的 129 个经济体测算了 2008—
2018 年的开放度，并按各年不变价 GDP 份额加总得到"世界开放指数"。见图 1。

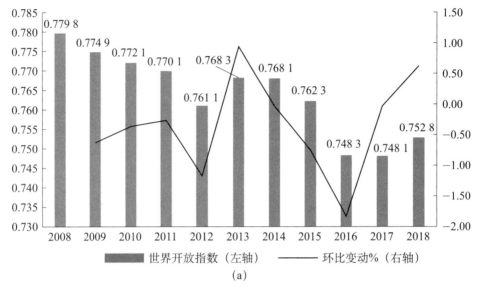

(a)

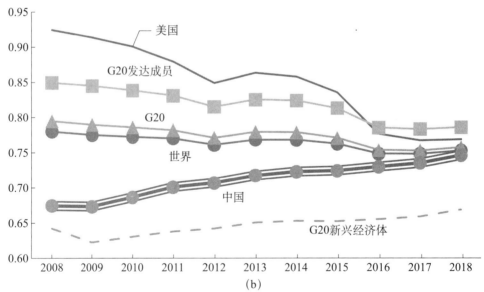

(b)

图 1 开放指数：中国、美国、G20 与世界

资料来源：作者自制。

世界开放度 2008 年以后震荡缩小（图 1（a））。2008—2018 年，世界开放指数
介于 0.74～0.78，其中 2008 年最高，2016 年最低，总计缩小 3.5%。

G20 开放度超过世界平均开放度，但也逐年下降；其中发达成员比新兴国家更开放（图 1（b））。2008—2018 年，G20 开放指数介于 0.753～0.795，比世界开放指数高 0.62% 至 1.93%。G20 开放度下降 4.7%，超过世界开放度 3.5% 的降幅。2018 年，发达成员的加权开放指数为 0.794 5，新兴经济体成员相应数值为 0.630 8。德国开放度最高，南非开放度最低。11 个新兴经济体成员中，最开放的是韩国（2018 年名列世界第 20 位）。

对外开放度最高的 10 个经济体均为发达经济体。2018 年，对外开放度高居榜单前十位的经济体依次为新加坡、中国香港、德国、爱尔兰、瑞士、英国、法国、加拿大、中国澳门、卢森堡。这十大经济体的开放指数介于 0.78～0.88，加权平均值为 0.824 3，比 2008 年十大最开放经济体平均开放指数下降 3.7%。

开放度最低的 10 个经济体均为新兴和发展中经济体。2018 年，开放度排名最低十大经济体依次为中非共和国、布隆迪、尼泊尔、加蓬、坦桑尼亚、科特迪瓦、埃塞俄比亚、马拉维、斯里兰卡、刚果（布），其中 8 个来自非洲，2 个来自亚洲，开放指数介于 0.56～0.6，加权平均值为 0.588 7，超过 2008 年的 0.548 7。

80% 的经济体扩大了对外开放。2008—2018 年，在 129 个经济体中，104 个经济体扩大对外开放，25 个经济体缩小开放，占比分别为 80.6% 和 19.4%。其中，扩大幅度最大的三国依次是尼泊尔、柬埔寨和中国，升幅分别为 86.6%、11.1% 和 10.6%；下降幅度最大的三国依次是美国、埃及和黎巴嫩，降幅分别为 16.8%、9.1% 和 4.9%。

中国持续扩大开放。2008 年特别是党的十八大以来，中国坚持多边主义，积极参与全球各领域事务。开放指数 2008 年为 0.674 6，2009 年微跌，随后稳步上升，2018 年达 0.746 1，累计上升 10.6%。见图 2。持续扩大的开放，提升了中国在全球开放榜单上的名次。在该榜单上，中国 2008 年排名第 65 位，2009 年跌至第 66 位，2010 年大幅回升 7 位至第 57 位，随后几乎逐年上升，到 2018 年已升至第 39 位，比 2008 年上升 26 位。中国在世界经济中的份额从全球第三位升至第二位，为世界开放指数提供增量 0.668 4 个百分点。

中国的开放潜力依然很大，最显著的就是中国市场向外开放潜力巨大。中国贸易、投资、金融、社会和文化等领域许多内向开放指标的排名低于对应外向开放的排名，比如服务市场，具体包括服务进口、吸引境外学生留学中国、吸引适合中国需求的移民、吸引高端知识特别是高端技术和专利等。与中国形成鲜明对比的是美国。美国曾经是全球最开放的经济体。在本榜单上，经济体的开放指数超过 0.9 的次数仅三次，均发生于美国，即 2008—2010 年的 0.924 3、0.913 4 和 0.901，其中

2008 年是本榜单的最高值，是样本期内美国最开放的年份。

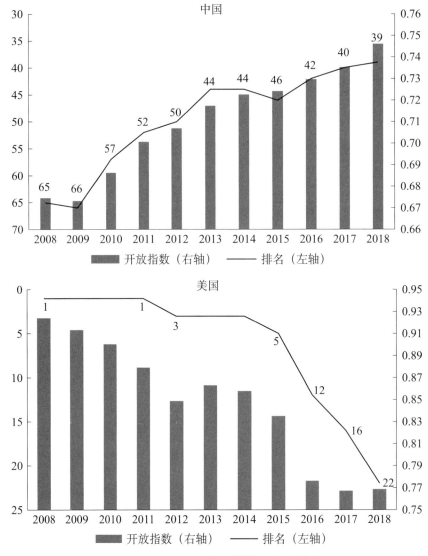

图 2　中国和美国的开放指数及世界排名

资料来源：作者自制。

　　自 2009 年开始，美国开放度逐渐缩小，近年来更是加速收缩。美国的开放指数 2011 年跌破 0.9，2016 年跌破 0.8，环比跌幅最大的三个时点分别是 2016 年（跌 7.1%）、2012 年（跌 3.5%）和 2011 年（跌 2.4%）。见图 2。其中，2016 年美国新政府上台后，即推行"美国优先"的保守主义政策，在经济、社会、文化等领域纷纷祭出各种缩小开放的举措，加快了美国对外开放缩小势头，使其开放指数缩小 18%。

美国开放水平的绝对下降，直接导致其在开放榜单上的排位显著下滑。2008—2011 年，美国排名第一，2012—2014 年退居第三，2015 退居第五，2016 年陡降至第十二位，2017 年跌至第十六位，2018 年跌至第二十二位。

美国加速缩小对外开放，严重拖累世界开放的走势。据测算，2008—2018 年，世界开放指数下降 4.2%，其中来自美国的"贡献"为 4.64 个百分点。显然，如果不是中国等其他重要经济体的持续扩大开放，仅仅美国就足以拖累世界整体开放度较大幅度缩小。

开放度和经济发展关系密切。2008—2018 年，全球 129 个经济体的人均 GDP 同开放指数之间的相关系数为 0.739 2。整体而言，经济越发展，开放指数越高。当然，开放与发展的关系存在多样性。多数经济体的开放度围绕开放指数与人均 GDP 的趋势线上下波动。如果说该趋势线展示了二者之间理论关系或长期趋势，那么这些波动则展示出二者之间的关系在实践中的多样性。这是因为，无论从理论还是从实践来看，开放都是影响发展的重要因素，但并不都是影响发展的唯一因素。

六、结语

本文聚焦不同经济体之间的经济开放以及同经济开放密切相关的社会开放和文化开放，通过构建对外开放指数来探讨世界开放大变局。本文的主要贡献在于，基于国际贸易理论构建的开放理论刻画了经济体之间的经济、社会、文化开放概貌；基于一般统计原则提出的对外开放指数、综合开放政策和开放结果指标 29 个，系统衡量 2008—2018 年全球 129 个经济体的开放度，得到如下主要结论：世界开放正处于大变局中。美国对外开放指数从 0.924 3 下降 18% 至 0.77，在 129 个经济体中的排位从第 1 名降至第 22 名。主要受累于美国对外开放度的下降，世界开放指数从 0.779 8 下降 3.46% 至 0.752 8。但是，80% 的经济体仍在扩大对外开放，特别是中国。中国始终坚持多边主义，深化同境外的各种交往，对外开放指数从 0.674 6 稳步升至 0.746 1，累计上升 10.6%，相应地，中国的排位从第 65 名升至第 39 名，成为世界开放大局中的中坚力量，有力缓和了全球开放不断缩小的势头。展望未来，中国的开放潜力依然很大，能够持续有力推动世界更加开放。

为更好地测度人类的跨境开放，对外开放指数的外延有待继续扩大，比如扩大至各经济体对全球治理的参与，新增文化开放和国际治理参与的政策指标，改善金融开放政策指标（以更敏感地测度时际变动）。

本文提出的经济开放度 U 型演进假说、不同规模经济体经济开放的路径选择、经济开放轨迹的波浪形变化以及经济开放度的合意性，均有待未来在更广泛的样本经验上进行实证。此外，社会开放度和文化开放度是否也存在类似于 U 型演进假说、经济开放度、社会开放度和文化开放度在数学加总后的综合开放度是否支持类似假说，都有待学界展开深入研究。

参考文献

[1] 熊彬，刘泽宇 . 制度质量视角下"一带一路"沿线国家金融开放度空间差异和收敛性研究 [J]. 世界经济研究，2019（5）：3 - 13.

[2] 辛秉清，于莎，向远博，陈雄，赵新力 . "一带一路"参与国家"开放"评价指数研究 [J]. 东北亚经济研究，2019（2）：46 - 58.

[3] 王芳，孙庆刚 . 经济开放与劳动生产率：基于"一带一路"沿线国家的视角 [J]. 经济研究参考，2018（38）：22 - 30.

[4] 冼国明，李炳涛 . 资本账户开放度影响因素的实证分析 [J]. 国际经济合作，2018（2）：4 - 12.

[5] 马勇，陈雨露 . 经济开放度与货币政策有效性：微观基础与实证分析 [J]. 经济研究，2014（3）：35 - 46.

[6] 毛捷，管汉晖，林智贤 . 经济开放与政府规模：来自历史的新发现（1850—2009）[J]. 经济研究，2015（7）：87 - 101.

[7] 张宇燕 . 中国对外开放 40 周年 [M]. 北京：经济管理出版社，2019.

[8] 刘洪钟，杨攻研 . 国际秩序转型、全球化反思与中国新一轮对外开放的外部约束 [J]. 国际经济评论，2020（5）：9 - 25＋4.

[9] Keman H. Economic Openness [EB/OL]. Encyclopaedia Britannica，2020 - 07 - 16 [2024 - 06 - 11]. https：//www. britannica. com/topic/economic-openness.

[10] Helpman，E. ，Melitz M. ，Yeaple S. Export Versus FDI with Heterogeneous Firms [J]. American Economic Review，2004，94（1）：300 - 316.

[11] Melitz，M. The Impact of Trade on Aggregate Industry Productivity and Intra-Industry Reallocations [J]. Econometrica，2003，71（6）：1695 - 1725.

[12] Edwards，S. Openness，Trade Liberalization，and Growth in Developing Countries [J]. Journal of Economic Literature，1993，31（3）：1358 - 1393.

[13] Grossman，G. and Helpman E. Trade，Innovation，and Growth [J]. American Economic Review，1990，80（2）：86 - 91.

[14] Davis D. Trade Liberalization and Income Distribution [J]. NBER Working Paper, 1996, No. 5693.

[15] Devereux M. Growth, Specialization, and Trade Liberalization [J]. UCD Centre for Economic Research Working Paper Series, University College Dublin, School of Economics, 1990, WP90/4.

[16] Grossman G, Helpman E. Trade, Innovation, and Growth [J]. American Economic Review, 1990, 80 (2): 86 – 91.

[17] Davis D. Trade Liberalization and Income Distribution [J]. NBER Working Paper, 1996, No. 5693.

[18] Devereux M. Growth, Specialization, and Trade Liberalization [J]. UCD Centre for Economic Research Working Paper Series, University College Dublin, School of Economics, 1990, WP90/4.

[19] Westbrook M, Gourinchas P, Rodríguez-Clare A. Trade Liberalization and the Dimensions of Efficiency Change in Mexican Manufacturing Industries [J]. Journal of International Economics, 1995, 39 (1 – 2): 53 – 78.

[20] Helpman E, Krugman P. Market Structure and Foreign Trade: Increasing Returns, Imperfect Competition, and the International Economy [M]. The MIT Press, 1985.

[21] Kindleberger C. The World in Depression: 1929 – 1939 [M]. University of California Press, 1987. Bhagwati J. Protectionism [M]. MIT Press, 1988.

[22] Bautista R, Lofgren H, Thomas M. Does Trade Liberalization Enhance Income Growth and Equity in Zimbabwe? The Role of Complementary Policies [J]. TMD Discussion Paper, 1998, No. 32.

[23] Melitz M. The Impact of Trade on Intra-Industry Reallocations and Aggregate Industry Productivity [J]. Econometrica, 2003, 71 (6): 1695 – 1725.

[24] Epifani P. Trade Liberalization, Firm Performance, and Labor Market Outcomes in the Developing World: What Can We Learn from Micro-Level Data? [J]. SSRN Electronic Journal, 2003, 3 (5).

[25] Krueger A, Michalopoulos C. Developing-country Trade Policies and the International Economic System [J]. World Bank reprint series, 1985, No. REP 373.

[26] Khandelwal A, Topalova P. Trade Liberalization and Firm Productivity:

The Case of India［J］. The Review of Economics and Statistics，2011，93（3）：995-1009.

［27］Barro R，Sala-i-Martin F X. Technological Diffusion，Convergence，and Growth［J］. NBER Working Paper，1995，No. w5151.

［28］Blyde J. Trade and Technology Diffusion in Latin America［J］. The International Trade Journal，2004，18（3）：177-197. Gourdon J. Wage Inequality in Developing Countries：South-South Trade Matters［J］. International Review of Economics，2011，58：359-383.

［29］Hwang H，Marjit S，Peng C. Trade Liberalization，Technology Transfer，and Endogenous R&D［J］. Oxford Economic Papers，2016，68（4）：1107-1119.

［30］Bustos P. Trade Liberalization，Exports，and Technology Upgrading：Evidence on the Impact of MERCOSUR on Argentinian Firms［J］. American Economic Review，2009，101（1）：304-340.

［31］Salimi F，Akhoondzadeh T，Arsalanbo M. The Triangle of Trade Liberalization，Economic Growth and Income Inequality［J］. ISPACS，2014，1-15. DOI：10.5899/2014/cacsa-00026.

［32］Ben-David D. Equalizing Exchange：Trade Liberalization and Income Convergence［J］. Quarterly Journal of Economics，1993，108（3）：653-679.

［33］Munshi F. Does Openness Reduce Wage Inequality in Developing Countries? A Panel Data Analysis［J］. The Singapore Economic Review，2012，57（2）.

［34］Samuelson P. Summary on Factor-Price Equalization［J］. International Economic Review，1967，8（3）. Chipman J. Factor Price Equalization and the Stolper-Samuelson Theorem［J］. International Economic Review，1969，10（3）.

［35］Felber C. Trading for Good：How Global Trade Can be Made to Serve People Not Money［M］. Zed Books，2019.

［36］Lougani P，Razin A. How Beneficial Is Foreign Direct Investment for Developing Countries?［J］. Finance & Development，2001，38（2）.

［37］袁其刚，闫世玲，张伟. 发展中国家"特殊与差别待遇"问题研究的新思路［J］. 国际经济评论，2020（1）：43-58+5-6.

［38］李计广，郑育礼. 多边贸易体制改革：背景、性质及中国方略［J］. 国际经济评论，2020（5）：76-91+6.

［39］Scimago Journal & Country Rank［EB/OL］.（2020-04-06）［2024-06-11］.

https：//www. scimagojr. com/countryrank. php.

https：//www. scimagojr. com/countryrank. php.

［40］Altman S，Ghemawat R，Bastian P. DHL GLOBAL CONNECTEDNESS INDEX 2018：The State of Globalization in a Fragile World［EB/OL］.（2019 - 12 - 30）. https：//www. dhl. com/global-en/home/press/press-archive/2019/dhl-global-con-nectedness-index-globalization-holding-up-under-pressure. html.

［41］McKinsey Global Institute. China and the World：Inside the Dynamics of a Changing Relationship［EB/OL］.（2019 - 11 - 24）. https：//www. mckinsey. com/fea-tured-insights/china/china-and-the-world-inside-the-dynamics-of-a-changing-relationship.

中国"入世"20年对外贸易的发展与思考

张 长

一、引言

在经过漫长的 15 年入世谈判后，中国于 2001 年 12 月 11 日成功加入世界贸易组织（WTO）。加入世贸组织是自 1978 年改革开放以来，我国经济领域最重大的事件之一。今年恰逢中国共产党建党一百周年及中国入世二十周年，以回顾的眼光审视这二十年，可以发现加入世贸组织为我国融入经济全球化、生产链全球化提供了重要的保证，为后续我国 GDP 以年均 10％的速度快速增长打下了坚实的根基，为中国国际地位的稳步提高做出了重要的贡献，为中国在地缘政治中的大国博弈提供了有利的筹码。随着改革开放深入进行，融入全球化的中国经济进入快车道，2012 年 GDP 总量超过日本，成为 GDP 第二大国家。

作为我国经济重要支柱之一的对外贸易在我国加入世贸组织后规模不断增加，在国际市场所占的比重越来越高。除了量的提升，我国的贸易结构也在持续优化，双边或多边贸易合作伙伴不断增长。对于双边关系，中国和世界上几乎全部国家都有贸易往来；对于多边关系，中国建立或加入了多个贸易合作组织，拓宽了合作的广度，加强了合作的深度。随着对外经贸的发展，我国的外汇储备不断充盈，税收收入也持续增加，有了更多资金投入到国家的建设和发展，创造了更多的工作岗位。中国庞大的经济体量和强劲的发展速度为世界经济的发展注入了蓬勃的动力。中国是世贸组织中最大的发展中国家，其能更深刻理解到发展中国家的困境，能更有效且积极地参与到南北发展不平衡的过程中，为经济落后国家的基础设施建设提供资金和技术。如习近平总书记所指出的，随着中国经济的不断发展，中国会对人类的发展作出更大的贡献，创建人类命运共同体，实现共赢共享。

二、"入世"二十年对外贸易研究综述

目前研究中国加入世贸组织的文献主要有：从对外贸易的角度切入，研究中国获得的收益以及面临的挑战；从服务业角度，研究中国该如何提升服务业；从世贸组织角度，分析其面对的问题以及所需要的改革。

巫（2012）梳理和归纳了西方学者对中国加入世贸组织十周年的研究成果。其发现研究中国加入世贸组织问题的主体既有国际性组织中的研究人员，也有中国最大的贸易伙伴——美国政府以及其他学术机构。这些研究主体主要讨论了中国加入世贸组织的目的和承诺，加入世贸组织后中国经济体制的改革和产业的发展，以及中国加入世贸组织对世界经济格局的冲击。通过分析1980年至2013年中国进出口贸易数据，李（2015）认为加入世贸组织后中国对外贸易总额持续攀升、贸易条件不断优化，加入世贸组织获益很多。梁（2017）详细分析了2016年全球经济危机后我国对外贸易的形式，并对细分行业的发展进行了展望。

服务业是国民经济的支柱之一，是对外贸易的重要组成部分，我国的服务业竞争力相对落后。马（2015）基于全球价值链分析，指出中国服务业的国际竞争力较弱且发展不平衡。通过对改革开放以来我国的服务业发展轨迹的深入分析，凌和刘（2018）认为服务业在我国经济中的地位越来越高，这也符合发达国家的经济转换规律，其提出在当前中国特有的国情下应加快中国服务业向内需主导型转变。卜等（2019）认为我国目前面临着经济下行的压力，单纯依靠劳动密集型产业已无法维持经济的高质量、高速度发展，必须进行产业升级。其建议我国短期应该注重高附加值的产品出口，但长期应该注重服务业的发展，以便克服我国服务贸易进口额长期大于出口额的问题。从服务业发展政策角度切入，李和李（2019）综合考虑服务业发展的多领域性和复杂性，认为目前我国的服务业发展政策滞后于服务业本身。其建议政府应该将不同行业服务业的发展措施、法规统筹起来，以便更好地为服务业的健康稳定的发展护航。姜（2020）进一步地展望了中国服务业2021年至2030年的发展，提出各个时期服务业的发展应该与当时的中国经济社会人口结构的变化相结合。由于各个时期经济社会发展主要任务有所不同，服务业的发展也会有差异，当下要积极应对我国人口老龄化的问题，缩小公民收入差距。2020年是特殊的一年，新冠疫情全球流行，国际政治、经济形势波谲云诡，在此情况下国家提出了"国际国内双循环"的思路，谭（2021）在"双循环"背景下讨论了如何增强我国的服务贸易，分析了我国服务业的各细分行业在不同历史阶段的发展特点，指出了我国服务业进口逆差的原因。其建议我国应为国内服务业的发展尽可能提供便利，从而让服务业更好、更快地走向国际。

加入世贸组织仅仅是万里长征的第一步，由于和西方国家完全不同的政治、经济、文化体制，中国面临的困难才刚刚开始。薛（2012）在中国入世十周年之际，总结了中国加入世贸组织所面对的挑战，包括：（1）世贸组织本身所面临的挑战，比如多哈回合谈判难以达成共识；（2）中国自身贸易发展基础不牢，比如对出口的依存太大；（3）对世贸组织的规则及相关法律条例没有熟练掌握；（4）与世贸组织相关的研究人才匮乏等。付（2019）基于《中国季刊》的视角分析了中国加入世贸组织的目的和原因，并且探讨了入世对中国经济、产业和法律法规的影响。

2001年加入世贸组织的中国出口产品主要是劳动密集型产业，而美国作为世界上最强大的发达国家在高科技领域基本处于垄断地位，并且将中低端制造业向中国转移，在减少人力成本的同时也保护了美国本土的环境和资源。由于中美两国的经济互补，双方贸易量持续增长，形成"你中有我，我中有你，和则两利，斗则两败"的局面。在这种背景下，姜（2017）通过对中美货物贸易数据的研究，从政治经济学的角度，认为中美两国之间是对立统一、合作与对抗的关系，两国虽然在追求各自国家利益时经济贸易会发生冲突摩擦，但是两国经贸会在波折中前行。杨（2019）分析了这种新全球化背景对我国对外经贸的影响。雷（2020）从马克思主义生态研究的角度切入，研究了外商直接投资对我国环境的影响。综合外商投资规模、投资结构及我国的环境法律法规现状的分析，认为我国应引进绿色投资并且根据各地区的差异制定相关环境法律法规，以此建设绿色经济。

三、"入世"二十年对外贸易取得的成绩

以下内容安排：（一）从我国加入世贸组织二十年的对外贸易规模切入，分析我国对外贸易取得的成绩，包含对货物贸易和服务贸易的分析；（二）从对外贸易商品结构切入深入讨论近20年我国出口商品构成是如何变化的；（三）讨论我国加入世贸组织二十年对外贸易市场的发展情况。

（一）对外贸易规模持续上涨

1. 中国货物进出口规模分析

2001年刚加入世贸组织时，中国的货物进出口总额为5 096.51亿美元，其中出口额为2 660.98亿美元，进口额为2 435.53亿美元。"入世"20年，2020年中

国货物进出口总额为 46 470.63 亿美元,比 2001 年增长了 811.81%,其中出口额 25 903.87 亿美元,比 2001 年增长了 873.47%,进口额为 20 566.75 亿美元,比 2001 年增加了 744.45%。从图 1 可以看出,2001 年至 2020 年中国进口额与出口额增长趋势显著。值得注意的是,中国进口额与出口额分别在 2008 年、2015 年和 2019 年有所下降。这是因为 2008 年美国次贷危机爆发,引发全球性的金融危机;2015 年同样是全球性的金融危机,2019 年新冠疫情暴发,随后几个月在全球蔓延,至今还在持续,在这种系统性因素的影响下,国际市场对货物的需求降低,我国的进出口额也相应地出现负增长。随着国内疫情控制住,进出口开始恢复,尤其对外医疗物资的数量加大。

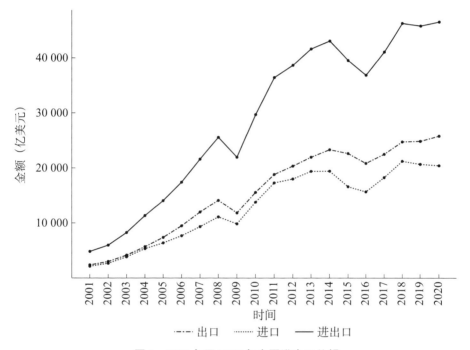

图 1　2001 年至 2020 年中国进出口总额

数据来源:中华人民共和国商务部。

2. 中国服务进出口规模分析

服务贸易是国际间进行服务交易的商业活动,即本国服务者通过自然人或商业机构从本国境内向他国境内消费者提供服务并获取外汇报酬的一种商业行为。服务贸易在国际贸易的作用越来越大,服务业可以为国民经济增长带来更多的驱动力,因此一国服务业的发达程度可以成为度量一个国家经济实力和竞争力的重要指标。表 1 是我国 2001—2019 年服务进出口情况。

表 1　我国 2001—2019 年服务进出口情况　　　　　　单位：亿美元

年份	进出口额	同比（%）	出口额	同比（%）	进口额	同比（%）	差额
2001	784	10.2	392	11.8	393	8.6	−1
2002	928	18.2	462	18	465	18.5	−3
2003	1 066	15	513	11	553	18.9	−40
2004	1 452	36.2	725	41.3	727	31.5	−2
2005	1 683	15.9	843	16.3	840	15.5	3
2006	2 038	21.1	1 030	22.1	1 008	20.1	21
2007	2 654	30.2	1 353	31.4	1 301	29	52
2008	3 223	21.4	1 633	20.7	1 589	22.1	44
2009	3 025	−6.1	1 436	−12.1	1 589	0	−153
2010	3 717	22.9	1 783	24.2	1 934	21.7	−151
2011	4 489	20.8	2 010	12.7	2 478	28.2	−468
2012	4 829	7.6	2 016	0.3	2 813	13.5	−797
2013	5 376	11.3	2 070	2.7	3 306	17.5	−1 236
2014	6 520	21.3	2 191	5.9	4 329	30.9	−2 137
2015	6 542	0.3	2 186	−0.2	4 355	0.6	−2 169
2016	6 616	1.1	2 095	−4.2	4 521	3.8	−2 426
2017	6 957	5.1	2 281	8.9	4 676	3.4	−2 395
2018	7 919	13.8	2 668	17	5 250	12.3	−2 582
2019	7 850	−1.4	2 836	4.5	5 014	−4.5	−2 178

数据来源：中国统计年鉴。

　　根据表 1 可以发现，2001 年刚加入世贸组织时，中国的服务进出口总额为784 亿美元，其中出口额为 392 亿美元，进口额为 393 亿美元。入世近 20 年，2019年中国服务进出口总额为 7 850 亿美元，比 2001 年增长了 901.28%，其中出口额2 836 亿美元，比 2001 年增长了 623.47%，进口额为 5 014 亿美元，比 2001 年增加了 1 175.83%，进口增长远超出口额增长，2001 年至 2019 年服务进出口增长趋势显著。值得注意的是，中国服务出口额与服务进口额的差额也越来越明显，在2001 年，服务进口额仅仅比服务出口额多 1 亿美元，在 2006 年、2007 年以及 2008年甚至出现了顺差。但随着世界经济从 2008 年经济危机中复苏，从 2009 年开始，我国服务贸易出现逆差，且逆差程度逐渐加深。随着近 20 年的发展，2019 年服务进口额比服务出口额多 2 178 亿美元，服务进口额近乎达到出口额的两倍。受新冠疫情影响，2019 年中国的服务出口额较 2018 年减少 1.4%，进口额较 2018 年减少

4.5％。加入世贸后的中国融入了全球化发展，可以给世界提供中国智慧、中国服务，所以带动了服务进出口的快速增长。但同时也要注意到，中国的服务进出口额在GDP所占比例仍然过低，因此我国应加大服务业出口规模，减少服务贸易逆差。

增大服务出口规模的前提是中国的服务业能够与发达国家的服务业进行竞争。但是中国的服务业实力参差不齐，得益于国内大规模、持久的基础设施建设以及"一带一路"，我国的建筑服务、高铁建设和信息服务的国际竞争力渐渐崭露头角。因此，第一，要先考虑对内进行改革，在国内为服务业的发展创造良好的环境，加强知识产权保护，使其可以在公平竞争中得到壮大，具备走出国门参与国际竞争的实力。第二，由于我国的制造业总量已经是全球第一，可以依靠制造业带动我国的服务业。比如我国在出口各种大型设备时，可以考虑将设备的租赁、维修、安装、售后、数字化等系列服务结合在一起，从而由制造业带动服务业。第三，要积极参与国际服务业标准的学习，对于我国不擅长的领域，应该多学习国际先进经验，并结合我国特有的国情进行发展；对于我国擅长的领域，比如通信领域，要积极参与甚至主导标准的制定，努力扩大国际话语权。第四，加强服务贸易人才的培养，完善培养体系，培养精通本土和国际贸易规则、法律的通用人才。第五，积极运用大数据技术。我国的人口规模、经济规模可以产生发达国家不具有的数据规模，应以此为契机推动我国的数字贸易规则国际化。第六，打破垄断和地方贸易保护主义，使全国成为"一盘棋"，让市场这只看不见的手来指导服务行业的发展。

（二）对外贸易结构不断优化

以下结合2001年至2020年中国进出口分类商品数据，分析中国对外贸易商品结构的变化。按国际贸易标准进出口商品可分为初级产品和工业制成品。其中初级产品包含五个子类，分别为：食品及活动物；饮料及烟类；非食用原料（燃料除外）；矿物燃料、润滑油及有关原料；动、植物油脂及蜡。工业制成品包含五个子类，分别为：化学品及有关产品；按原料分类的制成品；机械及运输设备；杂项制品；未分类的其他商品。对外贸易商品结构是指一国的进出口贸易总体状况各部分在各个行业之间的比例，合理的对外贸易结构可以正反馈作用于一国的经济。

图2展示了中国2001年加入世贸组织以后初级产品和工业制成品的出口情况，2001年初级产品金额为263.38亿美元，占中国总出口的比例为9.90％，2020年初级产品金额为1 154.71亿美元，占比为4.46％。根据表2，其中占比最大的为食品及活动物且其比例不断增加，食品及活动物出口占初级产品出口额的比重由2001

年 48.5% 上升为 2020 年 55.02%；初级产品中比重第二位为矿物燃料、润滑油及有关原料，2001 年金额为 84.05 亿美元，占比 31.91%，2020 年上升为 321.15 亿美元，占比 27.81%。

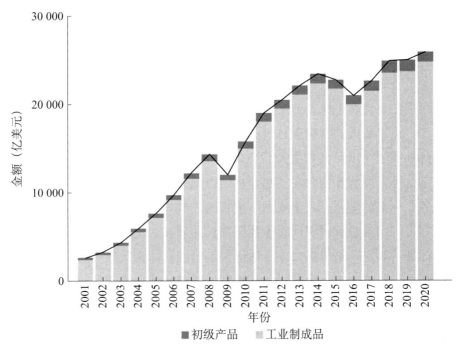

图 2　2001 年至 2020 年中国出口初级产品与工业制成品

数据来源：中国统计年鉴、中华人民共和国商务部。

表 2　2001 年至 2020 年按国际贸易标准分类分出口商品　　　金额（亿美元）

年份	食品及主要供食用的活动物	饮料及烟类	非食用原料	矿物燃料、润滑油及有关原料	动、植物油脂及蜡	化学品及有关产品	轻纺产品、橡胶制品矿冶产品及其制品	机械及运输设备	杂项制品
2001	127.77	8.73	41.72	84.05	1.11	133.52	438.13	949.01	871.1
2002	146.21	9.84	44.02	84.35	0.98	153.25	529.55	1 269.76	1 011.53
2003	175.31	10.19	50.32	111.14	1.15	195.81	690.18	1 877.73	1 260.88
2004	188.64	12.14	58.43	144.8	1.48	263.6	1 006.46	2 682.6	156 398
2005	224.8	11.83	74.84	176.22	2.68	357.72	1 291.21	3 522.34	1 941.83
2006	257.23	11.93	78.6	177.7	3.73	445.3	1 748.16	4 563.43	2 380.14
2007	307.43	13.97	91.16	199.51	3.03	603.24	2 198.77	5 770.45	2 968.44
2008	327.62	15.29	113.19	317.73	5.74	793.46	2 623.91	6 733.29	3 359.59
2009	326.28	16.41	81.53	203.74	3.16	620.17	1 848.16	5 902.74	2 997.47

续表

年份	食品及主要供食用的活动物	饮料及烟类	非食用原料	矿物燃料、润滑油及有关原料	动、植物油脂及蜡	化学品及有关产品	轻纺产品、橡胶制品矿冶产品及其制品	机械及运输设备	杂项制品
2010	411.48	19.06	116.03	266.73	3.55	875.72	2 491.08	7 802.69	3 776.52
2011	504.93	22.76	149.77	322.74	5.26	1 147.88	3 195.6	9 017.74	4 593.7
2012	520.75	25.9	143.41	310.07	5.44	1 135.65	3 331.41	9 643.61	5 356.72
2013	557.26	26.09	145.63	337.86	5.84	1 196.18	3 606.06	10 385.34	5 812.49
2014	589.14	28.83	158.26	344.46	6.23	1 345.43	4 002.24	10 705.04	6 220.62
2015	581.54	33.09	139.17	279.02	6.45	1 295.8	3 910.18	10 591.18	5 874.45
2016	610.98	35.39	131.02	268.73	5.75	1 219.29	3 512.45	9 842.12	5 294.88
2017	626.26	34.68	154.4	353.89	8.1	1 412.93	3 685.64	10 823.29	5 476.92
2018	654.71	37.13	180.21	467.22	10.65	1 674.66	4 046.59	12 077.88	5 656.06
2019	650	34.68	172.24	471.23	11.54	1 617.65	4 067.33	11 954.44	5 835.02
2020	635.53	24.78	159.21	321.15	14.05	1 691.93	4 342.33	12 583.1	5 848.9

数据来源：中国统计年鉴。

从中国加入世贸组织以来，工业制成品占中国总出口的比例由 2001 年的 90.1%提升为 2020 年 95.54%，其中工业制成品占比最大的为机械及运输设备。机械及运输设备的比例从 2001 年 39.58%不断上升，2020 年增加到 50.84%。占比排名第二的杂项制品比例从 2001 年 36.33%不断下降，2020 年降低到 23.63%。工业制成品的出口比例可以反映一个国家的工业制造能力，可以认为中国入世 20 年以来，工业制造能力得到显著提升。而机械及运输设备的出口比例更是反映一个国家在高、精、尖制造业的水平，说明我国的制造业水平不仅在数量上得到发展，在质量上也有显著进步，这和国家推行产业升级有着极大的关系。

图 3 展示了中国 2001 年加入世贸组织以后初级产品和工业制成品的进口情况，2001 年初级产品金额为 457.43 亿美元，占中国总进口的比例为 18.78%，2020 年初级产品金额为 6 770.74 亿美元，占比为 32.94%；根据表 3，其中占比最大的为非食用原料且其比例不断减少，非食用原料进口占初级产品进口额比重由 2001 年 48.37%减少为 2020 年 43.49%；初级产品中比重第二位为矿物燃料、润滑油及有关原料，2001 年金额为 174.66 亿美元，占比 38.18%，2020 年上升为 2 675.35 亿美元，占比 39.51%。工业制成品占中国总进口的比例由 2001 年的 81.22%减少为 2020 年 67.06%，其中工业制成品占比最大的为机械及运输设备。机械及运输设备的比例从 2001 年的 54.09%开始不断上升，2020 年增加到 60.11%。机械及运输设

备进口比例的上升说明我国的制造业在入世20年以来虽然取得了较大进步，但在某些领域与国际先进水平还有差距。以电子芯片设计的光刻机为例，对于此类需要长久技术积累的设备，我国还需要加大投入。

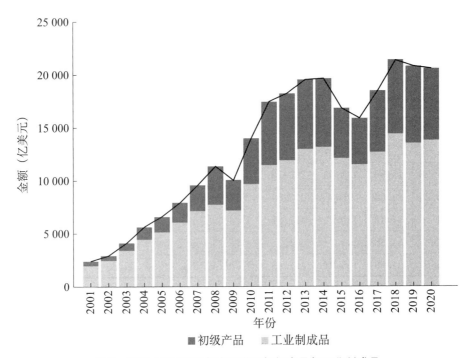

图3　2001年至2020年中国进口初级产品与工业制成品

数据来源：中国统计年鉴、中华人民共和国商务部。

表3　2001年至2020年按国际贸易标准分类分进口商品　　金额（亿美元）

年份	食品及主要供食用的活动物	饮料及烟类	非食用原料	矿物燃料、润滑油及有关原料	动、植物油脂及蜡	化学品及有关产品	轻纺产品、橡胶制品矿冶产品及其制品	机械及运输设备	杂项制品
2001	49.76	4.12	221.27	174.66	7.63	321.04	419.38	1 070.15	150.76
2002	52.38	3.87	227.36	192.85	16.25	390.36	484.89	1 370.1	198.01
2003	59.6	4.9	341.24	291.89	30	489.75	639.02	1 928.26	330.11
2004	91.54	5.48	553.58	479.93	42.14	654.73	739.86	2 528.3	501.43
2005	93.88	7.83	702.26	639.47	33.7	777.34	811.57	2 904.78	608.62
2006	99.94	10.41	831.57	890.01	39.36	870.47	869.24	3 570.21	713.11
2007	115	14.01	1 179.1	1 049.3	73.44	1 075.54	1 028.77	4 124.59	875.1
2008	140.51	19.2	1 666.95	1 692.42	104.86	1 191.88	1 071.65	4 417.65	976.41

续表

年份	食品及主要供食用的活动物	饮料及烟类	非食用原料	矿物燃料、润滑油及有关原料	动、植物油脂及蜡	化学品及有关产品	轻纺产品、橡胶制品矿冶产品及其制品	机械及运输设备	杂项制品
2009	148.27	19.54	1 413.47	1 240.38	76.39	1 120.9	1 077.39	4 077.97	851.86
2010	215.7	24.28	2 121.11	1 890	87.4	1 497	1 312.78	5 494.21	1 135.6
2011	287.74	36.85	2 849.23	2 757.76	111.12	1 811.06	1 503.04	6 305.7	1 277.22
2012	352.6	44.03	2 696.6	3 130.85	125.27	1 792.87	1 459.53	6 529.41	1 365.19
2013	417.01	45.09	2 863.71	3 151.6	103.39	1 903.04	1 478.72	7 101.41	1 388.55
2014	468.27	52.22	2 696.42	3 167.56	84.93	1 932.56	1 723.69	7 241.97	1 397.08
2015	505.01	57.74	2 097.1	1 985.89	74.83	1 712.66	1 330.11	6 824.18	1 346.92
2016	491.56	60.96	2 025.45	1 765.26	67.32	1 641.17	1 219.2	6 578.25	1 261.41
2017	543.14	70.28	2 610	2 496.17	76.78	1 937.31	1 351.47	7 348.65	1 343.32
2018	648.01	76.65	2 721.44	3 493.56	77.78	2 236.36	1 513.51	8 396.56	1 437.4
2019	807.35	76.61	2 849.41	3 472.33	93.83	2 187.33	1 400.42	7 866.38	1 442.12
2020	981.94	62.14	2 944.83	2 675.35	106.47	2 133.32	1 682.78	8 285.88	1 460.15

数据来源：中国统计年鉴。

(三) 贸易市场不断拓宽

图 4 和图 5 分别展示了 2001 年及 2019 年中国前十贸易伙伴，2001 年中国加入世贸组织时，和中国贸易排名前十的国家或地区是日本、美国、中国香港、韩国、中国台湾、德国、新加坡、俄罗斯、英国、马来西亚，其中与日本的贸易总额是87.75 亿美元。2019 年与中国贸易排名前十的国家或地区是美国、日本、中国香港、韩国、中国台湾、德国、澳大利亚、越南、马来西亚、巴西，其中和美国的贸易额为 5 415.56 亿美元。

长期以来，东盟、欧盟、美国、日本和韩国为我国前五大贸易伙伴。2015—2019 年，我国第一大贸易伙伴是欧盟，2020 年英国脱欧，此时东盟超过欧盟，成为我国第一大贸易伙伴，双方贸易额达到 47 357 亿元，同比增长 7.02%。其中，中国对东盟货物贸易出口额为 26 550 亿元，进口额为 20 807 亿元，贸易顺差为5 743 亿元。若将对英国的货物进出口额计入，2020 年我国对原欧盟货物进出口额实现 5.61% 的增长，为 51 353 亿元，这将超过与东盟的货物进出口额。由此可见，欧盟仍然是我国重要的贸易伙伴之一。

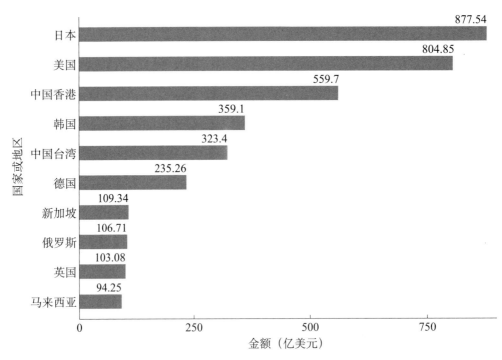

图4 2001年与中国贸易总额前十国家或地区

数据来源：中国统计年鉴、中华人民共和国商务部。

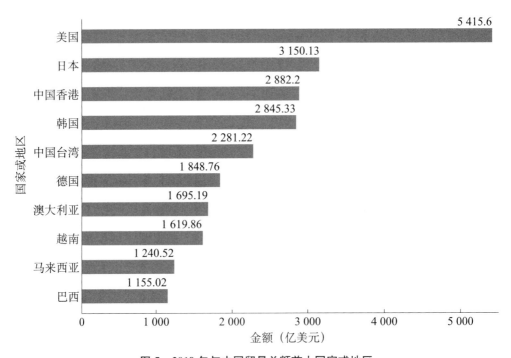

图5 2019年与中国贸易总额前十国家或地区

数据来源：中国统计年鉴、中华人民共和国商务部。

在中国所有贸易伙伴中，美国的重要性是不言而喻的。因为中美两国为世界前两大经济体，两国经济的和平交流是世界经济稳定增长的保障。长期以来，中国对美货物进出口呈现顺差的状态，从2019年期开始，特朗普执政的美国政府对中国出口加征关税，中国对美货物进出口均受到影响，中国对美货物进出口总额同比下滑10.72%。但经过双方贸易谈判代表签署第一阶段贸易协定后，2020年中国对美货物进出口总额恢复增长，达到40 598亿元，同比增长8.79%，中国对美货物进出口贸易顺差为21 960亿元。

2020年中国在对外贸易领域取得的一大收获是签署了区域全面经济伙伴关系协定（RCEP）。RCEP包含了中国、日本、韩国、澳大利亚、新西兰、文莱、柬埔寨、老挝、马来西亚、印度尼西亚、缅甸、菲律宾、新加坡、泰国和越南等15个成员国。截至2020年，这15个成员国约占世界人口的30%（22亿人）和全球GDP的30%（26.2万亿美元），使其成为历史上最大的贸易合作机构。该15个成员国收入水平不同、经济特点不同，该协议的签订有助于减少成员国的双边关税，并且可以加强在知识产权领域的合作。同时，RCEP成员国既有资源出口大国，例如澳大利亚，又有制造业大国，例如中国，因此可以降低全球产业链的成本，提高经济效率。在世贸组织愈发边缘化的今天，中国作为RCEP成员国中经济、人口体量最大的国家，可以通过领导RECP，更好的贯彻实施"一带一路"，以便在全球贸易、地缘政治中增加筹码，同时为全球经济的发展贡献中国智慧。

四、"入世"二十年对外贸易面对的挑战

过去二十年，由于亚洲廉价的劳动力及丰富的原材料，西方国家将低端制造业向亚洲转移。随着全球产业链的转移，世界的经济中心也在向亚洲转移，打破了世贸组织成员原有的平衡。亚洲国家作为新兴经济体不愿仅仅当发达经济体的倾销地，不愿只出口原材料和廉价劳动力，希望在世贸组织中能获得更多的话语权，这与具有传统经济优势的经济体如美国、欧盟、日本、加拿大的利益发生了冲突。发达国家认为新兴国家和它们的贸易逆差越来越大，对它们的经济利益造成了损失。贸易保护主义开始抬头，反倾销措施和进口限制政策数量不断增长（Bown，2010），这些措施不仅局限于农业和制造业，还扩展到其他产业。值得注意的是，利用新型关税以外的措施来维护自身利益是西方发达国家常用的方法，但它们却指责中国实施了过多非关税措施（Worasakyothin和Tiranutti，2007），例如指责中国利用动植物检疫措施限制进口以保护本国产业（Sandrey et al.，2008）。而美国作

为全球唯一的超级大国，为了维护其霸权地位，已成为全球贸易保护主义的重要推手和组成部分（苏，2018）。美国商务部长威尔伯·罗斯根式强调美国将把关税作为武器与他国进行贸易谈判（Cottier，2015）。特朗普总统在职期间青睐单边主义，认为美国在多边主义下，尤其在世贸组织框架下吃了亏。以 2019 年开始的贸易战为例，美国认为中国在中国特色社会主义下的经济体制对美国企业不公平，美国企业在此种体制下无法与中国公平竞争，从而导致中国对美国的贸易顺差越来越大，并且指责世贸组织无法处理这个问题，因此无视世贸组织规则对中国大肆加征关税。

一方面，国际大环境在改变，但 1995 年成立的世贸组织却没有随着时代的潮流进行相应的改革，其扮演的角色越来越边缘化，其在全球贸易中的作用和能量相较中国刚入世时显著减低。另一方面，随着区域贸易协定的发展，世贸组织的地位愈发受到威胁，因此世贸组织和区域贸易协定如何相辅相成、协同作用显得尤其重要。在全球价值链和多边贸易冲突、协调的背景下，世贸组织的改革势在必行。

五、结论与建议

值此中国加入世贸组织二十周年，结合近 20 年来我国对外贸易数据，本文综合已有研究，得出以下结论。

(一) 党的领导是根本

东欧剧变、苏联解体以来，西方资本凭借资本和技术优势垄断了市场，西方国家尤其是美国主导全球秩序的格局愈加明显。然而中国加入世贸组织这二十年，世界格局变化显著，我们正处在百年未有之大变局中。作为人口最多的社会主义国家，中国在中国共产党的带领下坚持走中国特色社会主义道路，在加入世贸组织二十周年之际完成了八千多万人口的脱贫，全面建成小康社会，实现了第一个一百年的目标。我们应该团结在党的周围，坚持道路自信、理论自信、制度自信和文化自信，为第二个一百年目标努力奋斗。

(二) 坚定推进全球化

中国加入世贸组织二十年来对外贸易的规模飞速增长，对外贸易商品结构不断优化，服务业在不断进步，这些和中国借世贸组织融入全球经济的努力密不可分。当今世界贸易保护主义盛行，部分国家推行单边主义。因此，中国更应该坚定推进全球化进程，坚定改革开放的步伐，不断提高融入世界经济的广度和深度，利用全球化的契机，加快中国贸易体制改革，完善中国贸易相关法律法规，增加国内企业的竞争压力。在新冠疫情大流行的背景下，少数西方国家鼓吹在全球产业链上去中国化，避免对中国过于依赖。2021年G7会议上，美国总统拜登正积极拉拢其欧洲盟友，构建抗中小团体。必须要警惕我国在新的贸易规则中被边缘化，应主动加强我国在相关国际规则中的话语权，积极和细致地掌握我国的非关税措施的特点，为日后的各类贸易谈判、政策磋商以及区域贸易协定和自贸区的制定做好充分的准备。

(三) 利用"一带一路"扩大贸易影响

要积极用好"一带一路"倡议，加大对"一带一路"的投资，2021年1—4月，我国企业在"一带一路"沿线对54个国家非金融类直接投资59.6亿美元，同比增长14%，占同期总额的17.4%，较上年上升1.8个百分点。对外承包工程方面，我国企业在"一带一路"沿线的59个国家新签对外承包工程项目合同1 465份，新签合同额415.6亿美元，同比增长25.2%，占同期我国对外承包工程新签合同额的58.2%（中华人民共和国商务部，2021）。我国应继续坚持"一带一路"方针，扩大中国的贸易影响力，"把朋友搞的多多的"，实现互利共赢。

(四) 积极应对贸易保护主义

服务业的特点是合同密集型，容易受到贸易国的法律、文化的影响。西方国家的服务业长期在国际市场处于垄断地位，我国服务业在海外的增长势必会挤占其市场，尤其我国在某些服务业上处于国际领先水平。此时，西方国家尤其是美国可能会无限制泛化国家安全概念对我国的企业进行打压，或者根据其国内较成熟的法律进行"长臂管辖"。最明显的例子就是华为5G在西方国家被污名化，Tiktok在特朗普时期被要求强制售卖其海外业务。又如2021年，美国借用西方国家编造的新疆民族问题谣言，对我国新疆企业进行制裁。因此我国也亟须制定相关法律，运用法律手段维护自己的利益。目前国家已经出台一系列相关法律。例如，2020年9月，经国务院批准，商务部发布《不可靠实体清单规定》。2020年10月全国人大常委会通过了《中华人民共和国出口管制法》，其第四十八条规定："任何国家或者地区滥用出口管制措施危害中华人民共和国国家安全和利益的，中华人民共和国可以根据实际情况对该国家或者地区对等采取措施。"2021年1月，商务部发布《阻断外国法律与措施不当域外适用办法》。2021年6月10日，十三届全国人民代表大会常务委员会第二十九次会议表决通过《中华人民共和国反外国制裁法》。在实现中华民族伟大复兴的伟大征程中，艰难困苦是肯定存在的，但中国坚持改革开放的决心和意志是坚定不移的，维护国家主权、安全、发展利益的决心和意志是不可撼动的。

参考文献

[1] 卜伟，杨玉霞，池商城. 中国对外贸易商品结构对产业结构升级的影响研究 [J]. 宏观经济研究，2019（8）：55-70.

[2] 付正.《中国季刊》视域下的中国改革与发展（1978—2018）[D]. 中共中央党校，2019.

[3] 姜峥睿. 合作与摩擦：中美贸易关系发展研究 [D/OL]. 吉林大学，2017.

[4] 姜长云. 中国服务业发展的新方位：2021—2030 年 [J]. 改革，2020（7）：108-118.

[5] 雷媛媛. 外商直接投资、环境规制与中国绿色经济效率 [D/OL]. 西南大学，2020.

[6] 李明. 加入 WTO 前后中国贸易条件的变化研究 [D/OL]. 首都经济贸易大学，2015.

[7] 李丽，李玉坤. 中国服务业发展政策文献综述 [J]. 商业经济研究，2019（4）：176-178.

[8] 梁达. 我国外贸 2016 年回顾和 2017 年展望 [J]. 宏观经济管理，2017（3）：33-36.

[9] 凌永辉，刘志彪. 中国服务业发展的轨迹、逻辑与战略转变——改革开放 40 年来的经验分析 [J]. 经济学家，2018（7）：45-54.

[10] 马晓芳. 中国服务业国际竞争力的分析 [D/OL]. 南京大学，2015.

[11] 苏华. 特朗普政府对多边贸易体制的冲击及 WTO 的角色变化 [J]. 国际经济合作，2018（4）：4-10.

[12] 谭洪波. 我国服务业进出口：国际比较、阶段性与行业特征 [J]. 学习与探索，2021（3）：102-112.

[13] 巫云仙. 西方学者对中国"入世"十年的观察和研究述评 [J]. 中共党史研究，2012（8）：93-105.

[14] 薛荣久. 中国入世后十年的六大挑战与应对 [J]. 国际经贸探索，2012，28（3）：4-14.

［15］杨清滟. 新全球化背景下 WTO 与中国对外贸易关系研究［D］. 对外经济贸易大学，2019.

［16］中华人民共和国商务部. 2021 年 1－4 月我对"一带一路"沿线国家投资合作情况走出去公共服务平台［EB/OL］［2021－06－30］. http：//fec. mof-com. gov. cn/article/fwydyl/tjsj/202106/20210603067562. shtml.

［17］Cottier T. The common law of international trade and the future of the World Trade Organization［Z］. Oxford University Press，2015.

［18］Sandrey R，Smit L，Fundira T，et，Non-tariff measures inhibiting South African exports to China and India［J］. South Africa's way ahead：Looking East，2008：209－256.

［19］Worasakyothin J，Tiraanutti V. Non-tariff measures in china：Cases of thailand-china fruit trade and CCC mark requirements on industrial products［J］. International Institute for Trade and Development，2007.

我国居民在新冠疫情期间的疫情认知
与防护行为研究

唐丽娜　盖琴宝

一、研究背景

2019 年 12 月湖北省武汉市发现多例新冠肺炎病例，随着疫情的发展与相关研究的深入，国际病毒分类委员会正式把此次新型冠状病毒命名为 SARS‐CoV‐2，世界卫生组织（WHO）将此病毒引发的新型冠状病毒肺炎命名为 2019 冠状病毒病（COVID‐19），简称"新冠肺炎"。2020 年 1 月 30 日，WHO 宣布新冠肺炎疫情构成国际关注的突发公共卫生事件。2020 年 3 月 13 日，WHO 评估认为新冠肺炎可被定为大流行病。截至北京时间 2021 年 7 月 13 日 23 时 55 分，全球新冠肺炎确诊病例累计 187 086 096 例，累计死亡 40 429 216 例。随着新冠肺炎在全世界范围的暴发和蔓延，阻断病毒的传播是防范新冠肺炎风险的重要手段，也是疫情防控的重中之重。国务院应对新型冠状病毒肺炎疫情联防联控机制综合组于 2020 年 9 月 11日发布的《新型冠状病毒肺炎防控方案（第七版）》指出，新型冠状病毒人群普遍易感，提出预防为主的工作原则和群众做好自我防护的指示。

相关研究表明，新型冠状病毒以飞沫传播和接触传播为主。Siegel 等发现，在短距离阻隔飞沫传播方面，物理阻隔是非常有效的方式。王睿等指出，口罩作为物理阻隔方式之一，其作用是阻断病原体经飞沫传播，既能避免病原体从病毒携带者扩散到患者，同时口罩也能减少人体吸入病原体而致病的危险，具有双向隔离保护作用。Davies 等研究表明，感染疾病的人佩戴口罩可保护其他人，同时减少传染性疾病的发生。Macintyre 等研究表明，流感大流行期间，使用口罩的人数增多，显著减少了家庭中流感的传播。目前，许多国家已将佩戴口罩视为防控经呼吸道传播的流行性疾病的重要措施。自疫情暴发以来，中国疾病预防控制中心即呼吁民众外出要佩戴口罩，许多省份在公共场所实施佩戴口罩的强制措施，对未佩戴口罩者将予以处理。综上，在传染病防控中佩戴口罩是有效的自我防护行为，而此次新冠疫情防控中，佩戴口罩被列为重要的防护措施之一。目前，我国政府推出了一系列政策来引导公众科学佩戴口罩，而新冠疫情期间人群佩戴口罩的行为模式以及新冠疫情对人群佩戴口罩行为的影响尚不清楚，还需进一步研究。

已有研究表明"勤洗手"是最具成效的自我防护方式，可以减少手部90％以上的细菌量。洗手行为作为一种个人基础保护措施，被广泛地视为预防传染性疾病最有效的手段之一，在传染病预防方面一直发挥着重要角色。Fung 等整理了 SARS 疫情期间关于洗手行为干预 SARS 冠状病毒传播的有效性研究，通过对 10 项流行病学研究数据的综合分析发现，对于非感染对照组人群而言，洗手对 SARS 病毒传播的暴露具有保护作用，对于 SARA 病毒传播的防控具有重要作用。Lucy 等通过分析亚洲相对落后地区霍乱疫情应对的政策及相关研究，发现在亚洲霍乱疫情防控的过程中，推广洗手是最广泛的措施之一。Cairncross 研究表明，洗手是一项减少儿童腹泻、降低急性呼吸道感染疾病的既简便又重要的措施。刘双庆等通过培养清洁后手部的细菌，发现培养结果中并未检出致病菌，证明了洗手确实能达到消毒的效果。WHO 建议公众使用含酒精成分的免洗洗手液或肥皂和清水定期彻底清洁双手，希望良好的手部卫生能够在一定程度上阻断病毒的传播。以上研究都证明在传染病防控中，洗手是简洁、有效且重要的自我防护行为。在此次新冠疫情防控中，洗手也被视为重要的防控措施在全民推广，对于阻断病毒的暴露发挥了重要作用。武汉市疾病预防控制中心编写的《新型冠状病毒肺炎预防手册》和北京科技大学针对不同人群编写的《新型冠状病毒肺炎暴露风险防范手册》等防护手册均将洗手作为降低新型冠状病毒暴露风险的重要防护措施和新冠疫情防控的重要手段。

国家卫生健康委办公厅、国家中医药管理局办公室发布的《新型冠状病毒肺炎诊疗方案（试行第八版）》建议通过养成"一米线"的习惯，减少新冠病毒传染。《新型冠状病毒肺炎防控方案（第七版）》指出要注意防范聚餐暴露，如聚餐环境、通风与空调使用情况、洗手设施等可能导致传播风险增加的因素，加强工作生活场所通风和卫生清洁，尽量避免前往人群密集场所，尤其是闭式与接触时量避免前往人群密集场所，保持"一米线"安全社交距离。《中国—世界卫生组织新型冠状病毒肺炎（COVID-19）联合考察报告》强调人人需做好准备，通过各种方式积极参与到疫情防控中来，严格保持"社交距离"，努力帮助老年人等高危人群。新冠疫情在全球的蔓延，让人们逐步认识到社交距离在预防传染病传播中的作用，保持社交距离，能有效切断潜在的传染链的原理。美国疾病控制中心（CDC）的定义社交距离（也称为"物理距离"）是指让自己和他人之间保持距离。要保持社交距离或物理距离，应该做到：（1）至少与他人保持 2 米的距离；（2）勿扎堆聚集；（3）远离人多的地方；避免大规模聚会。CDC 认为，当新冠病毒在居住区域传播时，人人都应限制在室内和室外空间与家庭以外人员的密切接触，这时，社交距离对于那些患病风险更高的群体而言尤为重要。

直接接触和飞沫传播等方式是新型冠状病毒（2019 - nCoV）传播的主要途径，口罩作为阻隔病毒传染的物理方式之一，其能阻断病原体经飞沫传播，同时具有双向隔离保护作用。合理的洗手行为、避免不必要外出、减少不必要聚会是切断暴露途径和降低病毒感染风险的有效防控措施。出门戴口罩、外出回家洗手、避免不必要的外出和减少不必要聚会对于公众防范新型冠状病毒感染的风险和维持人体基本健康具有重要意义，对于新冠疫情的防控具有重要的作用。本文利用 2020 年新冠疫情防控及其影响调查数据，了解新冠疫情期间不同人群四种行为的基本情况，探讨和分析四种行为模式的影响因素，以期为新冠疫情的精准防控提供基础信息，为未来类似重大公共卫生事件的科学研判和精准施策提供科学依据，并对新冠疫情期间防护行为提供理论支持。

二、研究数据

（一）数据来源

本文所用数据来自中国人民大学中国调查与数据中心在 2020 年 5 月份开展的"2020 年新冠疫情防控及其影响调查"。该调查覆盖我国 31 个省、自治区、直辖市（不包括香港、澳门、台湾）18 周岁及以上的中国大陆居民。调查于 2020 年 5 月 11 日—5 月 28 日通过电子问卷的方式开展在线电话调查，考虑到疫情期间概率样本调查的可及性，以及 2020 年中国每百人 113.9 个手机号的覆盖情况，本调查以中华人民共和国工信部的分城市手机号码号段数据库为抽样框，采取随机拨打手机号的方式。本调查共划分 3 个子样本，分别为武汉市、湖北省其他地区、其他省份，为了让武汉市和湖北省其他地区具有代表性，对这两个地区扩大抽样，最终成功调查的总样本量为 4 123 人，其中武汉 1 282 人、湖北省其他地区 1 048 人、其他省份 1 783 人。本次调查严谨科学地设计问卷问题，调查员均接受过严格的专业培训，调查督导通过录音和数据核查以确保调查质量，因此数据质量可靠。

在回收的电子问卷中，剔除年龄小于 18 周岁的样本，最终获得有效样本 4 123 人。调查内容包括调查对象的个人基本信息（性别、城乡、教育程度、职业类型、居住地、自评经济水平、自评疫情等级、年龄和收入等），同时包含新冠疫情期间自评出门戴口罩、外出回家洗手、避免不必要外出和减少不必要聚会行为的情况。

（二）研究对象的基本特征

本文应用 Stata16.0 软件对数据进行统计分析，表 1 是 4 123 个调查对象在人口背景变量上的基本分布情况。

表 1　调查对象的人口背景特征

变量	有效样本量	结果
性别	4 123	
男		2 575 (62.45)
女		1 548 (37.55)
城乡	4 107	
城市		3 166 (77.09)
农村		941 (22.91)
居住地	4 121	
湖北省		2 278 (55.28)
湖北省以外其他省		1 843 (44.72)
年龄（岁，中位数）	4 021	32
年龄（岁，均值）	4 021	36
家庭人均年收入（元，中位数）	3 068	30 000
教育程度	4 123	
初中及以下		748 (18.14)
高中、中专、技校		847 (20.54)
大学专科及以上		2 528 (61.31)
职业类型	4 102	
政府机关、企事业单位领导及技术人员		859 (20.94)
一般职工、办事人员		517 (12.60)
商业与服务业人员		342 (8.34)

续表

变量	有效样本量	结果
工人、初级劳动者、农民		750 (18.28)
个体工商户		317 (7.73)
在读学生		392 (9.56)
退休或无业		600 (14.63)
其他		325 (7.92)
自评经济水平	4 088	
上等		17 (0.42)
中上		318 (7.17)
中等		2 326 (56.42)
中下		1 069 (25.93)
下等		358 (8.68)
自评疫情等级	4 113	
高风险		115 (2.8)
中风险		432 (10.5)
低风险		2 526 (61.42)
零风险		1 040 (25.22)
家庭人均年收入（元，中位数）	3 068	30 000

分析结果显示在调查对象中男性 2 575 名（62.45%），城市样本 3 166 人（77.09%），目前居住地在湖北省的样本量为 2 278 人（55.28%），平均年龄为 36 岁（中位数为 32 岁），家庭人均年收入为 30 000 元。

从教育程度看，受过高等教育（大学专科及以上）的有 2 528 名（61.31%），初中及以下的是 748（18.14%）。调查对象的职业分布多样，第一、第二、第三产业均有一定的比例，且涵盖到在读学生及无业人员。两个调查对象的自评变量分别测量的是调查对象主观认定的经济水平和所在地的疫情等级，超过一半的调查对象认为自己的经济水平为中等，绝大多数调查对象认为当下所在地的疫情风险等级为低风险或零风险，认为自己所在地的疫情等级为高风险的比例只有 2.8%。

总体来说，此次电话调查的调查对象分布较为合理，能够做进一步的分析研究。

三、居民对疫情的认知与自我防护行为特征

（一）居民对疫情的认知

居民疫情防控措施的态度是其对疫情认知的一个间接测量，在"2020 年新冠疫情防控及其影响调查"中有 6 道题询问调查对象对"我国目前采取的疫情防控措施"的必要性的态度，这 6 道题及其选项如表 2 所示。

表 2　新冠疫情期间我国居民对国家疫情防控措施的态度（%）

	有效样本量	完全有必要	比较有必要	说不清	比较没必要	完全没必要
1. 社区严格出入管理	4 120	62.26	27.18	4.37	4.54	1.65
2. 有一些重要场所检查体温	4 122	82.85	13.03	2.09	1.36	0.68
3. 严格查验健康码	4 120	71.99	18.64	4.9	2.91	1.55
4. 一些重要地区的人员流入实行 14 天隔离	4 116	63.95	21.55	6.95	4.81	2.75
5. 控制我国境外公民回国的数量	4 110	64.74	20.24	9.56	2.97	2.48
6. 暂不开放影剧院和运动场馆等人员密集娱乐场所	4 121	55.16	29.99	8.01	4.49	2.35

首先，大多数调查对象都认为询问的 6 项疫情防控措施完全有必要，认为完全没必要的人数占比都非常低，都没有超过 3%。调查对象中认为有必要在"一些重要场所检查体温"的比例最高达到 95.88%，其次，同意有必要"严格查验健康码"，占比为 90.63%，再次，89.44% 的调查对象认为有必要在"社区严格出入管理"，最后，超过 85% 的都回答有必要"对一些重要地区的人员流入实行 14 天隔离""控制我国境外公民回国的数量""暂不开放影剧院和运动场馆等人员密集娱乐场所"。

在让调查对象给我国中央政府在抗击新冠疫情中的表现打分时（满分 100 分，最低分是 0，60 分代表及格），在 3 981 名打分了的调查对象中，有 2 326 名（58.43%）给出 100 分的满分，平均分值为 94。这些都充分表明也证明了我国人民对中央政府在抗击新冠疫情方面的表现非常满意，也十分赞同并尽全力支持中央政府在新冠疫情期间采取的防控措施。

（二）居民的自我防护行为特征

新冠疫情期间我国居民也通过自己的实际行动来支持国家和政府的抗疫共工作。在调查对象中，出门戴口罩、外出回家洗手、避免不必要外出和减少不必要聚会情况四类自我防护行为总体都践行得很到位。在"2020年新冠疫情防控及其影响调查"的4 123名成人调查对象中，能够做到出门戴口罩、外出回家洗手、避免不必要外出和减少不必要聚会的比例分别为96.09％、94.66％、91.12％、95.55％，均超过90％。其中做到出门戴口罩的百分比最高，做到避免不必要外出的百分比最低。见表3。

表3　新冠疫情期间我国居民在主要自我防护行为的执行情况

变量	有效样本量	频数（百分比）
出门戴口罩	4 121	
戴口罩		3 960 (96.09)
不戴口罩		161 (3.91)
外出回家洗手	4 122	
洗手		3 902 (94.66)
不洗手		220 (5.34)
尽可能避免不必要的外出	4 120	
外出		366 (8.88)
不外出		3 754 (91.12)
尽可能减少不必要的聚会	4 121	
聚会		197 (4.78)
不聚会		3 924 (95.22)

为了能够更细致地考查居民在四种防护行为上的差异，本研究采用交叉列联表详细描述了不同性别、城乡、教育程度、职业类型、居住地、自评经济水平、自评疫情等级频数（百分比）的居民做到四种防护行为的详细情况。因为年龄和收入的分布都是偏态分布，因此以中位数表示更能反映反映真实情况。在用交叉列联表汇总出门戴口罩、外出回家洗手、避免不必要外出和减少不必要聚会的基本分布情况时，结果都采用频数（百分比）相结合的方式表示。采用Pearson χ^2 检验比较不同性别、城乡、教育程度、职业类型、居住地、自评经济水平、自评疫情等级、年龄和收入对上述四种行为的影响是否统计显著。之后，采用二分类logistic回归模型分析各个因素对出门戴口罩、外出回家洗手、避免不必要外出和减少不必要聚会行

为的影响。P<0.05 视为差异具有统计学意义。表 4 是卡方检验的分析结果。

从性别上看，尽管不论是男性还是女性，出门戴口罩的比例都是最高的，男性为 94.95％（2 443/2 573），女性为 98％（1 517/1 548），但女性做到出门戴口罩、外出回家洗手、避免不必要的外出和减少不必要聚会的百分比均在 94％以上，且与男性有显著差异（$P<0.05$），做到的比例都显著高于男性。

从城乡分布看，城乡居民都有超过 95％的能够做到尽量减少不必要的聚会，在这一行为上没有显著的城乡差异。但是，在其他三种行为的执行情况上存在显著的城乡差异。其中，城市居民做到出门戴口罩和外出回家洗手的百分比显著高于农村居民（$P<0.05$），而农村居民避免不必要外出的百分比显著高于城市居民（$P<0.05$）。

分不同的教育程度来看，居民在这四种个人防护行为上异同并存。不同教育程度的调查对象在外出回家洗手和避免不必要外出两方面做到的程度相差无几。而差异体现在：随着教育程度的增高，出门戴口罩的百分比随之升高，减少不必要聚会的百分随之比降低，二者均有统计学意义（$P<0.05$）。这种异同并存的特征可能与城乡居民的日常生活方式有关。

分居住地来看，湖北省居民做到四种行为的百分比显著高于湖北省之外的其他省居民（$P<0.05$），百分比均在 92％以上，出门戴口罩比例最高，达到了 98.16％。这一显著整齐的差异与疫情的实际严重程度与主观感受程度都密切相关，身处疫情最严重的湖北省居民，对疫情感同身受，在观念和行为上都比其他地区的居民更重视也更积极。

根据职业类型来看，不同职业在四种行为中均存在差异，且差异均有统计学意义（$P<0.05$）。一般职工、办事人员出门戴口罩和外出回家洗手的百分比最高，分别为 98.07％（507/517）、96.71％（500/517），退休或无业人员避免不必要外出和减少不必要聚会的百分比最高，分别为 94.17％（565/600）和 96.83％（581/600）。在这里特别需要关注的一个群体是在校学生，通过这次调查我们发现，在校学生在行为表现上过对疫情的重视程度不如其他人群高，这一点从他们做到出门戴口罩、外出回家洗手、避免不必要外出和减少不必要聚会的相对低的比例上能够看到。调查的这个结果非常具有实际指导意义，在校学生是社会未来的主力建设者与顶梁柱，保护好在校学生是疫情防控的重中之重。根据这个调查结果，加强对在校学生的管理非常有必要。

从自评经济等级来看，调查对象只在外出回家洗手这一行为上有显著差异（$P<0.05$），不同经济水平外出回家洗手的百分比非线性关系，自评经济水平最低

和最高的外出回家洗手百分比最低，自评经济水平为中下的外出回家洗手百分比最高。

从自评疫情等级来看，调查对象则只在出门戴口罩这一行为上有显著差异（$P<0.05$），随着疫情等级的升高，出门戴口罩百分比也随之升高，自评疫情等级为高风险地区的调查对象回答出门戴口罩的百分比最高，高达 99.13％。

分年龄组来看，不同年龄组的调查对象在外出回家洗手、避免不必要外出和减少不必要聚会行为上的差异均有统计学意义（$P<0.05$），而且是中高年龄组的调查对象能够做到这三种防护行为的比例显著高于低年龄组。调查对象表现出的这种年龄组差异，恰恰暗合了职业分布中的一个差异，即在校学生在四种个人防护行为的表现相对最差，低年龄组，也就是年轻人在四种个人防护行为的表现也是相对最差。这一调查结果再次提醒要加强对年轻人的疫情认知宣传和防护行为的督促。

综上所述，性别、职业类型和居住地在四种行为上均有显著差异（$P<0.05$），且均是女性百分比高于男性。城乡在出门戴口罩，外出回家洗手和避免不必要外出三种行为上有显著差异（$P<0.05$）。年龄则在外出回家洗手、避免不必要外出和减少不必要聚会三种行为上有显著差异（$P<0.05$）。教育程度对出门戴口罩和减少不必要聚会两种行为有显著差异（$P<0.05$），自评经济水平只在外出回家洗手行为上有显著差异（$P<0.05$），自评疫情等级只在出门戴口罩行为上有显著差异（$P<0.05$）。

四、影响居民自我防护行为的因素分析

要战胜疫情，离不开举国上下的齐心抗疫，虽然通过前面的分析，我们看到新冠疫情期间我国居民绝大多数都能积极响应政府的抗疫号召，做到出门戴口罩、外出回家洗手、避免不必要外出和减少不必要聚会。但仍有极少一部分居民的自我防护做得不到位，接下来本文采用多因素 Logistic 回归模型分析（变量赋值规则见表5）回归模型分析可能影响自我防护行为的因素。多因素 Logistic 回归模型分析结果显示出门戴口罩的显著影响因素有性别、城乡、居住地和年龄（$P<0.05$）。女性出门戴口罩概率高于男性（$OR=2.11$，95％CI：$1.24\sim3.6$，$P=0.006$），农村居民出门戴口罩的概率低于城市居民（$OR=0.45$，95％CI：$0.29\sim0.72$，$P<0.001$），湖北省以外其他省出门戴口罩的概率远低于湖北省（$OR=0.30$，95％CI：$0.18\sim0.48$，$P<0.001$）。

表 4　新冠疫情期间我国不同分层居民出门戴口罩、外出回家洗手、避免不必要外出和减少不必要聚会情况

变量	出门戴口罩百分比(%)	样本量/人	χ^2值	P值	外出回家洗手百分比(%)	样本量/人	χ^2值	P值	避免不必要外出百分比(%)	样本量/人	χ^2值	P值	减少不必要聚会百分比(%)	样本量/人	χ^2值	P值
性别			23.95	<0.001			21.79	<0.001			32.52	<0.001			14.01	<0.001
男	94.95	2 574			93.40	2 574			89.16	2 573			94.25	2 573		
女	98.00	1 548			96.77	1 548			94.38	1 547			96.83	1 548		
城乡			39.36	<0.001			14.21	<0.001			4.58	0.032			0.72	0.395
城市	97.16	3 165			95.39	3 165			90.61	3 164			95.07	3 165		
农村	92.66	941			92.24	941			92.87	940			95.74	940		
教育程度			7.69	0.02			4.09	0.13			1.81	0.405			12.09	0.002
初中及以下	94.91	747			93.17	747			92.37	747			97.59	747		
高中、中专、技校	95.16	847			94.81	847			91.01	845			95.27	846		
大学专科及以上	96.76	2 528			95.06	2 528			90.78	2 528			94.50	2 528		
职业类型			26.43	<0.001			20.32	0.005			20.47	0.005			20.75	0.004
政府机关、企事业单位领导及技术人员	97.21	859			95.34	859			91.39	859			95.11	859		
一般职工、办事人员	98.07	517			96.71	517			91.30	517			95.36	517		
商业与服务业人员	96.78	342			93.86	342			90.03	341			94.74	342		
工人、初级劳动者、农民	93.20	750			92.53	750			91.20	750			96.80	749		
个体工商户	95.90	317			93.38	317			87.70	317			93.06	317		
在读学生	95.65	392			92.60	392			87.24	392			91.84	392		

续表

变量	出门戴口罩 百分比(%)	样本量/人	χ²值	P值	外出回家洗手 百分比(%)	样本量/人	χ²值	P值	避免不必要外出 百分比(%)	样本量/人	χ²值	P值	减少不必要聚会 百分比(%)	样本量/人	χ²值	P值
退休或无业	96.67	600			96.00	600			94.17	600			96.83	600		
其他	95.37	324			96.30	324			92.88	323			95.06	324		
居住地			57.86	<0.001			5.38	0.02			14.33	<0.001			13.43	<0.001
湖北省	98.16	2 278			95.39	2 278			92.62	2 277			96.31	2 278		
湖北省以外其他省	93.54	1 841			93.76	1 842			89.24	1 841			93.86	1 841		
自评经济水平			5.69	0.22			10.31	0.036			4	0.412			0.96	0.915
上等	94.12	17			100	17			88.24	17			94.12	17		
中上	95.91	318			94.03	318			91.82	318			94.32	317		
中等	96.26	2 325			95.01	2 326			91.75	2 326			95.23	2 326		
中下	96.54	1 068			95.22	1 068			90.44	1 067			95.41	1 068		
下等	93.85	358			91.34	358			89.08	357			95.81	358		
自评疫情等级			19.35	<0.001			1.85	0.603			5.69	0.128			1.95	0.583
高风险	99.13	115			93.04	115			86.96	115			95.65	115		
中风险	97.92	432			95.14	432			91.44	432			96.53	432		
低风险	96.48	2 526			94.89	2 526			91.76	2 524			95.13	2 525		
零风险	94.03	1 039			94.04	1 040			89.90	1 040			94.90	1 040		
分组年龄			0.50	0.777			18.40	<0.001			30.35	<0.001			14.60	0.001
青年人（18－45岁）	96.04	3 056			93.78	3 057			89.75	3 055			94.50	3 056		
中年人（45－59岁）	96.31	650			97.69	650			95.38	650			97.38	650		
老年人（60岁及以上）	96.81	313			96.49	313			95.85	313			97.76	313		

表5　变量赋值表

变量	赋值
出门戴口罩	0＝不戴口罩 1＝戴口罩
外出回家洗手	0＝不洗手 1＝洗手
避免不必要外出	0＝外出 1＝不外出
减少不必要聚会	0＝聚会 1＝不聚会
性别	0＝男 1＝女
城乡	0＝城市 1＝农村
教育程度	1＝初中及以下 2＝高中、中专、技校 3＝大学专科及以上
职业类型	1＝政府机关、企事业单位领导及技术人员 2＝一般职工、办事人员 3＝商业与服务业人员 4＝工人、初级劳动者、农民 5＝个体工商户 6＝在读学生 7＝退休或无业 8＝其他
居住地	0＝湖北省 1＝湖北省以外其他省
自评经济水平	1＝上等 2＝中上 3＝中等 4＝中下 5＝下等
自评疫情等级	1＝高风险 2＝中风险 3＝低风险 4＝零风险

外出回家洗手的显著影响因素有性别、教育程度（大学专科及以上）、职业（工人、初级劳动者、农民）和年龄（$P<0.05$）。女性外出回家洗手概率仍然高于男性（OR＝2.27，95％CI：1.49～3.46，$P<0.001$），大学专科及以上回家洗手概率更高（8＝1.89，95％CI：1.1～3.24，$P=0.021$），工人、初级劳动者、农民回家洗手概率更低（OR＝0.52，95％CI：0.28～0.94，$P=0.031$）。

避免不必要外出的显著影响因素是性别、城乡和年龄（$P<0.05$）。女性避免不必要外出的概率高于男性，女性外出情况更少（OR＝2，95％CI：1.45～2.77，$P<0.001$）；农村居民比曼不必要外出的概率高于城市居民，城市居民外出比农村居民更频繁（OR＝1.77，95％CI：1.21～2.63，$P=0.004$）。

减少不必要聚会的显著影响因素是性别、教育程度（高中、中专、技校）、居住地和年龄（$P<0.05$）。女性减少不必要聚会的概率高于男性，男性比女性聚会更多（OR＝1.71，95％CI：1.14～0.57，$P=0.009$）；高中、中专、技校学历外出聚会更少（OR＝0.42，95％CI：0.20～0.87，$P=0.02$）；湖北省出减少不必要聚会概率高于湖北省以外其他省，湖北省的聚会显著少于其他省（OR＝0.63，95％CI：0.43～0.91，$P=0.013$）。

年龄对四种行为的影响虽然都有统计学意义（$P<0.05$），但其发生比接近1，说明年龄的实际作用非常小。性别是出门戴口罩、外出回家洗手、避免不必要的外出和减少不必要聚会四种行为的显著影响因素（$P<0.05$），且女性的防护意识明显高于男性。见表6。

五、讨论

新冠疫情发生后，全国形成自上而下、协同推进的疫情联防联控工作机制，采取前所未有、世所罕见的防控救治举措，共同"战疫"，共克时艰。呼吸道飞沫和密切接触传播是此次新型冠状病毒肺炎（COVID-19）主要传播途径，防控疫情需要保持良好的个人及环境卫生，养成勤洗手、避免用手接触口鼻眼、咳嗽打喷嚏时注意遮挡、科学佩戴口罩、严格保持"社交距离""一米线"、推广公筷等卫生习惯和生活方式。本研究表明总体上我国居民防控意识较强，能够积极响应政府号召，采取戴口罩、勤洗手、减少外出、不与亲友聚会等防护措施，出门戴口罩、外出回家洗手、避免不必要的外出和减少不必要聚会百分比均超过90％，其中出门戴口罩百分比最高，为96.09％。

表6 新冠疫情期间我国不同分层居民出门戴口罩、外出回家洗手、避免不必要外出和减少不必要聚会影响因素分析

自变量	出门戴口罩		外出回家洗手		避免不必要外出		减少不必要聚会	
	OR值 (95%CI)	P值	OR值 (95%CI)	P值	OR值 (95%CI)	P值	OR值 (95%CI)	P值
性别								
男	1.00		1.00		1.00		1.00	
女	2.11 (1.24~3.6)	0.006	2.27 (1.49~3.46)	<0.001	2.00 (1.45~2.77)	<0.001	1.71 (1.14~0.57)	0.009
城乡								
城市	1.00		1.00		1.00		1.00	
农村	0.45 (0.29~0.72)	<0.001	0.71 (0.48~1.05)	0.087	1.77 (1.21~2.63)	0.004	0.92 (0.59~1.46)	0.743
教育程度								
初中及以下	1.00		1.00		1.00		1.00	
高中、中专、技校	0.73 (0.39~1.36)	0.324	1.27 (0.76~2.11)	0.363	1.11 (0.68~1.79)	0.679	0.42 (0.20~0.87)	0.02
大学专科及以上	0.80 (0.42~1.60)	0.558	1.89 (1.1~3.24)	0.021	1.37 (0.85~2.22)	0.2	0.52 (0.25~1.10)	0.088
职业类型								
政府机关、企事业单位领导及技术人员	1.00		1.00		1.00		1.00	
一般职工、办事人员	2.00 (0.72~543)	0.189	1.27 (0.61~2.66)	0.52	1.17 (0.72~1.88)	0.528	1.38 (0.72~2.62)	0.332
商业与服务业人员	1.18 (0.44~3.13)	0.74	0.75 (0.37~1.51)	0.418	1.11 (0.64~1.93)	0.716	1.04 (0.51~2.11)	0.915
工人、初级劳动者、农民	0.52 (0.26~1.05)	0.067	0.52 (0.28~0.94)	0.031	0.93 (0.57~1.50)	0.755	1.10 (0.58~2.08)	0.778
个体工商户	0.85 (0.35~2.08)	0.721	0.60 (0.30~1.20)	0.148	0.68 (0.41~1.13)	0.133	0.66 (0.35~1.26)	0.212
在读学生	1.17 (0.49~2.80)	0.731	0.79 (0.40~1.56)	0.503	0.94 (0.55~1.60)	0.827	0.75 (0.40~1.41)	0.371
退休或无业	0.64 (0.28~1.48)	0.3	0.73 (0.35~1.53)	0.403	1.00 (0.56~1.80)	0.995	0.95 (0.45~2.01)	0.896

续表

自变量	出门戴口罩		外出回家洗手		避免不必要外出		减少不必要聚会	
	OR值 (95%CI)	P值	OR值 (95%CI)	P值	OR值 (95%CI)	P值	OR值 (95%CI)	P值
其他	0.96 (0.38~2.40)	0.929	0.97 (0.45~2.12)	0.946	1.49 (0.80~2.79)	0.206	1.12 (0.53~2.34)	0.766
居住地								
湖北省	1.00		1.00		1.00		1.00	
湖北省以外其他省	0.30 (0.18~0.48)	<0.001	0.86 (0.61~1.22)	0.401	0.82 (0.61~1.10)	0.188	0.63 (0.43~0.91)	0.013
自评经济水平								
上等	1.00		1.00		1.00		1.00	
中上	5.48E-07	0.993	1.79E-06	0.983	0.72 (0.08~6.08)	0.76	1.94E-06	0.984
中等	6.75E-07	0.993	2.93E-06	0.983	0.6 (0.07~4.86)	0.633	2.01E-06	0.984
中下	8.09E-07	0.993	3.81E-06	0.984	0.51 (0.06~4.21)	0.535	1.84E-06	0.984
下等	4.93E-07	0.993	2.25E-06	0.983	0.5 (0.06~4.23)	0.522	1.98E-06	0.984
自评疫情等级								
高风险	1.00		1.00		1.00		1.00	
中风险	1.70E-06	0.983	2.49 (0.94~6.62)	0.068	1.55 (0.73~3.30)	0.256	0.92 (0.25~3.32)	0.897
低风险	1.70E-06	0.983	1.74 (0.76~4.00)	0.19	1.89 (0.95~3.77)	0.069	0.87 (0.26~2.86)	0.816
零风险	1.39E-06	0.983	1.92 (0.80~4.65)	0.145	1.7 (0.81~3.55)	0.158	0.92 (0.27~3.18)	0.896
年龄	1.03 (1.01~1.05)	0.003	1.06 (1.04~1.08)	<0.001	1.06 (1.04~1.07)	<0.001	1.04 (1.02~1.06)	<0.001
家庭人均年收入	0.96 (0.82~1.12)	0.631	1.01 (0.90~1.14)	0.845	0.95 (0.86~1.06)	0.354	0.89 (0.78~1.02)	0.103

从性别角度看，本研究发现性别在四种行为中差异均显著，是四种行为的显著影响因素，且女性疫情防护意识更强，在四种行为中的百分比均高于男性。既往研究结果显示，新冠疫情期间我国居民女性戴口罩的百分比高于男性；曹素珍等对新冠疫情期间我国居民洗手情况的研究表明女性洗手的百分比高于男性，可能与女性比男性更讲究卫生有关。男女在认知风格上存在显著差异，女性更容易受到情绪的影响，在疫情蔓延的时期，焦虑情绪可能使女性对新冠疫情更加关注，因此自我保护意识和防控意识更强，在避免不必要外出和减少不必要聚会方面做得更好。研究结果提示我们男性可能对新型冠状病毒肺炎期间的自我防护意识更弱一些，在做政策宣传时可适当加强对男性的宣传力度。

从目前居住地这方面看，本研究发现湖北省在四种行为中的百分比显著高于其他省，是出门戴口罩和减少不必要聚会的显著影响因素。2019年12月30日，从武汉金银潭医院不明原因肺炎患者中采集了3份支气管肺泡灌洗液样本，最终确诊为"新型冠状病毒肺炎（COVID-19）"，2020年1月23日起在武汉及附近城市实施了大规模的人群隔离。湖北省作为新型冠状病毒肺炎最早爆发，疫情最为严重的省，其居民防控意识更强，自我保护做得更为到位。研究结果提示我们要按照党中央关于抓紧抓实抓细常态化疫情防控工作的决策部署，全面落实"外防输入，内防反弹"的总体防控策略，不仅要对疫情严重地区做好严格防控工作，在疫情较轻或疫情有所缓解地区依然要提高警惕，实现疫情防控常态化。

从城乡角度看，本研究发现城市居民出门戴口罩和外出回家洗手的百分比显著高于农村居民，而农村居民避免不必要外出的百分比显著低于城市居民，城市居民外出更加频繁，城乡变量是出门戴口罩和避免不必要外出的显著影响因素。前人研究发现疫情期间我国城市居民戴口罩和洗手的百分比均比农村居民高，这可能与城市关于疫情防控宣传力度更大，城市居民警惕性更高，同时卫生习惯和居住环境更好有关，今后应重点加强对农村居民的疫情防控引导。姜楠等研究发现疫情期间我国城市居民与农村居民相比，出行频次更高，乘坐感染危险性较高的交通工具（公交车）的比例也高于农村居民，提示我们要采取多种方式以确保城市居民外出时的自我防控措施的有效执行。

从教育程度的角度看，本研究发现不同受教育程度在出门戴口罩和减少不必要聚会两种行为中不同受教育程度差异显著，随着教育程度的提升，出门戴口罩的百分比逐渐升高，而减少不必要聚会的百分比逐渐降低。大学专科及以上学历外出回家洗手的概率更高，高中、中专、技校聚会更频繁。曹素珍发现疫情期间我国居民在不同给定情景下洗手行为受文化程度影响显著，随着居民受教育程度的提升，其洗手行为整体上呈上升趋势。姜楠发现新冠疫情期间我国居民受教育程度对居民出行频次影响显著,但没有明显规律。

特别需要强调的是,对青年人要加大关于疫情及防护措施的宣传,特别是针对在校学生大学生,无论从受教育程度还是从年龄段来看,在此次调查中,在校大学生的自我防护行为做到的比例都相对低一些。这也许和疫情以来大部分高校实行的校园封闭管理措施有关,校园内相对封闭,也更安全一些,学生因此会放松出门戴口罩等自我防护行为。但人的行为具有一惯性,学生不可能一直待在校园里,如果出校门期间对疫情不够重视,没有做好自我防护行为,后果也会非常严重。因此,高校工作人员非常有必要加强对在校学生的疫情防控宣传,提高在校大学生的疫情防控意识,对政府大力倡导的个人防护措施必须做到做好。

综上所述,可以发现出门戴口罩、外出回家洗手、避免不必要聚会、减少不必要外出的影响因素并不完全一致。一方面,研究结果很一致地表明,针对男性、湖北省以外的其他省居民以及年轻人特别是在校学生,需要进行更大强度的防控教育宣传,采取更严密的防控措施;另一方面,在具体分析不同行为时,需要根据实际情况,在特定人群中采取具有针对性的措施。

参考文献

[1] Davies A, Thompson KA, Giri K, Kafatos G, Walker J, Bennett A. Testing the Efficacy of Homemade Masks: Would They Protect in an Influenza Pandemic? [J]. Disaster Medicine and Public Health Preparedness, 2013, 7 (4): 413-418.

[2] EUA Department of Health and Human Services. HHS pandemic influenza plan [R]. Washington DC: US Department of Health and Human Services, 2005: 85-86.

[3] Macintyre CR, Cauchemez S, Dwyer DE, Seale H, Cheung P, Browne G, Fasher M, Wood J, Gao Z, Booy R. Face mask use and control of respiratory virus transmission in households [J]. Emerging infectious diseases, 2009, 15 (2): 233-241.

[4] WHO. Coronavirus disease (COVID-19) advice for the public [EB/OL]. Geneva: WHO. 2020-10-23 [2021-01-06]. https://www. who. int/emergencies/diseases/novel-coronavirus-2019/advice-for-public.

[5] World Health Organization (WHO). WHO timeline-COVID-19 [EB/OL].

Geneva：WHO，2020－04－27［2020－06－29］．https：//www.who.int/news/item/27－04－2020－who-timeline-covid－19.

［6］曹素珍，魏佳宁，陈星，郭倩，郑方圆，段小丽.新冠肺炎疫情期间我国居民洗手行为研究［J］.环境科学研究，2020，33（7）：1659－1667.

［7］曹素珍，温东森，陈星，魏佳宁，王贝贝，秦宁，段小丽.新冠肺炎疫情期间我国居民佩戴口罩防护行为研究［J］.环境科学研究，2020，33（7）：1649－1658＋1729.

［8］陈坤，王玮，王胜男，单格妍，李永鑫.河南居民对新冠肺炎疫情的认知现状［J］.中国心理卫生杂志，2020，34（5）：469－474.

［9］丁香园.新型冠状病毒肺炎疫情实时动态［EB/OL］.杭州：丁香园，2021－01－03［2021－01－03］.https：//ncov.dxy.cn/ncovh5/view/pneumonia.

［10］国家卫生健康委办公厅 国家中医药管理局办公室.新型冠状病毒肺炎诊疗方案（试行第八版）.中国：国家卫生健康委办公厅 国家中医药管理局办公室.2020－08－18［2020－08－18］.http：//www.gov.cn/zhengce/zhengceku/2020－08/19/5535757/files/da89edf7cc9244fbb34ecf6c61df40bf.pdf.

［11］国务院应对新型冠状病毒肺炎疫情联防联控机制综合组.新型冠状病毒肺炎防控方案（第七版）［M］.北京：国务院应对新型冠状病毒肺炎疫情联防联控机制综合组，2020.

［12］贾朋群，孙梦晗.飞沫传播与社交距离［J］.气象科技进展，2020，10（2）：132－133.

［13］姜楠，李赛，曹素珍，等.新冠肺炎疫情期间我国人群交通出行行为分析［J］.环境科学研究，2020，33（7）：1675－1682.

［14］刘双庆，张源源，郑春雪，等.两种外科洗手方法消毒效果的临床研究［J］.成都医学院学报，2015，10（3）：334－336.

［15］倪晓平，邢玉斌，索继江，姚宏武，刘运喜.医疗机构中微生物气溶胶的特性与作用［J］.中华医院感染学杂志，2020，30（8）：1183－1190.

［16］彭福荣."新冠肺炎"疫情防控背景下的中华民族认同与民族主义的应对［J］.民族学刊，2020，11（1）：1－7＋119－120.

［17］王睿，曾强，刘洪亮.医务人员佩戴口罩情况与感染呼吸道传染病关系的Meta分析［J］.环境与健康杂志，2012，29（3）：269－270.

［18］吴冉，王晓，孙素芬，等.不同洗手方法对医护人员手消毒效果的影响［J］.护理实践与研究，2015，12（7）：106－107.

[19] 邢红霞，武建英，宁赤凌，刘松君，张红英．医务人员手卫生现状与管理 [J]．中华医院感染学杂志，2002（8）：84-85.

[20] 尹沙，杨洪菊，尹秀明，刘林清，孙玉洁．新冠肺炎流行期间居民防疫现状调查及对策探讨 [J]．卫生职业教育，2020，38（17）：108-111.

[21] 中国—世界卫生组织新型冠状病毒肺炎（COVID-19）联合考察报告．2020-02-29 [2020-02-29]．http：//www. nhc. gov. cn/xcs/yqfkdt/202002/87fd92510d094e4b9bad597608f5cc2c. shtml.

[22] 周金华，李晓宁，伍浩颖，刘杰，耿宏源，张岩，李永贤，曾锦衡，贺征，刘远．新型冠状病毒肺炎疫情期间居民使用口罩和消毒产品的影响因素 [J]．中华疾病控制杂志，2020，24（7）：845-850.

[23] 唐丽娜，盖琴宝，邓文清，王卫东．新型冠状病毒肺炎疫情期间我国居民自我防护行为的特征及影响因素 [J]．中华疾病控制杂志，2021，25（4）：389-394.

建党百年来中国人口死亡模式的转变及其影响

陶　涛　黄静怡　钟雨奇

一、引言

死亡，是人类社会绕不开的话题。对于个人的生命历程而言，死亡是个体生命的终结，是一种不可避免的生物学现象。但对于整个人类的发展历史而言，死亡在某种程度上是可以被推迟的，人口的平均预期寿命在不断延长。

今年是中国共产党成立 100 周年，全面建成小康社会的奋斗目标如期完成，人们的健康水平也得到很大的提升。在过去一百年间，中国的人口死亡模式发生了巨大的转变。建党百年来，随着经济社会的发展、生活水平的提高、医学技术的进步以及医疗服务逐渐普及，人口死亡率大幅下降，人口健康素质和平均预期寿命不断提高，民众对待死亡的观念也变得更加科学和理性。这一切都离不开中国共产党全民健康的理念以及在健康事业方面的不懈努力。死亡模式的重大转变也深刻地影响了人口、婚姻、生育、家庭等多方面的转变，并形成当今中国社会图景的基础。在建党一百周年这个关键节点上，梳理与研究中国死亡模式的转变，回顾党在健康事业方面的努力，并探讨死亡模式转变对人口转变、婚姻转变、生育转变、家庭转变等多方面的影响，具有十分重要的现实意义。

二、建党百年人口死亡模式转变的成就

(一) 人口死亡率大幅下降

人口死亡率是反映一个国家或地区人口健康素质和水平的重要指标。过去一百年来，除去部分因战争或自然灾害导致的死亡率突然上升，中国的人口死亡率整体

处于大幅下降趋势。新民主主义革命时期的人口死亡率缺乏明确统一的登记数据。有学者认为由于战乱、疾病和饥荒等原因，1949 年前中国的人口死亡率高且随年份没有明显的变化规律，各地区的死亡水平差异较大，如 1934 年北平的人口死亡率为 14.3‰，而同年江苏省江阴市小西区的女性死亡率达 55‰（赵锦辉，1994）。根据 1936 年政府公布的资料，当时中国人口死亡率高达 27.6‰，婴儿死亡率高达 156.2‰（杨菊华、谢永飞，2016）。至中华人民共和国成立初期，中国人口死亡率仍高达 20‰。随着经济社会的发展以及党和政府对医疗卫生事业的重视和推动，城乡居民基本医疗卫生制度基本确立，基本医疗服务逐渐普及，中国人口死亡率迅速下降。在 1965 年时已经低于 10‰，此后五十多年间一直维持下降趋势。21 世纪人口老龄化的加剧使得人口死亡率略有回升，但婴儿死亡率及孕产妇死亡率仍持续下降。至 2019 年，中国人口死亡率已降至 7‰，居民健康水平处于发展中国家前列。2020 年受到新冠疫情以及经济低迷的影响，全球人口死亡率有所上升。但中国率先遏制新冠肺炎病毒在国内的蔓延，集中医疗资源全力救治感染者，最大限度地保护人民生命安全。建党百年来，我国婴儿死亡率由 200‰以上的高水平降至 5.6‰，孕产妇死亡率由 1 500/10 万迅速下降至 17.8/10 万，接近高收入国家的平均水平，取得了举世瞩目的成就，极大地促进了人民健康。

医疗服务的普及和基本医疗制度的建立是人口死亡率下降的重要原因。旧社会卫生条件差，医疗机构、卫生人员严重不足。受时代条件所限，中华人民共和国成立前的卫生统计资料十分有限，如图 1 所示，当时全国医疗卫生机构也仅 3 670 个，医疗机构床位数仅 8.5 万张，可以推断，绝大多数人缺乏有效的健康服务和健康保障。但随着经济社会逐渐恢复，中国医疗卫生资源总量持续增加。尤其是改革开放以来，由于允许个体医生开业行医，医疗卫生机构数增长得极为迅速，民众卫生服务可及性也有所增加。

(二) 人口预期寿命大幅提升

早在古代，为了行政、征税和军事等需求，民事登记等有关人口死亡的人口统计制度已经在中国以及欧洲的一些国家出现。1662 年约翰格兰特完成《关于死亡表的自然的和政治的观察》，标志着对死亡系统的分析和研究正式掀开帷幕，"预期寿命"这一概念也被提出。预期寿命是指一个假定队列的人口，以某一时点的年龄别死亡率度过一生，他们还会存活的平均年数，是衡量一个社会的经济发展水平及医疗卫生服务水平的重要指标。

由于医学技术的落后、传染性疾病的流行以及饥荒战乱等不稳定因素，古代的

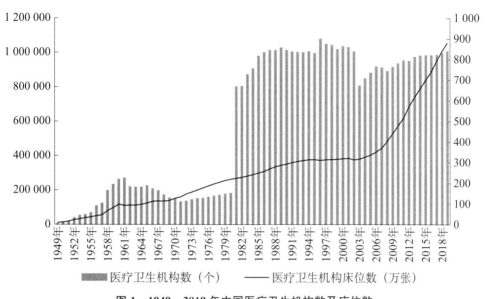

图 1　1949—2019 年中国医疗卫生机构数及床位数

数据来源：国家统计局年度数据（https：//data.stats.gov.cn/）。

人平均寿命普遍很低。自第二次世界大战结束以来，随着经济的恢复和发展、公共卫生环境的改善，危害人类健康的传染性疾病基本得到控制，人类疾病谱和死亡谱发生了很大改变，主要死因已由传染病逐步改变为非传染性疾病。全球人均预期寿命快速提升，从 1960 年的 52.6 岁提高至 2019 年的 72.7 岁，60 年来增幅近 20 岁。与此同时，婴儿死亡率大幅下降，老年人口不断增加。

相比于世界人均预期寿命的增长，我国人均预期寿命近百年来的增速让人更为瞩目。旧社会动荡不安、阶级压迫、传染病肆虐、生活水平低下，人均预期寿命远低于世界平均水平。直到中华人民共和国建立初期，我国人均预期寿命仍只有 35 岁左右，低于世界平均水平 12 岁、低于发达国家近 31 岁，与世界最不发达地区的人均预期寿命相似。随着我国经济的恢复，爱国卫生运动的开展以及农村地区三级医疗卫生保健体系的构建，人均预期寿命迅速提高。如图 2 所示，至 20 世纪 70 年代时中国的人均预期寿命已达 58.68 岁，追平世界平均水平。中国在 20 年间人均预期寿命增长了近 24 岁，幅度之大远超同期所有国家。2019 年，中国人均预期寿命达 77.3 岁，超过世界平均水平 4 岁，居于中高收入国家前列。短短 100 年间，我国人均预期寿命实现了从落后到追平再到反超世界平均水平，达到欧美发达国家的同等水平。健康水平实现如此大的跨越，是妇幼健康事业、城乡卫生服务体系、卫生保障体系逐步完善的结果，也是党和国家在健康卫生事业方面不断努力的成效。

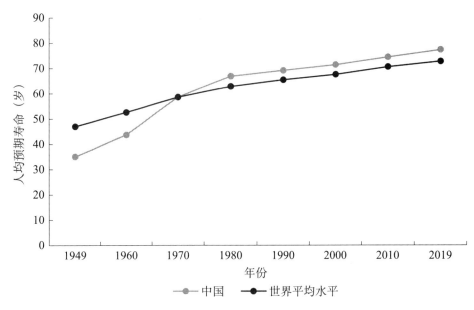

图2 部分年份中国及世界人均预期寿命

注：1949 年数据来自国家统计局（http：//www. stats. gov. cn/ztjc/ztfx/zgsnrjzs/200206/t20020628 ＿ 36021. html）；1960 年及以后的数据来自世界银行 2019 年数据库（https：//data. worldbank. org. cn/indicator/SP. DYN. LE00. IN？ view＝chart）。

（三）民众死亡观念发生重要转变

死亡模式转变是多方面的，不仅是统计数据上显示的死亡水平的下降和预期寿命的提高，还包括文化层面民众死亡观念的重大变化。人们对死亡的认识是一个漫长的过程，总体上经历了从渴望长生不老到正视死亡不可避免，再到逐渐注重安宁疗护的转变。

由于对死亡的恐惧和避讳的需要，古代描述死亡的别称十分细致丰富，且带有明显的等级尊卑的色彩。如帝王之死称"驾崩"，诸侯之死称"薨"。部分当权者甚至通过修道、炼丹等手段企图修炼成仙，希冀永生不死。中国儒家传统文化强调"事死如事生"的死亡观，《周礼》对祭品、陪葬品、墓碑和墓地等相关的制度和事物都有详细的规定，仪式烦琐、等级森严，俨然是将生者的生活方式代入死后的世界。从西周至明清时期，民众的死亡观念一直没有发生大的转变。

中国共产党建立以来，随着马克思唯物主义生死观的传播和科学文化知识的逐渐普及，民众的死亡观念也趋于科学和理性，大部分民众能够认识到死亡是不可避免的自然规律。1979 年中国共产党提出建设社会主义精神文明以来，全国兴起破除封建迷信的科学氛围，永生不死、魂魄重生等落后愚昧的死亡观念逐渐被民众所抛弃。

近年来，国家卫健委等部门大力支持和发展老年护理，加强安宁疗护能力建设。安宁疗护是指由医疗健康照护人员和志愿者为终末期患者提供的包括生理、心理、精神和社会支持等方面的全方位照护，以帮助患者舒适、平静和有尊严地度过生命终末期，提高生命最后阶段的生活质量。安宁疗护的对象也包括终末期患者家属，帮助家属正确处理悲伤、面对死亡。作为全生命周期健康服务的重要内容，安宁疗护是社会进步的重要体现。它的出现表明人们不再仅仅考虑如何延长生命，还开始关注临终时应有尊严、安详地走完人生的最后旅程。这体现了人们越来越重视生命的质量，对死亡的认识也越来越豁达。

三、党在促进健康方面的努力

中国死亡模式的巨大转变，离不开党在健康事业方面的不懈努力。建党百年来，从最初的努力应对传染病，到抢救伤员和危重病人，到关注日常疾病治疗和预防，到多轮医疗改革，再到健康中国战略的确立，中国共产党一直都在努力解决不同时期的现实人口问题和健康问题，走出了一条有中国特色的成功的健康促进之路，加快了中国死亡模式的转变。

（一）新民主主义革命时期：建立战时医疗卫生体系

新民主主义革命时期，时局动荡，战火纷飞。当局政府对卫生工作投入甚少，卫生条件较差，民众恶性传染病频发。当时中国共产党地处农村地区，经济落后，环境恶劣。无论是反国民党"围剿"时期、抗日战争时期、还是解放战争时期，根据地的卫生事业都处于战时发展状态。尽管在缺医少药的情况下，党仍坚持以人民为中心，努力保障军民健康。

建党初期的卫生统计资料并不健全，根据《红色中华》等的记载，中央苏区曾多次暴发疫情。医疗建设的主要目标是防止疫病传染，保存革命力量。1931年11月，中华苏维埃共和国临时中央政府专门设立卫生局统管卫生工作（李洪河，2020）。同月，临时中央政府在瑞金创办了第一所军医学校——中国工农红军军医学校。由此，根据地的医疗卫生建设得到有序指导，党领导的医学教育、医药卫生事业从此发展。抗战时期，为保存抗战力量，总卫生部在延安成立，并对医疗机构实行军事化管理，强调全体为抗日前线服务。

在艰难的条件下，八路军卫生学校、陕甘宁边区医药学校等先后建立，通过医药训练班、助产士班、护士班等多种渠道培养卫生人才，建立起较为完善的战时医疗卫生体系，有力地为抗战军民身体健康提供保障，为抗战胜利作出重大贡献。此后随着革命形势的变化，党的卫生健康事业也得到更多的关注，解放区的卫生工作进一步发展，从保存革命力量、抢救前线伤员转向强调解决群众日常疾病的医治，其覆盖的人群和医治的范围也进一步扩大。相关重点内容见表1。

表1　新民主主义革命时期共产党健康促进的重点内容

年份	重点内容
1931	设立卫生局统管卫生工作
1932	苏维埃临时中央政府第四次常委会议召开，专门讨论卫生防疫工作
1933	中央苏区颁布《卫生运动纲要》，明确指出要解决疾病和污秽
1934	中央防疫委员会以及地方乡镇防疫委员会成立
1940	开展以灭蝇、灭鼠为中心的军民卫生运动
1947—1949	东北解放区政府开展清洁防疫卫生运动，防治鼠疫

(二) 中华人民共和国成立至改革开放前夕：开展爱国卫生运动、构建三级医疗卫生保健体系

中华人民共和国成立后，在党的领导下，全国范围内广泛开展了爱国卫生运动。群众爱国卫生运动是在缺医少药的情况下，结合党组织、科学家和人民群众三方联动，用社会治理的方法取得公共卫生成效的中国奇迹。另外，党还在城市地区建立公费医疗制度和劳保医疗制度，在农村地区构建三级医疗卫生保健体系。对于中国这样一个人口庞大、地域辽阔的大国，只有全民、广覆盖的卫生健康政策才能快速有效提升整体健康水平，真正保障人民健康。这是党在健康事业上的工作智慧，更是党"为中国人民谋幸福，为中华民族谋复兴"的初心的重要体现。

中华人民共和国成立初期，血吸虫病遍布大半个中国，威胁近四分之一的中国人口。中共中央专门设立防治血吸虫病领导小组，带领人民群众用挖新渠填旧渠的简易方法填埋血吸虫病的宿主钉螺，改造卫生环境。1952年"卫生工作与群众性卫生运动相结合"被确定为卫生工作的一项基本原则，由此掀开全民参与爱国卫生运动的热潮，大力开展"除四害""五讲四美三热爱"等运动，成功控制天花、鼠疫、霍乱等烈性传染病。

在城市地区，社会主义改造完成后，党和国家便确立了面向机关与事业单位工作人员的公费医疗制度和劳保医疗制度，覆盖群体不断扩大。但当时我国绝大部分

人口都是农民，农村地区的医疗资源远落后于城市地区。提高农民的健康水平是提高全国人民健康水平的关键。因此，在 1965 年 1 月，毛泽东同志做出"把卫生工作重点放到农村去"的指示。此后，"赤脚医生"与农村合作医疗制度迅速发展，农村合作医疗覆盖率从 1960 年的 32% 迅速上升到 1976 年的 93%，逐步构建农村三级医疗卫生保健体系（章滨云，2000）。农村合作医疗制度、赤脚医生和农村三级医疗卫生保健体系具有鲜明的中国特色，是中国共产党的创举。它作为计划经济时代农村地区的医疗实践产物，有效增进了农村居民的健康福祉。相关重点内容见表 2。

表 2　中华人民共和国成立至改革开放前夕共产党健康促进的重点内容

年份	爱国卫生运动重点内容
1949	建立基层卫生组织和清扫保洁制度
1950—1951	建立全国各级卫生基层组织
1952—1956	在全国范围内建立卫生防疫站
1953—1958	防治血吸虫病
1958	"除四害"运动
1965	毛泽东做出"把卫生工作重点放到农村去"的指示
1965—1978	农村合作医疗制度、赤脚医生和农村三级医疗卫生保健体系逐渐完善

（三）改革开放至党的十八大以前：推动医疗卫生体制改革

改革开放时期，由于集体经济制度基础的大范围解体，党对健康卫生事业的管理思路也发生改变，开始采用经济手段管理卫生事业。但经过多个阶段的曲折探索，政府在医疗卫生方面的责任被重新强调。在这一时期，党和政府在医疗卫生体制中适当引入市场化机制的同时，构建起全覆盖的基本医疗保障制度，积极推动医疗卫生服务均等化。

1978 年改革开放以来，家庭联产承包责任制在农村实行，企业经营自主权在城市放宽，社会主义市场经济体制逐步建立。集体经济在许多地方被削弱甚至解体，以集体经济为基础的合作医疗也大面积解体，至 1989 年底，合作医疗覆盖率降至 4.8%（杨燕绥、刘懿，2019）。与此同时，城市的公立医院以药养医的情况愈演愈烈，再加上大批农民进城打工，医疗领域供给不足，群众"看病难""看病贵"这一社会问题开始凸显。

市场化改革在一定程度上促进了中国医疗卫生的发展，但其所带来的弊病也与共产党发展卫生健康事业的初心相违背。共产党代表着最广大人民的根本利益，我国的卫生事业以增进国民健康、促进人的全面发展为目的，只有全民、普惠、公平的服务于生命全周期、所有人群的卫生服务，才符合全体人民的健康发展要求。因此，医疗卫生体制改革迫在眉睫。

1985 年底，原卫生部停止使用"赤脚医生"名称，标志着医疗卫生体制改革开始。在 1996 年的第一次全国卫生工作会议上，党和政府明确指出："我国卫生事业是政府实行一定福利政策的社会公益事业"，将医改重回公益性，凸显了国家对人民生命健康的责任。此后，中共中央、国务院出台多项有关医药卫生体制改革的意见，力图革除公立医院的弊端，逐步构建社会医疗保险制度，实现人人享有基本医药卫生服务的目标（杨燕绥、刘懿，2019）。2002 年 10 月，《中共中央、国务院关于进一步加强农村卫生工作的决定》明确指出：要"逐步建立以大病统筹为主的新型农村合作医疗制度"，合作医疗也迎来了新的发展阶段。2009 年《关于深化医药卫生体制改革的意见》公布，新一轮医改启动，打破原有的医疗服务体系，构建新的医保支付方式，破除以药养医，重申了政府在医疗卫生筹资和公共产品提供方面的主导作用。根据《中国的医疗卫生事业》白皮书公布的数据，截至 2011 年底，包括城镇职工基本医疗保险、城镇居民基本医疗保险和新型农村合作医疗的基本医疗保障制度的参保人数已超 13 亿。我国仅用了 3 年时间，将基本医疗保障的覆盖率稳定在 95％以上，医疗卫生服务的公益性、公平性和可及性不断强化。表 3 显示医疗卫生体制改革的三个重要节点。

表 3　改革开放至 21 世纪初的医疗卫生体制改革重要节点

年份	医疗卫生体制改革重点
1985	启动医疗卫生体制改革
2002	逐步建立以大病统筹为主的新型农村合作医疗制度
2009	全面启动新一轮医改，提出实现人人享有基本医疗卫生服务的目标

（四）党的十八大至今：把人民健康放在优先发展的战略地位

党的十八大以来，在以习近平同志为核心的党中央坚强领导下，我国医疗卫生事业进一步发展。覆盖城乡居民的社会保障体系基本建立，人民健康和医疗卫生水平大幅提高。另外，卫生总费用占国内生产总值比重稳步上升且卫生筹资结构不断优化，政府卫生支出持续增加，充分体现了党和政府对人民健康的重视（见图 3）。

在党的十九大报告中，习近平总书记提出"人民健康是民族昌盛和国家富强的重要标志"，明确指出实施健康中国战略，完善国民健康政策。2019 年，在国家层面成立健康中国推进委员会，制定《健康中国行动（2019—2030 年）》。健康中国行

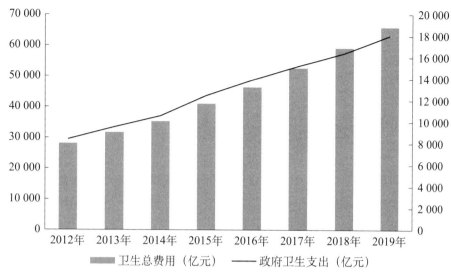

图 3　2012—2019 年中国卫生总费用及政府卫生支出

数据来源：国家统计局年度数据（https：//data. stats. gov. cn/）。

动提出将健康融入所有政策，从以往以治病为中心转向以健康为中心，坚持以预防为主，增进全民健康，将人民健康放在了极其重要的位置。

2020 年初，一场突如其来的新冠疫情在全世界暴发。相比于很多西方国家疫情防控的混乱，中国特色社会主义制度和突发公共卫生事件应急体系的巨大优越性在这场疫情防控中充分显露。在疫情期间，党多次强调要"始终把人民群众生命安全和身体健康放在第一位"。国家承担治疗新冠病毒的所有医疗费用、不放弃任何一位感染者等举措，充分展现了党和政府对人民健康的高度重视。

病毒无国界，人类卫生健康事业是一个共同体。截至 2021 年 5 月 17 日，全球新冠疫情累计确诊人数已突破 1.6 亿，累计死亡人数超过 300 万。欧美、印度等国家的治理模式在应对重大突发公共事件与化解疫情风险上显得捉襟见肘。部分国家在出现首例确诊患者后，采取"拖延战略""群体免疫"，错失遏制疫情暴发和扩散的最佳时机，在既有管理路径和治理模式下，依然采取市场化的资源分配方式，医疗服务资源向少数群体倾斜，加剧了健康不平等，也降低了社会治理效率。反观我国，在积极防控国内疫情的情况下，对需要帮助的国家出口呼吸机和口罩等紧缺物质，并与全球 100 多个国家分享防控及诊断方案，为世界贡献中国经验，凸显了中国政府的人民情怀与大国担当。

如今抗击疫情攻坚战仍在进行，并走向了疫情管理常态化阶段。中国在逐步恢复经济的同时，严格落实"外防输入、内防反弹"措施，稳步推进新冠疫苗全民免费接种，尽最大努力保障人民健康。截至 2021 年 5 月 15 日，我国累计开展新冠病毒疫苗接种超 3.9 亿剂次。其中产生的疫苗成本和接种服务等全部费用均由医保基金和国家财政承担。与此同时，我国还向多个国家进行疫苗援助与出口，积极推动疫苗的国际合作。

四、死亡模式转变的社会影响

在过去一百年中，中国人口死亡模式发生了巨大的转变，深刻地影响了中国社会发展以及人民生活的各个方面。20 世纪 20 年代党诞生之初，中国的人口死亡模式仍是传统农业社会死亡模式，即高死亡率和低预期寿命（佟新，2000）。新民主主义革命时期，由于接连的战争、政治动荡以及饥荒瘟疫等原因，中国人口死亡率居高不下。到建党 30 周年时，经济恢复、社会稳定，医疗卫生体系逐步建立，中国人口死亡率呈现出持续稳定的下降趋势。至建党 80 周年时，人均预期寿命达 71 岁，高于同等发展水平国家。而后随着中国人口老龄化的加剧，人口年龄结构老化，死亡率有一定的回升，但仍保持在较低水平。据国家统计局数据显示，2019 年中国人均预期寿命达 77.3 岁，位于中高收入国家前列。

人口预期寿命的延长是健康事业发展的胜利成果，但也不可避免地带来了老龄化程度的不断加深，可能会影响劳动力市场和劳动生产率，进而波及储蓄、投资、消费等多个经济环节，也会使得社会对养老金、医保基金、老年消费品、医疗服务等的需求相应扩大。除此之外，死亡率的下降不是简单的人口存活概率提高，寿命的增加也并非仅仅是老年人余寿的增加或者人们各个生命阶段的简单延长。死亡模式转变带来的是广泛而深刻的社会变革，这种变革还有力地推动了人口、婚姻、生育和家庭的一系列转变。

（一）加速人口转变，快速进入"低低低"模式

死亡模式的转变是人口转变的重要动因。人口转变是指人口再生产模式由传统向现代的转变过程。经典的人口转变经历了三个阶段：高出生率、高死亡率和低自然增长率的原始阶段，高出生率、低死亡率和高自然增长率的过渡阶段和低出生率、低死亡率和低自然增长率的现代阶段。死亡率变化是人口转变的开始，死亡率的大幅下降使得人口发展出现新变化。

党建立之初，战乱频繁，革命风起云涌，死亡率居高不下，人口发展缓慢。在新中国成立以后，我国人口死亡率迅速下降，完成了死亡率由高水平到低水平的转

变。然而，持续下降的死亡率和高水平的生育率共同带来了人口的快速增长，过于庞大的人口规模超前于经济发展。为实现人口与经济、社会、环境等的协调发展，党中央在 20 世纪 70 年代提出"一二三，晚稀少"的人口政策，出生率迅速下降。1980 年，为控制我国人口快速增长，中共中央发布一封致全体共产党员、共青团员的公开信，号召一对夫妇只生育一个孩子。此后出生率进一步下降，死亡率稳中有降。至 21 世纪初，中国人口转变趋于完成。

我国的人口转变开始时间晚于西方发达国家，但转变速度较快。我国是在经济并不发达的情况下，通过人口控制政策的外力推动，快速实现了人口转变。当然，人口转变的过快完成也使得新一阶段的人口问题逐渐显露，人口年龄、性别结构等方面的压力日益突出。此外，人口转变深刻影响着社会的方方面面，带动了婚姻、生育、家庭等一系列连锁反应式的转变。

(二) 促进婚姻转变，婚姻形式和时间选择更加多元化

死亡模式的转变也在一定程度上影响了人们婚姻模式的变化。一方面，死亡率下降带来预期寿命的提高，意味着人生终点的延长。当预期的生命旅途延长，其中的重要节点的到来，譬如婚姻，也可能会相对推迟。有学者认为，中国的婚姻模式在 20 世纪 60 年代中期开始转变（放芳，1987）。其突出表现为妇女平均初婚年龄显著提高，这与同时期死亡率的迅速下降相呼应，也与党和政府提倡晚婚密切相关。另一方面，对死亡和生命价值认知的变化也是婚姻转变的重要原因。随着对生命价值的理解逐渐多元化，人们在除了结婚成家之外，有了更加自由和多元化的生活方式。由此导致婚姻的观念、内涵、形式也发生了较大的变化，离婚、不婚、同居等现象明显增加。

但总体而言，中国婚姻转变较为缓和，人口婚姻关系仍相对稳定。尽管平均初婚年龄不断上升，但上升的幅度相对缓慢，30 岁以上人口中已婚有配偶者占绝大多数（翟振武、刘雯莉，2020）。此外，虽然近年来离婚率在逐渐攀升，但仍保持在较低水平（於嘉、谢宇，2019）。根据《中国民政统计年鉴 2019》公布的婚姻登记数据，2019 年我国的粗离婚率为 3.4‰。与日韩及欧美国家相比，我国离婚人口占总人口的比例较小，离婚并不普遍（於嘉等，2020）。

(三) 加速生育转变，总和生育率大幅下降

中国人口生育率在过去一个世纪中经历了巨大的变化，完成了从高生育率向稳定在更替水平以下的生育率的转变。死亡模式的转变是生育转变的重要推动力。一

般而言，死亡率下降会使得生育率呈现先短暂上升，后持续下降的趋势。首先是孕产妇死亡率大幅度下降，其能够生育的孩子的数量增加，生育率也随之上升。紧接着，当婴儿死亡率逐渐下降，人们开始意识到自己所生的孩子很有可能平安活到成年，其生育需求会随之减少。

共产党建立之初至 1957 年以前，我国年人口出生率都在 30‰ 以上，部分年份甚至达到 50‰，总和生育率维持在 6 左右的高水平上，是典型的高生育模式。这一时期的高生育率不仅受到"多子多福"等鼓励生育的传统观念影响，更是在婴幼儿死亡率高的背景下，抵抗风险的理性策略。当时的婴幼儿死亡率高达 200‰，婴儿活到成年的概率较小，人们倾向于多生孩子以分散孩子夭折的风险。20 世纪 70 年代，中国母婴健康事业已得到一定发展，中国婴幼儿死亡率降至 47‰ 左右[①]。再加之党和政府提出"晚稀少"的生育政策，呼吁少生优生，中国总和生育率开始以一种前所未有的速度急剧下降。到 20 世纪 70 年代末中国总和生育率降至 3 以下。此后，由于计划生育政策的实施，中国总和生育率仍缓慢下降。有学者认为中国在 1991 年已进入低生育率国家行列，并提出中国低生育的实现是不平衡、不稳定、不彻底的生育转变（邬沧萍，1995）。中国在不到三十年间完成了生育转变，转变的"滞后性"与"压缩性"并存（李建新、涂肇庆，2005）。

（四）促进家庭转变，家庭小型化

一百年来，中国家庭伴随着社会转型和人口转变发生了剧烈变迁，总体上呈现出向现代化转变的趋势（宋健等，2020）。20 世纪末，中国家庭转变已初显端倪，家庭的结构和功能都发生了较大变化（孙丽燕，2004）。

死亡模式转变对家庭转变的影响是多方面的。死亡率的下降引起预期寿命的增长，有更多的人能够活到老年。这一方面意味着三代同堂的可能性提高，直系家庭的比例可能有所上升；另一方面，老年人在生命后期经历空巢、丧偶、寡居等可能性也在增加，单人和核心老人户规模扩大。此外，老年人带病生存年限占其余寿的比例也在提高，高龄老人中失能、失智老年人的数量逐渐增多，一定程度上加重了家庭的养老负担。

生育转变也是导致家庭结构变化的重要原因，持续的低生育率导致家庭规模趋于小型化、核心化。2020 年第七次人口普查的数据显示，2020 年我国家庭户规模约为 2.62 人，相比于 1982 年的 4.51 人有明显减少。

---

① 《2019 中国卫生健康统计年鉴》显示 1973—1975 年我国婴幼儿死亡率为 47‰。

五、结语

过去一百年，是中国社会急剧变迁的一百年。一百年里，我国的人口死亡率大幅下降，人均预期寿命显著提高，民众死亡观念有明显转变。死亡模式的转变不仅得益于现代医疗技术的巨大进步和经济社会的飞速发展，党在健康事业方面的理念和实践也尤为重要。中国现今的死亡模式与发达国家相似，但死亡转变的道路以及党在健康卫生事业方面的实践都极具中国特色。

中国共产党始终坚持以人民为中心，重视保障人民健康权益。在战火纷飞的革命年代，建立战时医疗卫生体系，军事化管理卫生资源，以保障战争的胜利；在特殊的时代背景下，探索出爱国与群众卫生相结合，构建农村三级医疗卫生保健等有效措施，通过广泛动员一切可以动员的力量，最大限度地满足广大人民群众的健康卫生需求；在新时代经济社会条件允许的情况下，党及时将工作重心从治病转向健康，将人民健康上升到国家战略的高度，全周期、全方位地保障人民健康，并高屋建瓴地提出构建人类卫生健康共同体。从每一个个体而言，健康是安身立命的基本诉求和生存底线，部分国家以经济利益和市场原则为指导的为特殊群体、部分阶层服务的健康工作策略，不仅挑战伦理底线，其实施效果也差强人意。从整体国情而言，对于中国这样一个人口众多的超级大国，只有全民、全覆盖、公平、普惠、托底的卫生健康政策才能快速有效提升整体健康水平，真正保障人民健康，从而促进家庭稳定、经济发展和社会和谐。这是党在卫生健康事业上的工作智慧，更是党"为中国人民谋幸福，为中华民族谋复兴"的初心的重要体现。

参考文献

[1] 赵锦辉. 1949 年前近 40 年中国人口死亡水平和原因分析 [J]. 人口研究，1994 (6)：33 - 38.

[2] 杨菊华，谢永飞. 人口社会学 [M]. 北京：中国人民大学出版社，2016：99.

[3] 林万孝. 我国历代人的平均寿命和预期寿命 [J]. 生命与灾祸，1996 (5)：27 - 27.

[4] 栾荣生，王晓燕. 中国传统文化与中国独特的死亡观 [J]. 中国医学伦理学，1993 (6)：40 - 44.

[5] 李洪河. 新中国卫生防疫体系是怎样建立起来的 [J]. 档案春秋，2020

（5）：12-16.

[6] 章滨云，虞国良，郝超，等．我国农村三级医疗预防保健网的历史沿革和存在问题［J］．中国卫生资源，2000，10（6）：260-264.

[7] 杨燕绥，刘懿．全民医疗保障与社会治理：新中国成立70年的探索［J］．行政管理改革，2019（8）：4-12.

[8] 佟新．人口社会学［M］．北京：北京大学出版社，2000.

[9] 放芳．我国三十年来婚姻和生育模式的转变（1953—1982）［J］．人口与经济，1987（2）：26-32.

[10] 陆璐．浅析从中国古代社会到现代社会婚姻意义的转变［J］．湖北经济学院学报（人文社会科学版），2008（3）：24-25.

[11] 翟振武，刘雯莉．中国人真的都不结婚了吗：从队列的视角看中国人的结婚和不婚［J］．探索与争鸣，2020（2）：122-130，160.

[12] 於嘉，谢宇．中国的第二次人口转变［J］．人口研究，2019，43（5）：3-16.

[13] 於嘉，赵晓航，谢宇．当代中国婚姻的形成与解体：趋势与国际比较［J］．人口研究，2020，44（5）：3-18.

[14] 邬沧萍，穆光宗．低生育研究：人口转变论的补充和发展［J］．中国社会科学，1995（1）：83-98.

[15] 李建新，涂肇庆．滞后与压缩：中国人口生育转变的特征［J］．人口研究，2005（3）：18-24，96.

[16] 宋健，李建民，郑真真，等．中国家庭的"转变"与"不变"［J］．中国社会科学评价，2020（3）：50-58.

[17] 孙丽燕．20世纪末中国家庭结构及其社会功能的变迁［J］．西北人口，2004（5）：13-16.

我国第一个百年奋斗目标的
民生建设与发展

祁　乐

一、问题的提出

全面建成小康社会是我国"两个一百年"中的第一个百年奋斗目标，既蕴含着我国人民长久以来对理想生活的向往之情，也是实现中华民族伟大复兴征程的重要基础、关键一步。在全面建成小康社会的奋斗路上，民生问题是人民群众最关心、最直接、最现实的利益问题，也一直是社会矛盾的核心问题。民生建设是否完善、民生问题是否能得到妥善解决，不但关乎着国民的生计与生活，也直接影响着整个社会的进步与发展。因此，解决好民生问题，以增进民生福祉为出发点和落脚点始终是全面建成小康社会的根基所在。在发展过程中，人民群众是否能感受到获得感、幸福感、安全感，是衡量全面建成小康社会的重要尺度。

2020年是全面建成小康社会和"十三五"规划收官之年，也是第一个百年奋斗目标的决胜之年。面对着复杂严峻的国内外形势，全国各族人民在党的领导下团结一心，攻坚克难，决胜全面建成小康社会取得了突出成就，交出了一份人民满意、世界瞩目的答卷。2021年7月1日上午，在庆祝中国共产党成立100周年大会上，习近平总书记庄严的宣告：中华大地全面建成了小康社会。这不仅标志着十三五规划与全面建成小康社会的完美收官，也同时开启了下一个百年奋斗目标——全面建设社会主义现代化国家的全新征程。站在"两个一百年"奋斗目标的历史交汇点上，本文将结合相关的统计指标体系，针对近几年以来我国的第一个百年奋斗目标——全面建成小康社会在民生方面取得的重要成果进行汇总与分析，这一方面总结了我国在民生建设方面的探索历程与历史经验，有利于鼓舞斗志，进一步为努力实现高质量发展起到激励与鞭策的作用；另一方面，也为今后向第二个百年奋斗目标前进、更好地建设社会主义现代化国家提供具有实践意义的借鉴和启示。

二、研究思路

现代意义上的"民生"一词，有着丰富的含义。从狭义上看，"民生"主要包括就业、教育、医疗、社会保障等与人民生活直接相关的、涉及基本发展和基本权益的多项内容。从广义上来看，随着时代的进步与发展，"民生"一词的内涵在实践中也得到了不断的扩展和完善：与人民生产、生活直接相关或者间接相关的内容都可以归入民生的范畴，可以延伸至经济、社会、政治、文化等各个领域（吴忠民，2008）。在现今社会背景下，人民对于美好生活的需求日益增长，各方面的利益要求也趋于多样化，只有根据时代要求不断满足各个时期人民群众的需要，才能更好地保障和改善民生、建设"民生小康"。综合各方面因素，本文重点聚焦经济发展情况——民生建设的重要前提，公共服务与社会保障等领域工作的完善——民生建设的应有之义，以及资源环境建设——民生建设的重要依托三个方面对我国第一个百年奋斗目标的民生建设与发展进行讨论。

解决民生问题，实现经济更加发展是前提。一方面，经济发展是全面建成小康社会的中心环节，其最终目标是保障和改善民生，两者之间不能割裂开来。经济发展成果需要更多、更好、更公正地惠及民生，在经济发展水平不高、经济增长速度较缓、社会财富总量不足的前提下谈论民生问题，相当于在空中搭建楼阁，毫无根基；另一方面，保障和改善民生可以为经济健康持续发展提供不竭的内生动力与活力。民生问题得到良好的解决，不但可以减少人民群众在各方面的后顾之忧，释放人民群众在创新、创造和消费上的潜力与积极性，也可以创造出更多有效需求，有利于进一步做大、做好蛋糕（刘明松，2016）。由此可见，民生工作与经济发展互相联系、互为条件，关注民生问题的解决，就要关注经济发展。

解决民生问题，使人民群众完成从温饱向提升生活质量的转变是直接要求。人民生活水平是否显著提高是衡量全面建成小康社会的重要标准，也是人民百姓最为关切、最为直接的利益所在。首先，解决好民生问题需要搞好发展，提升居民的可支配收入水平，缩小城乡居民贫富差距，较好地实现公平分配。其次，要把教育放在优先发展的战略地位，通过合理配置义务教育资源、加大对乡村教育经费投入的倾斜度，健全教育相关的援助制度等手段促进教育公平，让教育公平的成果更多更好的惠及全体人民，以教育公平促进社会公平正义。再次，在就业领域也应鼓励以创业带动就业，进一步提升就业质量。最后，作为社会的"稳定器"，社会保障工作的进一步完善对于改善民生、全面建成小康社会也具有非凡的意义。2012 年党的十八大报告中，将"社会保障全民覆盖"作为全面建成小康社会和全面深化改革开放的重要目标。完善社会保障工作不但要求做好养老保险、医疗保险、劳动安全保险、失业保险等服务，对于社会弱势群体的救济与帮扶机制也应当进一步健全（丁建定和王伟，2019）。特别地，对于任务最为艰巨、繁重的农村、贫困地区的发展要加以重视，注重兜底线、补短板，全面推进脱贫攻坚工程，切实保障困难群众的基本生活，切实增强人民群众的幸福感、获得感。总之，解决好民生问题，就是要让人民群众享受到学有所教、劳有所得、病有所医、老有所养、住有所居的发展成果。

解决民生问题，必须认识到良好的生态环境是最公平、最普惠的民生福祉，也是保障和改善民生的重要依托。发展经济是为了民生，保护生态环境同样是为了民生。要始终坚持"绿水青山就是金山银山"的发展理念，一方面关注我国资源环境的发展变化，提倡节能减排、有效提升资源利用率的同时，加强绿化建设，以改善空气质量与居民生活环境，增强人民群众对良好生态环境建设的体验感；另一方面也要注重污染防治能力的提升，坚持问题导向，聚焦生活垃圾、污水的处理问题，加大联防联控，实现"应治尽治"（李干杰，2020）。解决民生问题，就是要不断以保护环境、改善生态、绿色发展的实绩造福于民，促进人与自然和谐共生。

因此，保障和改善民生既不能忽视经济发展的前提条件，也不能一味地唯 GDP 至上而牺牲人与人赖以生存的环境；既要重视教育公平、就业质量等问题的解决，又要关注我国社会保障工作的完善。从统计测度的角度看，国家统计局课题组（2006）针对构建社会主义和谐社会，以民主法治、公平正义、诚信友爱、充满活力、安定有序、人与自然和谐共处 6 个方面为基础，构建了一套包含 25 个统计指标的测度体系。以此为基础，国家统计局于 2013 年公布了《全面建成小康社会统计监测指标体系》，该体系中共包含 5 项一级指标、共计 39 个二级指标，其中对经济发展、人民生活水平以及资源环境等方面也进行了较为全面的统计测度，对于当前衡量全面建成小康社会民生成果具有非常重要的参考意义（朱启贵，2017），具体情况详见表1。

表 1　全面建成小康社会统计监测指标体系[①]

一级指标	监测指标	单位	权重
一、经济发展	1. 人均 GDP（2010 年不变价）	元	4.0
	2. 第三产业增加值占 GDP 比重	%	2.0
	3. 居民消费支出占 GDP 比重	%	2.5

[①]　国家统计局 2013 年版《全面建成小康社会统计监测指标体系》中共包含经济发展、民主生活、文化建设、人民生活以及资源环境等五方面指标，由于内容需要，表 1 只列出了除民主生活、文化建设外的其他三项内容。

续表

一级指标	监测指标		单位	权重
一、经济发展	4. R&D 经费支出占 GDP 比重		%	1.5
	5. 每万人口发明专利拥有者		件	1.5
	6. 工业劳动生产率		万元/人	2.5
	7. 互联网普及率		%	2.5
	8. 城镇人口比重		%	3.0
	9. 农业劳动生产率		万元/人	2.5
四、人民生活	19. 城乡居民人均收入（2010 年不变价）		元	4.0
	20. 地区人均基本公共服务支出差异系数		%	1.5
	21. 失业率		%	2.0
	22. 恩格尔系数		%	2.0
	23. 基尼系数		—	1.5
	24. 城乡居民收入比		以农为1	1.5
	25. 城乡居民家庭住房面积达标率		%	2.0
	26. 公共交通服务指数	每万人拥有公共交通车辆	标车	2.0
		行政村客运班线通达率	%	
	27. 平均预期寿命		岁	2.0
	28. 平均受教育年限		年	2.0
	29. 每千人口拥有执业医师数		人	1.5
	30. 基本社会保险覆盖率		%	3.0
	31. 农村自来水普及率		%	1.5
	32. 农村卫生厕所普及率		%	1.5
五、资源环境	33. 单位 GDP 能耗（2010 年不变价）		吨标准煤/万元	3.0
	34. 单位 GDP 水耗（2010 年不变价）		立方米/万元	3.0
	35. 单位 GDP 建设用地占用面积（2010 年不变价）		公顷/亿元	3.0
	36. 单位 GDP 二氧化碳排放量（2010 年不变价）		吨/万元	2.0
	37. 环境质量指数	PM2.5 达标天数比例	%	4.0
		地表水达标率		
		森林覆盖率		
		城市建成区绿化覆盖率		
	38. 主要污染物排放强度指数	单位 GDP 化学需氧量排放强度	%	4.0
		单位 GDP 二氧化碳排放强度		
		单位 GDP 氮氧排放强度		
		单位 GDP 氮氧化物排放强度		
	39. 城市生活垃圾无害化处理率		%	3.0

资料来源：国家统计局（2013）。

　　基于上述讨论，以下借助相关数据从统计的角度对全面建成小康社会的民生成果进行展示与分析，以期较为全面的展示我国在相关领域的发展变化，更好地总结我国在民生建设方面的探索历程与历史经验，主要包括：我国近几年来经济建设成果分析，公共服务与社会保障水平提升的总结，以及我国资源环境建设方面成就分析。这三个方面的内容主要结合了 2013 年度国家统计局公布的《全面建成小康社会统计监测指标体系》中在经济建设、人民生活水平与资源环境方面设置的部分指标，其中针对我国在脱贫攻坚领域取得成果的刻画，主要参考《中国农村贫困监测报告 2020》中所提供的相关数据，其主要来源是"全国住户收支与生活状况调查""国家农村贫困监测调查""县（市）社会经济基本情况统计""部门统计调查"等。需要说明的是，由于数据公布与更新时间不同，本文使用的部分数据并没有更新到最新年份，因而仅能以此为例来展示发展的大致趋势。

三、经济更加发展，奠定改善民生之基

经济更加发展是解决民生问题的重要前提。首先，从经济发展状况看，近几年来我国人均国内生产总值持续增长，经济发展稳步增长；城镇人口占比不断增高，城镇化建设有序推进；同时，第三产业占比稳中有升，产业结构持续优化。

（一）人均 GDP 持续增长

近几年我国人均 GDP 增长速度放缓，但仍保持逐年增长的趋势；居民消费支出占 GDP 比重相对平稳，变化不大。图 1、图 2 分别为 2011—2020 年我国人均GDP 对比情况与 2013—2020 年我国居民消费支出占比人均 GDP 的变化情况。

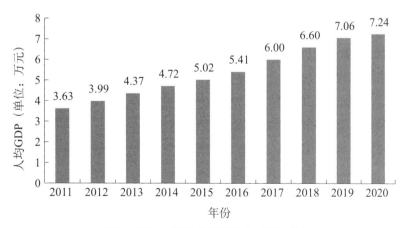

图 1　2011—2020 年我国人均 GDP 对比

资料来源：依据国家统计局数据整理。

由图 1 可见，近 10 年来，我国的人均国内生产总值呈现持续上升的态势。尽管 2020 年新冠疫情肆虐，人均 GDP 增长速度变缓，但 2020 年仍达到 7.24 万元，

比 2019 年增长约 2.55%；与 2010 年 3.63 万元相比，增长约 99.45%，翻了一番左右。同时，从图 2 居民人均消费支出占 GDP 的比重看，2013 年以来[①]，该项指标基本在 30% 上下浮动。其中，2016 年该项指标达到峰值，约为 31.61%；而受疫情等因素的影响，2020 年居民人均消费支出占 GDP 比重达到近 8 年来的最低点，取值仅为 29.28%，较之 2019 年降低了约 1.27 个百分点，但总体上变化不大。

图 2　2013—2020 年我国居民消费支出占比人均 GDP

资料来源：依据国家统计局数据整理。

（二）城镇化建设不断推进

从城乡人口结构看，图 3 中近三次人口普查的相关数据显示，我国城镇人口在总人口数量中的占比持续增高。2020 年，居住在城镇的人口数量高达 90 199 万人，占比 63.89%；居住在乡村的人口数量为 50 979 万人，约占总人口数量的 36.11%。与 2010 年相比，城镇人口增加 23 642 万人，乡村人口减少 16 436 万人，城镇人口比重约上升 14.21 个百分点。与 2000 年城镇人口占比 36.22%、乡村人口占比 63.78% 相比，城乡人口结构基本发生了颠覆性变化，城镇人口占比上升了 27.67 个百分点。由此可见，随着我国现代化进程的不断深入以及相关农业转移人口市民化政策的落地，我国新型城镇化进程稳步推进，城镇化建设取得了历史性成就。

（三）产业结构持续优化

此外，近几年来我国产业结构也在持续优化，在一定程度上推动了经济发展。

---

　　① 从 2013 年起，国家统计局开展了城乡一体化住户收支与生活状况调查，2013 年及以后数据来源于此项调查。由于与 2013 年前的分城镇和农村住户调查的调查范围、调查方法、指标口径有所不同，此处只展示了 2013—2020 年度的相关数据。

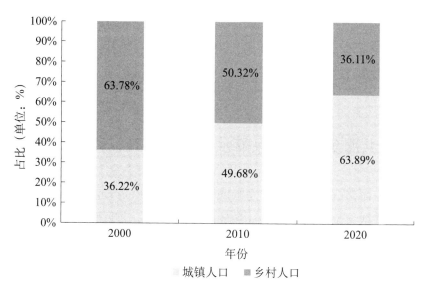

图3 我国近三次人口普查城乡人口结构

资料来源：依据国家统计局数据整理。

文献中多采用第三产业占比来反映产业结构变化，究其原因是第三产业的产出量不但对国民经济发展中有着突出贡献，其自身的发展也对孕育市场关系、完善市场机制以及解决劳动力就业问题也有着重要作用（马丽梅等，2018）。图4显示了我国近10年来第三产业增加值占GDP比重的变化。

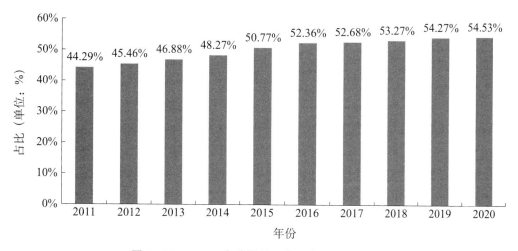

图4 2011—2020年我国第三产业增加值占比GDP

资料来源：依据国家统计局数据整理。

由图4可见，自2011年来，第三产业增加值占比一直保持上升的趋势。2020年，该项指标为54.43%，基本与2019年持平，上升约为0.26个百分点。

相比 2011 年的 44.29%，上升了 10.24 个百分点。如果使用第三产业占比这一指标来判断中国经济的发展质量，将第三产业占比提高视为产业升级的标志，则意味着我国产业结构在持续优化升级的同时，产业协调发展的需求也在不断被满足。

四、公共服务与社会保障水平不断提升，彰显人民底色

人民性是全面建成小康社会的亮眼底色，人民群众是否能感受到获得感、幸福感、安全感，是衡量全面建成小康社会的重要尺度之一。近年来，我国人民的生活水平显著提高，具体体现在城乡居民的人均可支配收入均呈现逐年上升的趋势、城乡收入差距不断减小；教育经费投入持续增加，城镇登记失业率逐年波动下降；医疗卫生与交通等社会公共服务覆盖更广；社会保障工作日益完善。

（一）人均可支配收入逐年上升，城乡收入差距减小，恩格尔系数有所回升

从收入与支出看，近 10 年我国城乡居民人均可支配收入均逐年增加，城乡收入差距逐渐缩小；居民消费支出以食品烟酒与居住方面为主。图 5 为 2013—2020 年期间，城乡居民人均可支配收入的对比情况。由图 5 可知，城乡居民的人均可支配收入均呈现逐年上升的趋势。2020 年农村居民收入增长较快，全国农村居民人均可支配收入为 1.71 万元，比 2019 年名义增长 6.93%。2013—2020 年，农村居民人均可支配收入增速分别为 11.23%，8.90%，8.24%，8.65%，8.82%，9.61%，保持了较快的增长速度。2020 年城镇居民人均可支配收入为 4.38 万元，与 2019 年相比增加了 3.48%，较之 2014—2019 年的增速 8.98%，8.15%，7.76%，8.27%，7.84%，7.92%，略有下降。同时，从城乡居民人均可支配收入之比看，自 2013 年来，两者间的比值逐年下降，2020 年该指标取值为 2.56，比 2019 年（2.64%）减少了 3.03%，城乡居民之间的收入差距继续减小。

从 2020 年居民人均各项支出在人均可支配收入的占比情况看，2020 年城乡居民在食品烟酒与居住方面的消费支出均占据首位、次位，而在生活用品及服务、衣着以及其他用品及服务方面的消费支出则较少，详见图 6。对比来看，城镇居民的居住消费占比为 25.8%，高于农村居民的 21.6%；而在食品烟酒的消费支出方面，农村居民占比为 32.7%，高于城镇居民的 29.2%，这与不同区域居民的生活习惯、环境特点等也是相吻合的。

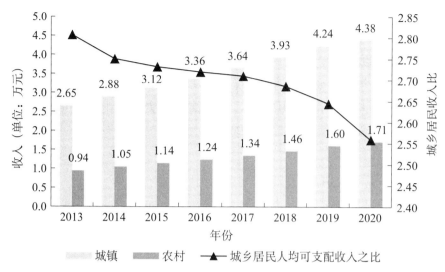

图5 2013—2020年我国城乡居民人均可支配收入对比

资料来源：依据国家统计局数据整理。

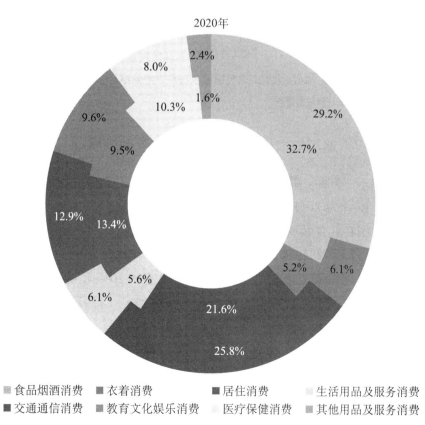

2020年

食品烟酒消费 衣着消费 居住消费 生活用品及服务消费
交通通信消费 教育文化娱乐消费 医疗保健消费 其他用品及服务消费

图6 2020年我国居民人均各项支出占比人均可支配收入（外城镇、内农村）

资料来源：依据国家统计局数据整理。

进一步地，本文对比分析了城乡居民家庭的恩格尔系数，结果见图7。由图7可见，2016—2020年期间，农村居民家庭的恩格尔系数高于城镇居民家庭，这意味着，与城镇居民家庭相比，农村居民家庭将更多比例的消费支出用于食物。同时，从2016年到2019年，城乡居民家庭的恩格尔系数逐年递减，说明城乡居民家庭经济的富裕程度在不断提高；到2020年，受疫情等因素的影响，该项指标在农村居民家庭与城镇居民家庭中均有不同程度的回升。

图7　2016—2020年我国城乡居民家庭恩格尔系数

资料来源：依据国家统计局数据整理。

(二) 教育经费投入逐年增加，城镇登记失业率波动下降

在教育领域，一方面，我国教育经费投入以及每十万人口中各阶段平均在校生人数逐年增加。图8为2011—2019年我国教育经费投入情况对比。由图8可见，近9年以来，我国在教育领域的经费投入力度不断加大，2011年我国在教育领域投入经费为23 869亿元，2019年该项投入经费已高达50 178亿元人民币，达到近9年来的最高值，较之2018年提高了约8.74%，增速比2018年的8.41%快了0.33个百分点。我国持续加大在教育方面的投入充分体现了"科教兴国""人才强国"等战略的贯彻落实。

另一方面，从2011—2020年我国每十万人口各阶段平均在校生人数情况看，高等学校的平均在校生人数规模在不断扩大，而小学和初中阶段的平均在校生人数则呈现先下降后上升的"U"形变化趋势，详见表2。具体地，2020年我国每十万人口小学平均在校生人数达7 661人，初中阶段平均在校生人数为3 510人，2016年以后（即"十三五"期间）的增长的变化趋势体现了我国对于九年义务教育的重视；

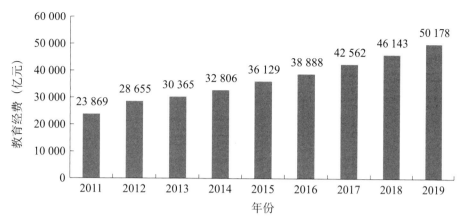

图 8　2011—2019 年我国教育经费投入情况对比

资料来源：依据国家统计局数据整理。

表 2　2011—2020 年我国每十万人口各阶段平均在校生人数　　　　单位：人

年份	小学	初中	高中	高等学校
2011	7 403	3 779	3 495	2 253
2012	7 196	3 535	3 411	2 335
2013	6 913	3 279	3 227	2 418
2014	6 946	3 222	3 100	2 488
2015	7 086	3 152	2 965	2 524
2016	7 211	3 150	2 887	2 530
2017	7 300	3 213	2 861	2 576
2018	7 438	3 347	2 828	2 658
2019	7 569	3 459	2 850	2 857
2020	7 661	3 510	2 948	3 126

而在高中阶段，我国每十万人中平均在校生人数则基本呈现波动下降的趋势，2011年该项指标为 3 495 人，2019 年仅为 2 498 人，这与"十三五"期间我国职业教育的发展、民办高校数量增加导致的招生人数增加等因素有重要关联（岳明凯等，2017）。

从就业方面看，2011—2019 年期间我国城镇登记失业率呈现波动下降的趋势，2020 年有所上升。2011—2020 年我国城镇登记失业率对比见图 9。由图 9 可知，2011—2019 年我国城镇登记失业率波动下降，2019 年该项指标取值为 3.60%，与2011 年相比约下降了 0.5 个百分点，保持向好发展的态势。2020 年，我国城镇登记失业率有所回升，达到了 4.20%，比 2019 年提高了 0.6 个百分点，但仍低于5.5% 左右的预期目标。

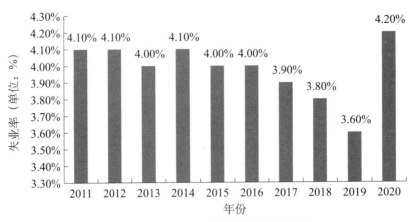

图 9 2011—2020 年我国城镇登记失业率

资料来源：依据国家统计局数据整理。

(三) 交通与医疗卫生等社会公共服务覆盖率有所提升

我国居民在交通与医疗卫生等领域普遍享有良好的社会公共服务。图 10 与图 11 分别显示了我国居民享受的医疗卫生与交通服务情况。由图 10 可见，2011—2019 年期间，我国每万人拥有城市执业（助理）医师数逐年增加，2019 年平均每万人已拥有 28 名城市执业（助理）医师，比 2018 年增加约 7.69％，与 2011 年相比，增加约 55.56％，这在一定程度上说明我国医疗卫生事业的不断进步；从交通服务情况看，每万人拥有公共交通车辆在 2011—2019 年期间也在波动上升，2019 年平均每万人拥有公共交通车辆 13.13 辆，与 2018 年基本持平；较之 2011 年的 11.81 辆，增加了约 11.18％，具体见图 11。

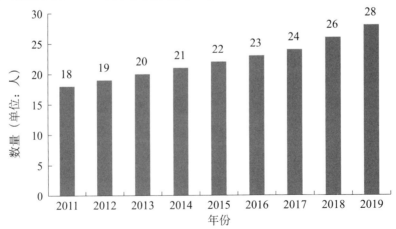

图 10 2011—2019 年我国每万人拥有城市执业（助理）医师数

资料来源：依据国家统计局数据整理。

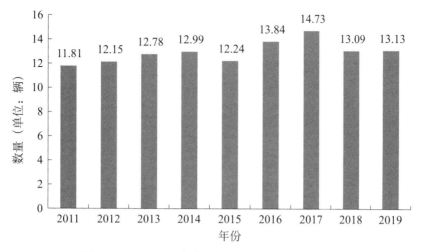

图 11　2011—2019 年我国每万人拥有公共交通车辆

资料来源：依据国家统计局数据整理。

(四) 社会保障工作日益完善，脱贫攻坚成效显著①

近 10 年来，我国的社会保障工作也取得了显著成效。养老保险与城镇基本医疗保险作为我国基本社会保障的重要组成部分，其覆盖面是否广泛、实践效果是否显著直接影响着我国人民对生活质量的感知与体验。从参保人数看，2011—2020年期间我国养老保险、城镇基本医疗保险参保人数均呈现逐年上升的趋势，2020年养老保险参保人数已达 4.56 亿，城镇基本医疗保险参保人数为 13.61 亿，基本实现了全面覆盖。从社会保险基金收入看，自 2011 年起我国在这方面的收入也在逐年增加，其中 2019 年我国社会保险基金收入最高，为 83 550.4 亿元人民币，较 2018 年增加了 5.42%；而 2020 年受疫情因素影响，该项收入有所回落，为74 825.6 亿元。

特别地，摆脱贫困是乡村实现振兴的前提，也是全面建成小康社会中最艰巨的任务之一。必须坚持精准扶贫、精准脱贫，把提高脱贫质量放在首位，采取更加有力的举措、更加集中的支持、更加精细的工作，坚决打好精准脱贫这场对全面建成小康社会具有决定性意义的攻坚战。结合全国农村贫困状况与近几年我国贫困地区农村居民的贫困人口规模、贫困发生率的发展变化进行分析，从而较为综合的展示我国脱贫攻坚战取得的巨大成果。总体来看，全国农村与贫困地区农村贫困人口均持续大幅减少，贫困发生率不断显著下降，贫困地区人民生活水平，我国扶贫、减

---

①　贫困地区基本情况包括贫困地区共 811 个县（旗、县级市数据），不包括 21 个区县该区的区数据。

贫工作取得了显著的成效。

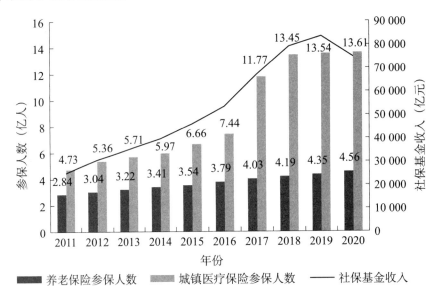

图 12　2011—2020 年我国养老保险、城镇基本医疗保险参保人数与社保基金收入

资料来源：依据国家统计局数据整理。

从 2011—2019 年全国农村的贫困人口规模与贫困发生率看，根据全国 31 个省（自治区、直辖市）16 万户居民家庭的抽样调查，按照现行国家农村贫困标准①测算，2019 年全国农村贫困人口 551 万人，比 2018 年共减少 1 109 万人，下降 66.8%，贫困发生率为 0.6%，比 2018 年下降 1.1 个百分点，与 2011 年相比下降了 12.1 个百分点，详见图 13。与 2010 年 1.66 亿贫困人口相比，2019 年全国农村贫困人口共减少了 1.60 亿人。由图 13 可知，2011 年以来，全国农村贫困人口持续大幅减少，贫困发生率显著下降。

表 3 为 2012—2019 年我国贫困地区贫困人口规模与贫困发生率的相关情况。由表 3 可知，不论从贫困地区贫困人口规模还是贫困发生率看，2012—2019 年期间均呈现持续下降的态势。2019 年末，在现行农村贫困标准下，我国贫困地区农村贫困人口总数为 362 万人，比 2018 年末的 1 115 万人减少约 753 万，占全国农村减贫总规模（1 109 万）的 67.9%；与 2012 年我国贫困地区贫困人口规模 6 039 万人相比，减少约 94.95%。2019 年，我国贫困地区贫困发生率为 1.4%，比 2018 年下降了 2.8 个百分点，较之 2012 年下降约 21.8 个百分点。由此可见，我国扶贫、减贫工作取得了显著的成效。

———————

①　现行国家农村贫困标准：2010 年价格每人每年生活水平 2 300 元，2019 年现价农村贫困标准没人每年生活水平 3 218 元。

图13 2011—2019年全国农村贫困人口规模与贫困发生率

资料来源:《中国农村贫困监测报告 2020》。

表3 2012—2019年我国贫困地区贫困人口规模与贫困发生率 单位：万人、%

年份	贫困人口		贫困发生率	
	数量	比上年下降	水平	比上年下降（个百分点）
2012	6 039	—	23.2	—
2013	5 070	969	19.3	3.9
2014	4 317	753	16.6	2.7
2015	3 490	827	13.3	3.3
2016	2 654	836	10.1	3.2
2017	1 900	760	7.2	2.9
2018	1 115	785	4.2	3
2019	362	753	1.4	2.8

资料来源:《中国农村贫困监测报告 2020》。

在此基础上，本文汇总了2013—2019年我国贫困地区①农村居民人均可支配收入与人均消费支出的相关情况，详见图14。由图14可见，随着时间不断推移，我国精准扶贫工作也在不断深入推进，自2013年起，我国贫困地区的农村居民人均可支配收入与人均消费支出开始逐年递增。2019年，我国贫困地区农村居民人均可支配收入为11 567元，比2018年增加约11.5%，扣除价格因素的实际增速为

① 贫困地区：包括集中连片特困地区和片区外的国家扶贫开发工作重点县，共832个县，2017年开始将新疆阿克苏地区纳入监测范围。

8.0％；与 2013 年的 6 079 元相比，该项指标增加约 90.28％。从人均消费支出看，2019 年我国贫困地区农村居民人均消费支出为 10 011 元，与 2018 年相比增加了 11.8％，扣除价格因素的实际增速为 8.3％；与 2013 年相比，人均消费支出增加约 85.25％。两项指标均比同年全国农村增加 1.9 个百分点。

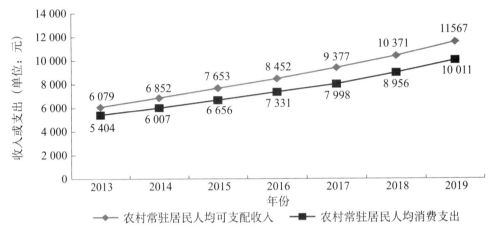

图 14　2013—2019 年我国贫困地区农村居民人均可支配收入与人均消费支出

资料来源：《中国农村贫困监测报告 2020》。

综合来看，近几年我国城乡居民的生活水平不断提高，尽管新冠疫情使得不同的正向指标增速变缓，但向好发展的趋势并没有发生本质变化。一方面居民收入逐年增加，城乡收入差距持续缩小，教育与就业问题得到改善，生活质量显著提高；另一方面，在交通、医疗卫生上，我国城乡居民也在享受着覆盖面更广的公共服务，社会保障工作也越来越到位。人民生活水平的不断提高也意味着党领导人民在共同富裕道路上迈出了具有里程碑意义的一大步。

五、资源环境建设成果显著，拓展民生建设新内涵

促进能源可持续发展，构建资源节约型、环境友好型社会一直是我国发展的重要任务之一。良好的生态满足了人民日益增长的对优美环境的需要，也是保障和改善民生的重要依托。近几年来，从资源与环境发展的角度看，我国单位 GDP 水耗、能耗与二氧化硫的排放量均持续下降；建成区的绿化覆盖率也在逐年向好发展变化；同时，我国在生活垃圾无害化处理基本实现全面覆盖，城市污水日处理能力也得到了较大进步。

（一）单位能耗逐年降低，建成区的绿化覆盖率向好发展

我国提倡节能减排，近几年的单位 GDP 水耗、能耗与二氧化硫的排放量均持续

下降。表4汇总了2011—2020年我国单位GDP水耗、能耗以及二氧化硫的排放量情况。由表4见，2011—2020年间我国单位GDP水耗、能耗逐年下降。2019年，单位GDP水耗为61.04立方米每万元，比2018年下降约6.72%。与2011年相比减少了一半。2020年，我国单位GDP能耗为0.49吨标准煤每万元，比2011年下降了37.97%。另外，由表4见，2011—2019年期间，我国二氧化硫的排放量也在持续下降，2019年度该项指标为457.30万吨，比2018年减少了约11.39%，与2011年度相比，更是下降了约79.38%。这一方面肯定了我国在节能减排工作方面作出的巨大努力，另一方面也持续深入地推动了我国能源绿色低碳转型进程。另外，从2011—2019年期间建成区的绿化覆盖率看，两项指标也在逐年向好发展变化，见图15。2019年，我国建成区绿化覆盖率达到41.50%，比2018年上升了0.4个百分点。

表4　2011—2020年单位GDP水耗、能耗及二氧化硫排放量

单位：立方米/万元、吨标准煤/万元、万吨

年份	单位GDP水耗	单位GDP能耗	二氧化硫排放量
2011	125.16	0.79	2 217.91
2012	113.84	0.75	2 118.00
2013	104.28	0.70	2 043.90
2014	94.71	0.67	1 974.40
2015	88.60	0.63	1 859.10
2016	80.92	0.59	854.90
2017	72.63	0.55	610.80
2018	65.44	0.51	516.10
2019	61.04	0.49	457.30
2020		0.49	——

资料来源：依据国家统计局数据整理。

（二）污染防治能力不断提升

此外，表5汇总了2011—2019年期间，我国在环境污染治理、工业污染源治理方面的投资情况与生活垃圾、城市污水处理能力方面的发展变化。由表5可知，我国环境污染治理投资除2015年略有下降以外，大致呈现逐年增加的趋势，2017年我国环境污染治理投资高达9 538.95亿元；而工业污染源治理投资则在2011—2014年期间逐年提高，但在2014年以后该项投资则开始波动下降，2019年我国工业污染源治理投资约为615.15亿元，实现"三连降"。从污染治理能力看，2019年生活垃圾无害化处理率高达99.20%，比2018年上升了0.2个百分点，基本实现了

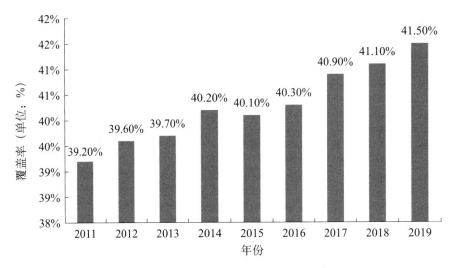

图 15 2011—2019 年建成区绿化覆盖率

资料来源：依据国家统计局数据整理。

无害化处理的全面覆盖；城市污水日处理能力也在逐年提高，由 2011 年的 13 304 万立方米增加到 2019 年的 19 171 万立方米，提升了约 44%，大大提高了污染治理能力。

表 5 2011—2019 年我国污染治理投资与污染治理能力

单位：亿元、亿元、%、万立方米

	环境污染治理投资总额	工业污染源治理投资	生活垃圾无害化处理率	城市污水日处理能力
2011	7 114.03	444.36	79.70	13 304
2012	8 253.46	500.46	84.80	13 693
2013	9 037.20	849.66	89.30	14 653
2014	9 575.50	997.65	91.80	15 124
2015	8 806.30	773.68	94.10	16 065
2016	9 219.80	819.00	96.60	16 779
2017	9 538.95	681.53	97.70	17 037
2018	—	621.27	99.00	18 145
2019	—	615.15	99.20	19 171

资料来源：依据国家统计局数据整理。

我国在资源与环境方面着力于推进能源生产、能源消费向清洁低碳方向转变，在此取得的各项成果充分展示了我国坚定不移走绿色发展道路的信心与决心，为满足人民群众日益增长的对优美环境的需要打下了坚实基础。

六、总结

作为我国发展过程中的第一个百年奋斗目标，全面建成小康社会是实现中华民族伟大复兴的重要里程碑，如果无法实现全面小康，民族复兴就失去了根基，无从谈起（韩庆祥，2016）。而民生是人民幸福之基、社会和谐之本，增进民生福祉是全面建成小康社会的根本目的，也是建成全面小康社会的重点和难点。在发展过程中，解决好民生问题一方面需要良好的经济发展作为前提条件，另一方面也要重视教育、就业、社会保障等领域工作的完善，同时要秉持"绿水青山就是金山银山"的理念，不能一味追求高速发展而忽视人类赖以生存的环境。

在此大背景下，站在"两个一百年"奋斗目标的历史交汇点上，本文借助相关数据分别从经济发展、人民生活与资源环境三个角度对全面建成小康社会在民生建设方面的成果进行了汇总与分析，从而较为全面地展示了我国在相关领域的发展变化，为更好地总结我国在民生建设方面的探索历程与历史经验提供了参考。首先，从经济发展成效来看，2020年我国经济发展稳步增长，为民生问题的解决打下了坚实基础。具体体现在近10年来我国人均GDP持续增加，尽管2020年人均消费支出占GDP的比重尽管有所回落，但总体上变化不大；城镇化建设不断推进，产业结构持续优化。其次，社会公共服务与社会保障工作卓有成效，人民生活水平普遍提升。一方面，人均可支配收入逐年上升，城乡收入差距减小；从恩格尔系数看，受疫情因素的影响，2020年城乡恩格尔系数相比2019年均有所回升；在教育领域与就业方面，我国持续加大在教育方面的经费投入，充分体现了"科教兴国""人才强国"等战略的贯彻落实；同时，近10年间我国城镇登记失业率呈现波动下降的趋势，2020年城镇登记失业率有所回升，但仍低于5.5%的预期。另一方面，从社会公共服务与社会保障工作看，我国居民在交通与医疗卫生等领域普遍享有良好的社会公共服务；养老保险与城镇基本医疗保险参保人数与社会保险基金均呈现逐年增长的趋势，社会保障工作日益完善；特别地，自2011年起全国农村、贫困地区农村的贫困人口规模与贫困发生率均持续下降，我国贫困地区的农村居民人均可支配收入与人均消费支出也在逐年递增，脱贫攻坚的效果格外显著。此外，在资源环境建设方面，格外注重节能减排、提升污染治理能力，为满足人民日益增长的对优美环境的需要提供了重要保障。近几年来，从资源与环境发展的角度看，我国单位GDP水耗、能耗与二氧化硫等污染物的排放量均持续下降；建成区的绿化覆盖率也在逐年向好发展变化；同时，我国生活垃圾与城市污水日处理方面也取得到了较大进步。

　　全面建成了小康社会标志着我们向着实现中华民族伟大复兴迈出了至关重要的一步。在向"第二个一百年"奋斗目标前进的征程上，我们仍须坚持全心全意为人民服务的根本宗旨，时刻践行以人民为中心的发展思想，着力解决发展不平衡不充分问题，推动人的全面发展、全体人民共同富裕。同时，我们也应当时刻保持清醒警惕的态度，毕竟相对贫困仍然是长期困扰我国发展的重要问题。"后全面建成小康社会"时代，如何在城市贫困和农村贫困并重的背景下找到发展之路，始终需要全党、全国各族人民积极进行探索。

参考文献

　　[1] 丁建定，王伟．改革开放以来党对中国特色社会保障制度目标的认识 [J]．社会保障研究，2019（3）：3-11.

　　[2] 国家统计局课题组，徐一帆，文兼武，等．和谐社会统计监测指标体系研究 [J]．统计研究，2006（5）：23-29＋81.

　　[3] 韩庆祥．人民共创共享思想：党中央治国理政新思想的系统阐发 [J]．中共中央党校学报，2016，20（1）：15-27.

　　[4] 李干杰．坚决打赢污染防治攻坚战，以生态环境保护优异成绩决胜全面建成小康社会 [J]．环境保护，2020，48（Z1）：8-16.

　　[5] 刘明松．习近平民生思想的方法论与实践论 [J]．马克思主义研究，2016（11）：36-43.

　　[6] 马丽梅，史丹，裴庆冰．中国能源低碳转型（2015—2050）：可再生能源发展与可行路径 [J]．中国人口·资源与环境，2018，28（2）：8-18.

　　[7] 吴忠民．民生的基本含义及特征 [J]．中国党政干部论坛，2008（5）：33-35.

　　[8] 岳明凯，杨丽，霸书红，等．高等教育教学模式改革的相关问题探讨 [J]．当代教育实践与教学研究，2017（5）：204-205.

　　[9] 朱启贵．全面建成小康社会评价指标体系研究 [J]．人民论坛·学术前沿，2017（4）：52-60.

编后语

彭　非

2021年是极不平凡的一年，既是中国共产党建党百年的华诞之年，也是实现我国第一个百年宏伟目标，全面建成小康社会之年，还是我国加入世界贸易组织的二十周年。

从国外环境看，新冠疫情席卷全球，造成全球金融市场大幅动荡。由于疫情走势尚不明朗、各国应对力度存在差别，全球经济面临极大不确定性。同时，美国拜登政府的政策也使得中美迎来涉及领域更加广泛、影响更加深远的新一轮博弈，除贸易矛盾外，中美博弈在经济金融政治等其他领域，如南海问题、疫情蔓延问题、军事问题等多领域上均有明显体现。此外，地缘政治博弈也在不断上演，比如英国脱欧、中欧投资协定等。

从国内环境看，我国正处在转变发展方式、优化经济结构、转换增长动力的攻关期，虽然经济发展前景向好，但也面临着一系列困难和挑战。加之疫情的冲击，做好经济社会发展工作难度增大，要想实现高质量发展，还存在一些短板弱项。面对如此复杂、严峻的国内外形势，我国各族人民在党的领导下，团结一心、攻坚克难，疫情防控取得重大战略成果，经济运行稳定恢复，社会大局和谐稳定，改革开放与决胜全面建成小康社会取得了突出成就，交出了一份人民满意、世界瞩目的答卷。

2020年10月29日，《中国共产党第十九届中央委员会第五次全体会议公报》中提出"全面建成小康社会胜利在望"，全会对决胜全面建成小康社会取得的决定性成就做出高度评价。中共十九届五中全会审议通过了《中共中央关于制定国民经济和社会发展第十四个五年规划和二○三五年远景目标的建议》（简称"十四五"规划），这也标志着"十三五"规划与全面建成小康社会的完美收官，同时开启了下一个新阶段的征程。

本书是集体研究的结晶，作者来自不同的学科领域，在多学科的交叉中，研究成果凝聚了不同学科的思想。例如，本书中由中国社科院世界政治与经济研究所刘仕国、宋泓、高凌云等撰写的"世界开放大变局：基于对外开放指数的测度"一文，描述并分析了世界经济的紧密程度，研判其趋势，阐释其原因，探究其影响；测度了全球经济体开放的宽度和强度，以发现不同经济体之间开放的强弱长短，结合开放损益的全面评估，挖掘各经济体继续开放的潜力，顺应信息与数字等科技大潮，持续推进世界融合。对于了解当前世界经济政治动态，很有帮助，值得一读。张长撰写的"中国'入世'20年对外贸易的发展与思考"一文，梳理了我国外贸二十年来的发展变化，也是一篇新颖的文章。

站在"两个一百年"奋斗目标的历史交汇点上，本书回顾了近几年我国在经济发展、民主生活、文化建设、人民生活、资源环境等方面取得的重大成果，是"中国人民大学中国发展指数年度报告"连续出版的第15本，是多学科集体工作的一个结晶。这项工作还存在着不足和需要改进的地方，我们欢迎各界对本研究存在的问题提出讨论与批评，以帮助我们把这项研究做得更好。

最后，我们还应该感谢海关总署研究团队为本报告提供的稿件，感谢研究团队同伴们提供的研究成果；感谢中国人民大学为我们研究提供的资金支持，也感谢中国人民大学出版社相关人员为本书出版所作出的努力。

图书在版编目（CIP）数据

中国发展报告 . 2021 / 彭非主编 . -- 北京：中国
人民大学出版社，2024.10. --（中国人民大学研究报告
系列）. -- ISBN 978-7-300-33392-2

Ⅰ. F124

中国国家版本馆 CIP 数据核字第 2024SR6612 号

中国人民大学研究报告系列

中国发展报告 2021

主　编　彭　非

副主编　吴翌琳

　　　　中国调查与数据中心

Zhongguo Fazhan Baogao 2021

出版发行　中国人民大学出版社
社　　址　北京中关村大街 31 号　　　　　邮政编码　100080
电　　话　010 - 62511242（总编室）　　010 - 62511770（质管部）
　　　　　010 - 82501766（邮购部）　　　010 - 62514148（门市部）
　　　　　010 - 62515195（发行公司）　　010 - 62515275（盗版举报）
网　　址　http://www.crup.com.cn
经　　销　新华书店
印　　刷　唐山玺诚印务有限公司
开　　本　787 mm×1092 mm　1/16　　版　　次　2024 年 10 月第 1 版
印　　张　16 插页 1　　　　　　　　　　印　　次　2024 年 10 月第 1 次印刷
字　　数　292 000　　　　　　　　　　　定　　价　75.00 元